디지털 시대, 대통령의 이미지 정치

사진 속 권력

디지털 시대, 대통령의 이미지 정치

사진 속 권력

변영욱 지음

한울

책을 펴내며

신문사 사진기자로서 28년을 걸어왔습니다. 현장을 돌아다니면서 사진기자라는 직업에 대해, 그리고 이미지의 맥락에 관심이 많았습니다. 권력과 이미지 사이에 상관관계가 있다는 것을 어렴풋이 느껴 공부를 시작했습니다. 이 책 역시 그 과정에서 나온 책입니다.

인천에서 중·고등학교를 다녔으며, 대학 생활 대부분을 성균관대학교 영자 신문 *The SungKyun Times*에서 학생기자로 활동했습니다. 졸업 후 1996년 동아일보사에 입사해 현재까지 사진기자로 일하고 있습니다. 2017년부터 약 7년간 에디터 역할을 했고, 요즘은 다시 현장 취재를 하고 있습니다.

사건 사고와 스포츠 취재, 북한 및 중국 접경 지역 취재 등을 두루두루 경험했으며 전두환, 노태우, 김영삼, 김대중, 노무현, 이명박, 박근혜, 문재인, 윤석열 등 여러 전·현직 대통령을 한 번 이상 만났습니다. 박근혜 대통령 후반기와 탄핵 정국, 문재인 대통령 초기 시절 청와대를 출입하고 직접 대통령을 기록하면서, 저널리스트이자 동시에 국민의 한 사람으로 느낀 점이 있었습니다. 이후 에디터 역할을 하며 꼼꼼히 봐야 했던 다른 나라 대통령 사진과 제 경험의 비교를 통해 이 책을 쓰게 되었습니다. 신경을 썼지만 투박한 문체를 만나실 수도 있을 것입니다. 온전히 필자인 저의 부족이니 현장을 뛰어다니는 사진기자의 글이라고 양해해서 읽어주시길 부탁드립니다.

한국의 현대사를 기록해 온 사진기자들 한 사람 한 사람이 우리 사회의 소중한 재산이라고 생각합니다. 젊은 시절 동아일보 사진기자의 길을 시작할 수 있도록 도와주신 분들께 감사를 전합니다. 초고를 꼼꼼히 읽고 전체적인 흐름과 오탈자까지 점검해 준 김동주 선배와 직전 출입 기자로서 세세하게 청와대 생활을 알려준 신원건 선배, 그리고 대학원을 다닐 수 있도록 근무를 바꿔준 후배 사진기자들에게 감사드립니다. 서울신문의 김성배 선배와 조선일보의 이병훈 선배는 얼굴을 뵌 적은 없지만, 사진기자의 언어를 만들어준 개척자이십니다. 한국인으로 세계 포토저널리즘의 한 획을 그어오고 있는 로이터 통신 도쿄 주재 김경훈 기자와 직접 백악관 출입을 경험한 미국 LA타임스, AP 통신, 로이터 통신 출신 강형원 기자는 우리 사회를 외부의 시선으로 볼 수 있게 해주었습니다.

올해 은퇴하신 북한대학원대학교의 이우영 선생님과 내년에 은퇴하실 성균관대학교 신문방송학과의 한은경 선생님 덕분에 체계적으로 공부할 수 있었습니다.

한울엠플러스(주)는 필자가 세상에 데뷔할 수 있도록 도와주었습니다. 홍보와 마케팅의 세계를 설명해 준 '더월'의 친구들은 20년째 응원해 준 감사한 사람들입니다.

공부를 허락해 준 아내와 아들들에게는 고맙고 미안합니다. 아들의 직업을 자랑스럽게 여기시는 어머니와 장모님께도 감사의 말씀을 드립니다.

2024년 11월

변영욱

Chap.1 사진과 정치

Chap.2 대통령 사진의 역할과 기능

프롤로그

1. 시민들이 사진을 피하기 시작했다

모든 것이 기록되는 시대를 맞아 필자는 최근 우리나라에서 나타나는 초상권 현상에 주목한다. 기자들뿐만 아니라 CCTV, 위성사진 그리고 개인이 하나씩 들고 있는 스마트폰의 카메라가 세상을 샅샅이 기록한다. 그런데 사진이 흔해진 시대에 오히려 사진에 대한 사람들의 태도가 변하는 것이 감지된다. 대학생 조카가 들려준 이야기다. 여름방학을 맞아 네팔로 봉사활동을 떠나게 되어 대학생들이 모였다. 정부 주관 교육수료식 후 팀원 10명이 단체로 기념사진을 찍었는데 페이스북에 그 사진을 올리고 싶어 나머지 친구들에게 "올려도 되느냐"고 물었더니 4명의 참가자들이 "올리지 말았으면 좋겠다"라고 말했다고 한다. 결국 모자이크를 하면서까지 페이스북에 올리고 싶지는 않아서 가족 톡에만 공유했다고 했다.

2024년 6월 서울시에서 운영하는 1인 가구 다이닝 체험 행사를 사진 취재하러 갔을 때 경험한 일이다. 20여 명의 청년들이 6명씩 한 조를 이뤄 음식을 같이 만들고 함께 저녁을 먹는 행사였다. 1인 청년 가구에 대한 서울시의 지원 프로그램 중 하나여서 신문에 보도하려고 간 것이다. 주최 측에 참가자들 얼굴이 나오는 사진을 찍어도 되냐고 물어보니 개별적으로 허락을 받아야 한다고 했다. 모자이크 처리를 조건으로 신문사 취재를 허락했다고 참가자들에게 미리 얘기를 한 상태였기 때문에 입장을 번복하기가 어렵다는 것이었다. 직접 물어보니 청년들 중 일부는 실제로 모자이크를 요청했고 일부는 얼굴이 나가도 괜찮다고 했다. 반반쯤 되는 것 같았다.

결국 필자가 선택한 방법은 건물의 위에 올라가 부감(俯瞰)으로 찍는 방식이었다. 아무도 특정되지 않고 분위기를 전달할 수 있는 앵글이라고 생각했다. 혹시 작게라도 얼굴이 나온 사람들은 모자이크 처리하자고 편집자에게 메모를 넘겼다. 그런데 건물 위에서 찍은 앵글이 생동감이 없어 보였는지 편집자는 눈높이에서 청년들의 표정이 보이는 앵글의 사진을 선택했다. 누군가는 클로즈업되고 누군가는 저 멀리 배경처럼 존재하는 평범한 앵글이었다. 그러면서 스무 명 남짓의 등장인물 전체의 얼굴을 모자이크 처리했다. 듬성듬성 모자이크를 하는 것이 오히려 어색해서 내린 결정이었을 것이다. 다음 날 신문사 내부의 누구도 그리고 독자 누구도 그 사진에 대해 문제 제기를 하지 않았다. 아무도 피해를 보지 않는 사진이었던 것이다. 그러나 정작 그 사진 밑에 이름이 들어간 필자는, 마치 1인 가구로 살고 있는 청년들이라는 정체성이 남들에게 부끄러운 상황처럼 보도된 것 같아 기분이 이상했다.

예전에도 얼굴을 드러낼 수 없는 사람들이 있었다. 국정원 사람들이나 북한에 가족을 두고 자유를 찾아 한국으로 온 탈북자들, 사회 비리를 고발한 내부 고발자 등의 얼굴이 지워졌다. 처참한 사고 현장의 시체를 모자이크 처리하거나 사회적 일탈을 한 사람들의 사진에서 눈 주변을 검은 테이프 형태로 가려 얼굴을 알아보기 어렵게 처리한 경우도 있었다. 그러나 이 책을 쓰고 있는 2024년 여름, 이제 우리나라 사람들은 신문과 방송을 통해 얼굴을 드러나는 것을 위험한 일로 간주하는 것 같다. 이 때문에 기자들은 시민들의 얼굴을 모자이크 처리해 보도한다.

모자이크의 정도는 점점 심해져서 거리 풍경에서 간판이 지워지며 개인이 입고 있는 옷이나 신발의 브랜드를 알아볼 수 없도록 '전신 성형'을

ⓒ 변영욱

오피스텔 빠져나가는 국정원 여직원 . 2012년 12월 13일, 민주통합당 문재인 대선후보를 비방하는 댓글을 인터넷에 올렸다는 주장이 제기된 국가정보원 직원 김 모 씨가 국정원 관계자들의 도움을 받으며 서울 강남구 역삼동 자신의 오피스텔에서 빠져나가고 있다.

ⓒ 변영욱

탈북 여군 중대장 인터뷰. 2013년 2월, 북한군 여군 중대장 출신인 송 모 씨를 북한-중국 접경지역에서 만났다. 그가 청춘을 바친 북한군은 핵실험의 그늘 뒤에 기아와 결핵이 만연한 곳이었다. 신변을 보호하기 위해 그의 모습을 실루엣으로 촬영했다.

해서 내보내는 뉴스 화면도 많다. 날씨가 덥거나 추우면 사진기자들은 한국을 찾은 외국인들을 사진의 주인공으로 등장시킨다. 우리나라 시민들을 일일이 설득해 등장시키는 것이 무척 번거롭고 어려운데, 그에 비해 한국에 잠깐 들른 외국인은 신문에 얼굴이 실렸다고 초상권을 주장할 일이 없기 때문이다.

시위를 위해 거리로 나선 사람들조차 초상권을 주장한다. 대법원 판례도 부족하고 학계에서도 분명한 견해가 없다 보니 사진기자들은 사회 분위기에 맞춰 하루하루를 보내는 상황이라 해도 과언이 아니다.

세계 어느 나라 신문에서도 우리나라처럼 많은 모자이크 사진을 찾을 수가 없다. 그래서 미국식 언론 자유에 익숙한 사람들에게 한국의 모자이크 사진은 비정상으로 받아들여진다. 2021년 아프가니스탄에서 우리 정부 활동을 지원해 온 현지인 조력자들이 우리 공군 수송기를 이용에 인천국제공항으로 입국했을 때, 한국 사진기자들은 우리 외교부의 사전 공지 내용대로 얼굴에 모자이크 처리를 했다. 현지에 남아 있는 가족들의 안전 등을 위한 조치라는 설명에 따른 것이었다. 그러나 같은 한국인이지만 AP, AFP, 로이터 통신 등의 사진기자들은 모자이크 하지 않은 사진을 발행했다. 그렇게 발행된 사진은 전 세계로 인터넷을 통해 전해졌다. 한국 사진기자가 맞는지 외신 기자가 맞는지 아직 결론은 없다. 한국 사진기자들 중에는 "우리 사회가 원한다면 모자이크를 해주는 것이 맞다"라고 주장하는 경우도 있다. 이미지의 갈라파고스가 되어가는 것인지 전 세계에서 가장 선진적인 인권 보호 시스템 때문인지, 필자 스스로 아직 결론은 내지 못했다.

2. '내가 찍은 사진' vs '남이 찍은 사진'

왜 사람들이 사진을 싫어하게 되었을까? 정말 사람들은 사진을 싫어

하는 것일까? 곰곰이 생각해 보면 사람들은 모든 사진을 거부하는 것이 아니라 '남이 나를 찍은 사진'을 거부한다. 자기의 이미지를 자기가 결정할 권리를 주장하고 있는 것이다.

시민들이 언론사 기자들에게 초상권을 강조하게 된 데에는 국민의 알 권리를 내세워 과도하게 초상권을 침해했던 언론의 관행 탓도 있다는 것을 부인할 수 없다. 필자가 신문사 사진기자를 시작한 1996년을 돌이켜보면 누군가의 얼굴을 너무 쉽게 촬영할 수 있던 시절이었다. 조직폭력배를 일망타진한 경찰은 신문사에 자료를 보내 몇 월 며칠 몇 시에 경찰서로 오면 그들을 촬영할 수 있다고 알렸다. 시간에 맞춰 가면 경찰들은 이미 압수한 흉기를 바닥에 정렬해 놓고 폭력배들의 윗옷을 벗겨 용과 호랑이 문신이 잘 보이도록 포즈를 잡아놓고 있었다. 기자들의 요청이 있으면 얼굴을 카메라로 향하도록 주문하기도 했다. 명동 증권 객장에 기자들이 카메라를 직접 들고 들어가 지수 등락에 따라 희비가 엇갈리는 시민들 표정을 찍는 경우도 있었다. 지금은 증권사 직원들이 일하는 딜링룸에서 증시 스케치 사진을 찍는다. 그보다 조금 윗세대로 올라가면 1970, 1980년대에는 연탄가스 사고가 일어나면 고인의 얼굴 사진을 신문에 썼다. 가족들의 허락을 받아 고인의 얼굴 사진을 확보하기도 했고, 일가족이 사망하면 주민등록증을 복사해 얼굴을 독자들에게 보여줬다. 군사독재 시절을 거쳤던 사진기자 선배들의 해석으로는, 시위나 정치 사건들을 보도하는 것은 어려웠기 때문에 연탄가스 사고 등 후진적 사회에서 나타날 수 있는 사건 사고를 보여주어서라도 독재 정권의 무도함과 팍팍한 시민의 삶을 기록으로 남기려고 했던 것 아니었나 하는 거였다. 지금으로서는 상상할 수 없는 일이지만 불과 40여 년 전에 사진은 그렇게 '유통'되었다.

사진기자들이 시민들의 초상권을 신경 쓰지 않아도 되는 것은 무시무시한 사건이나 재난 현장만이 아니었다. 봄이면 과천 서울대공원으로 나들이 나온 시민들이 휴일을 보내고 집으로 귀가하는 풍경을 찍기 위해 대공원 정문 앞에 사다리를 놓고 인파를 찍었다. 카메라에 잡히는 수백 명 중 어느 누구도 사진을 찍지 말라고 어필하거나 항의하지 않았다. 카메라를 향해 손을 흔드는 사람들도 꽤 있었다. 포토라인이라는 표현도 한국에서 만든 용어다. 폴리스라인(police line)이라는 표현은 있지만 포토라인이라는 용어는 원래 없었다. 사진을 찍을 수 있도록 피의자를 멈춰 세우는 문화는 한국 언론의 위상이 시민들보다 높았다는 의미로 해석할 수도 있다.

2000년대 들어서면서 사진기자를 대하는 시민들의 표정이 달라지기 시작했다. 하지만 결정적인 것은 2014년 세월호 사고였다. 팽목항 현장에서 초기 일주일 동안 취재 준칙은 존재하지 않았고 다매체 시대의 무한 경쟁이 그대로 벌어졌다. 알권리와 보도할 권리보다 자식을 잃은 부모의 슬픔에 공감하는 국민들이 많았지만 유족의 얼굴 앞에 카메라를 들이대는 기자들의 모습이 생방송으로 그대로 전파를 탔다. 여론은 싸늘하게 식어갔고 현장에서는 결국 아무것도 찍을 수 없는 상황으로 이어졌다. 그리고 다시 10년의 시간이 지났다.

올해 초 한국으로 출장 왔던 한국계 미국인 사진기자는 미국으로 돌아가며 "한국 사람들은 왜 카메라를 보면 욕을 하는지 모르겠다. 이렇게 사진 찍기 어려운 사회는 드문 것 같다"라고 한국 사진기자 동료에게 말했다. 사람들이 카메라를 피하는 두 번째 이유는 우리 댓글 문화에 대한 두려움 때문이다. 인터넷을 통해 공개되는 사진에 달리는 댓글이 사진 찍힌 사람에게 엄청난 모욕감을 주기도 하고, 때로는 개인의 명예에 평생 회복할 수 없는 '낙인'이 될 수 있다는 것을 사람들이 경험했다. 꼭 기자들이 만드는 뉴스가 아니더라도 누군가가 올리는 사진과 캡처 화면에 익명의 네티즌들이 댓글을 다는 것이 현재 우리의 인터넷 문화다. 우리나라는 3면이 바다로 둘러싸여 있는 데다 북쪽으로는 길이 막혀 있다. 어디 숨을 곳이 없기 때문에 대중들에게 일단 나쁜 소문이 나거나 얼굴이 알려질 경우 추락한 명예를 회복할 방법이 없다. 조용히 사는 게 낫지 괜히 얼굴이 '팔리는' 것은 위험하게 느껴질 수 있다.

촬영된 사진과 영상이 나쁜 의도로 사용되는 경우도 종종 있다. 기술이 발달하면서 작은 사진이라도 크게 확대해 보면 세부 사항이 보일 수 있다. 노출되길 원하지 않는 정보가 원하지 않는 사람들에게 전달되어 범죄 등에 활용될 수도 있다. 그러다 보니 내가 찍지 않은, 내가 손보지 않은 사진이 공개되는 것에 대해 엄격한 기준을 세우는 시민들이 늘고 있는 것이라 생각한다.

또 하나 이유는 과거와 달라진 디지털 환경이 되면서 개인이 스스로 드러내고 홍보할 수 있는 플랫폼이 많아졌다는 것이다. 소셜미디어에 원하는 사진과 콘텐츠를 직접 올려서 주고 싶은 사람에게 공유할 수 있는 방법이 생겼기 때문에 '남의 카메라'에 의지할 필요가 없어졌다. 이래저래 사람들이 남의 카메라에 내 얼굴을 맡기고 싶지 않은 시대가 된 것이다.

3. 권력도 영상 시대를 두려워하기 시작했다

권력자들은 어떨까? 자기 얼굴을 다른 사람이 찍는 것에 대해 어떤 생각을 하고 있을까? 인터넷이 나오기 전 시민들이 뉴스를 보는 방식은 두 가지였다. 퇴근하고 집에 가서 공중파 TV를 틀어 9시 뉴스를 시청했고 다음 날 아침 집에 배달된 신문으로 어제 세상에서 일어난 일을 복습했다. 방송국이 정한 뉴스 편성 순서와 신문사가 정한 지면 크기가 세상의 중요도 순서였다. 권력자들 입장에서는 국민과의 접점인 매스미디어를 잘 통제하기만 하면 이미지를 관리할 수 있던 시대였다. 우리나라에서 과거 권위주의 정부는 대통령의 얼굴을 국민들에게 강제로 보여주려고 권력을 사용했다. 1970, 1980년대 영화관을 가면, 상영에 앞서 '대한뉴스'를 통해 대통령의 얼굴을 꼭 봐야 했다. 매스미디어에서도 특별하지 않은 대통령 사진을 계속 볼 수 있었다. 특히 전두환 대통령 시대 방송사의 경우, 오후 9시 정규 뉴스를 통해 거의 매일 대통령의 얼굴을 내보냈다. '땡' 하는 9시를 알리는 시보와 함께 뉴스 앵커가 "전두환 대통령은 ……"이라는 멘트를 함으로써 '땡전' 뉴스라는 말까지 있었다. 박정희 대통령과 전두환 대통령 시대, 신문의 2면 등 특정한 지면에 대통령의 동정 사진이 자주 실렸다. 그런 관행에 대해 당시 사진기자들과 편집기자들은 냉소적으로 '로얄 박스(Royal Box)'라고 부르기도 했다(한국언론진흥재단, 1989).

이제 정부가 영화관 운영자와 언론사에 대통령의 치적을 홍보하도록 영향을 끼칠 수 있는 시대가 끝났다. 그 대신에 대통령은 더 쉽고 편한 방법으로 국민에게 자신의 얼굴과 성과를 전달할 수 있는 방법을 찾아냈다. 자체 홍보 채널을 만든 것이다. 2024년 현재 대통령실의 경우 공식 홈페이지, 유튜브, 페이스북, 인스타그램, X(트위터), 카카오톡 채널 등 채널을 운영한다. 구독자를 모은 후 콘텐츠를 만들 때마다 알림 기능을 통해 자동으로 전달한다. 디지털 시대가 본격화되면서 대통령실의 홍보 방식이 직접 홍보로도 방향을 전환한 것이다.

그런데 디지털 시대라는 게 꼭 대통령의 입장에서 좋은 것만은 아니었다. 새롭지만 이상한 방법으로 뉴스를 만드는 사람들도 늘어났다. 2024년 7월 초, 연말에 있을 미국의 대통령 선거를 앞두고 트럼프(Donald Trump)와 바이든(Joe Biden)이 TV 토론을 했다. CNN이 90분간 생중계를 했지만 많은 유권자들과 세계의 시청자들은 유튜브로 재편집된 영상을 시청했다. 누군가는 34초짜리 "횡설수설 바이든 vs 흐뭇해하는 트럼프"라는 제목으로 34초짜리 쇼츠(shorts)를 만들어 유튜브에 올렸다. 자막과 함께 무한 반복되는 이 쇼츠를 보면 바이든이 치매에 가까운 증상을 보여 '대통령직을 한 번 더 수행하는 것은 무리가 있구나' 생각하게 될 정도였다. 바이든 대통령과 백악관 참모 입장에서는 이 콘텐츠에 대해 불만이 많았겠지만 유튜브에서 활동하는 수많은 개인 방송인들에게 일일이 대응할 수도 없는 노릇이다. 권력의 손을 떠난 화면이 어떻게 권력을 조롱할 수 있는지 적나라하게 보여주는 사례라고 할 수 있다. 유력 방송에 나가지 않을 수도 없고, 나가면 이렇게 원하지 않는 장면이 '짤'로 돌아다니게 되는 딜레마에 빠져 곤혹스러울 수도 있을 것 같다. 영상 때문인지 실제 건강 문제 때문인지 아니면 둘 다 영향을 미쳤는지, 바이든 대통령은 미국 역사상 처음으로 후보 지명 후 재선을 포기했다.

모든 사람이 기자가 될 수 있고 모든 사람이 방송 프로듀서가 될 수 있는 상황에서 권력자들은 카메라 앞에서 어떻게 행동하며 상황을 헤쳐나가고 있을까?

사진과 정치

1. '진짜를 기록'했다는 신화가 담긴 사진

사진을 비롯한 시각물들이 우리 사회에서 커뮤니케이션 도구로 점점 더 빈번하게 활용되고 있으며 그 영향력 또한 점점 확대되었다. 페이스북에는 하루에 3억 장이 넘는 사진이 올라가고(Dustin Stout, 2019.7.8) 신문과 잡지, 영화, 텔레비전, 인터넷에서 시각물이 차지하는 위상은 점점 커지고 있다.

정치 영역에서 언어적 메시지는 진보된 커뮤니케이션 방법으로 간주되지만, 강형구와 탁진영(2006)은 메사리스(Paul Messaris)의 논문(메사리스·아브라함, 2001)을 인용해 시각적 형태의 커뮤니케이션이 언어보다 더 설득력 있는 독특한 특성이 존재한다고 주장한다. 사진과 영상 그래픽 등 시각물은 사실을 보여주면서도 정서적 반응을 불러일으키는 방식으로 설득 과정에서 중요한 역할을 한다는 것이다.

도리스 그래버(Doris Graber)는 언론 매체에서 뉴스 사진은 글로 쓰인 기사가 사람들의 머릿속에서 잊혀버린 훗날까지도 중요한 정보를 담아두고, 기억하게 만든다고 주장했다(Graber, 1993). 밀러(Andrea Miller)도 인물 사진은 기사를 읽지 않는 유권자들의 눈을 사로잡는 중요한 요소라고 지적했다(Miller, 1975). 디지털 시대에 소셜미디어라는 새로운 뉴스 플랫폼에서도 사진은 빠질 수 없는 요소이다. 사진이 첨부되어야 주목도가 높아지고 공유와 댓글 등 상호작용도 활발해진다. 글자로만 이뤄진 정보가 머릿속에 10퍼센트 남는다면 이미지를 동반한 글자 정보는 65퍼센트 정도 살아남는다는 연구 결과도 있다. 흔히들 문자 시대에서 영상 시대로 본격적으로 전환되고 있다고 말한다. 미첼(William J. T. Mitchell)은 이것을 시각적 전환(pictorial turn)이라고 말했다(Mitchell, 1994).

그러나 이러한 전환은 진행형이 아니라 지금의 10대, 20대 젊은 층들은 태어나면서부터 시각 정보 속에서 성장해 왔다는 점에서 전환은 이미 끝났다고 볼 수 있다. 텍스트를 읽기엔 너무 바쁜 현대인에게 시각적으로 잘 드러나는 뉴스가 진짜 중요한 뉴스인 시대가 되면서(Perlmutter, 1998), 정치 영역에서도 지도자들이 영상 이미지를 통해 국민과 커뮤니케이션하는 것은 불가피한 숙제가 되었다.

미국 로널드 레이건(Ronald Reagan) 대통령의 공보관이었던 마크 웨인버그(Mark Weinberger)는 다음과 같이 말했다.

사진은 정보를 전달하는 가장 중요한 방법 중의 하나로 많은 사람들이 사진을 기초로 대통령에 대해 판단을 하게 된다. 따라서 우리는 당연히 가장 유리하면서 정책과 일치하는 사진을 만드는 데 관심을 갖게 된다. 사람들이 글을 항상 읽지는 않아도 사진은 항상 본다(Reagan, 2007).

최고 정치지도자의 얼굴은 매스미디어를 통해 끊임없이 노출되며 (Schill, 2012: 127), 누군가는 포토제닉(photogenic)하거나 소통을 잘하는데 누군가는 그렇지 않다. 결과적으로 이미지를 잘 다루는 사람이 정치적 승자가 된다. 그런 승부가 국민들의 삶과 민주주의 발전에 약이 되는지 독이 되는지는 아직 불분명하다. 그러나 이미지가 우리 정치에서 일정한 역할을 하는 것은 현실이다.

문재인 정부 당시 경호실에서 별도로 운영하던 홈페이지, 효자동사진관(검색일: 2020년 4월 10일). 열린경호를 표방하면서 대통령경호실 소속 사진사도 근접 촬영하는 관행이 생겼다.

이미지가 우리의 TV 화면, 스마트폰, 노트북, 신문에 실리게 되는 과정은 우연이 아니다. 이미지는 다양한 정치적 문제와 얽혀 있다. 이력서 사진이 포토샵의 결과라는 것이 상식이 된 시대에 대통령이 국민과 국제사회에 보일 이미지를 관리하고 통제하는 것은 당연한 일이다. 보도사진 혹은 영상보도라는 것은 완전히 객관적이거나 중립적인 산물이 아니다. 스튜어트 홀(Stuart Hall)이 「뉴스 사진의 결정(The Determinations of News Photographs)」이라는 글에서 주장했듯이, 뉴스 사진은 현장의 진실을 그대로 전하는 것이 아니라 사진을 찍고, 고르고, 배열하고, 제목과 설명을 달고, 지면에 배치하는 각각의 기능적, 전문적, 심미적, 편집적 단계에서 특정한 해석의 시각이 개입돼서 의미가 가공되고 생산된다 (hall, 2010). 이런 가공 절차를 거쳐 사진에 대한 특정한 해석이 배제되고, 다른 특정한 해석이 선호되고 강조되면, 그런 과정에서 지배 이데올로기는 신문의 지면을 통해서 나타난다(이영준, 2008).

게다가 사진은 남을 속일 의사를 없는 것으로 간주되며(Lester, 2002) 신뢰도가 높은 매체(Moriarty and Popovich, 1991)다. 사진은 사진기와 빛, 필름이 만들어낸 영상이다. 사진 제작 과정에서 인간의 역할은 셔터를 누르는 데 그치며, 이 또한 다른 기계장치로 대체될 수 있다. 인간이 아

가위질하는 트럼프. 2017년 12월 14일 백악관 루스벨트룸에서 트럼프 대통령이 규제 철폐 의지
를 '쇼'로 표현하고 있다. 정강이 높이 정도까지 쌓인 종이 뭉치에는 '1960년'이라는 표시가, 오른
쪽 사람 키보다 높이 쌓인 종이 뭉치에는 '현재(today)'라고 표시되어 있다. 마이크 타일러(Mike
Theiler) 촬영(UPI). 사진: 연합뉴스.

니라 기계가 만든다는 생각과 사진이 보여주는 놀라운 재현력은, 사진
은 객관적이라는 생각을 형성시키는 데 크게 기여했다. 그러나 1980년
광주에 북한군 '광수'들이 왔다는 주장은, 사진이 거짓말을 하지 않는
다는 신화가 존재한다는 점과 사진이 자의적으로 해석될 수 있다는 사
실을 동시에 보여주었다. 인터넷망을 통해 잘못된 이미지 해석이 공유
되고 확산되면서 한 사람의 주장이 여론으로 발전할 수 있다는 것도 보
여주었다.

　또한 사진은 시선을 집중시키고 감정을 자극하는 특징 때문에 피사체
가 되는 인물에 대한 독자의 태도 형성에 영향을 준다(Graber, 1993). 그래
서 미국의 대통령 후보들은 자신들을 매력적인 방식으로 보여줌으로써

유권자들의 우호적인 투표로 이어지도록 노력해 왔다(Verser and Wicks, 2006). 대통령이 된 후에도 사진을 정책 홍보에 활용한다. 2017년 12월 14일 ≪조선일보≫ 5면에 실린 사진에는 당시 트럼프 미국 대통령이 큰 가위를 들고 있다. 옛날에는 없던 규제가 늘었다면서 규제를 철폐하겠다는 메시지를 시각적으로 보여주기 위해서였다. 미국은 이미지와 정치를 분리해 생각할 수 없는 사회에 도달한 지 이미 오래되었고, 그래서 이미지 정치가 민주주의를 후퇴시킨다는 학자들의 목소리까지 나왔다.

2. 사진은 누군가가 선택한 결과다

시각 이미지를 활용하려는 측에서 창을 쓴다면 시각 이미지를 받아들이는 수용자 입장에서는 방패를 잘 써야 한다. 잘 보지 않으면 사진을 활용하려는 쪽의 의도에 쉽게 휘말릴 수 있다.

사진을 찍어 누군가에게 보여주는 것은 선택 과정의 연속이다. 사진은 찍을 것인가 말 것인가에서부터 신문이나 인터넷 등에 사용되는 과정이 모두 시각적 프레이밍(visual framing) 과정이다(Coleman, 2010: 233~261). 현장에 나간 사진기자는 피사체의 일부를 촬영 대상으로 선택하고 렌즈와 촬영 각도를 선택한다. 사진기자가 선택해서 촬영한 많은 사진은 사진부의 데스크에 의해 또 한 번 선택 과정을 거친다. 데스크는 현장 경험이 풍부한 시니어 사진기자들을 말하는데, 이들은 현장에서 촬영된 사진 중에서 몇 장을 골라 편집기자에게 넘긴다. 편집기자들은 이 중 한 장을 선택해서 지면에 게재한다. 인터넷 뉴스 사이트 편집자들은 몇 장 더 선택해서 글에 첨부한다. 독자들은 이런 과정을 통해 선택된 사진을 본다.

특검을 요구하며 용산 대통령실 내부로 진입하려던 대학생연합이 자신들의 시위 과정을 직접 촬영해 유튜브를 통해 공개하는 동시에 한 언

ⓒ 변영욱

2013년 10월 21일 국정감사장에서 윤석열 당시 여주지청장(뒤)이 자신과 완전히
다른 진술을 하고 있던, 조영곤 서울중앙지검장(우측 하단)을 스쳐 지나가고 있다.
갈등을 시각적으로 표현하기 위해 사진기자들은 순간을 기다린다.

론사의 사진기자가 사전에 시위 일정을 공유받고 시위 현장 근처에 대
기하다가 진입 순간을 포착했다고 치자. 이렇게 만들어진 사진은 객관
적이고 중립적인가? 시위를 하는 단체가 특정한 기자나 언론사에 제보
해 자신들의 일정을 기록하도록 요청하는 것이 비난받을 일은 아니다.
그렇게 받은 제보라고 해서 보도 가치가 없다고 볼 수도 없다. 다만, 그
런 시위 정보를 전달한 과정과 보도 결정 과정이 시민들의 정치적 판단
과 선택에 영향을 미치려는 의도와 무관하지 않다면, 사진을 찍고 보여
주는 과정 자체가 정치일 수 있다.

　사진이 정치적 목적을 위해 사용되는 대표적인 사진이 정치인들의 사
진이다. 조선일보 사진부장을 지낸 이병훈 전 한국영상자료원장은 "소
위 양김시대에는 사진 속에 찍힌 두 정치인과의 거리에 따라 서열을 알
수 있다고 할 정도여서 서로 근처에 서려는 자리싸움이 치열한 적이 있
었다. 그리고 한결같이 그들의 지구당사에는 계보의 총수와 함께 찍은
사진이 걸려 있고, 그 사진은 총선에서 표를 모으는 데 중요한 역할을 했

2001년 테러범이 납치한 비행기가 미국의 상징인 세계무역센터에 부딪치는 장면이 CNN 을 통해 생중계되었다. 전 세계 시청자들을 염두에 둔 테러에 국제사회가 충격을 받았다. 리 처드 드루(Richard Drew) 촬영(AP). 사진: 연합뉴스.

었다"라며 한국 정치에서 사진이 계파와 서열을 드러내는 도구였다고 설명한다(이병훈, 2004). 그래서 유력 정치인과 함께 있는 합성 사진을 만 드는 사람도 나온다.

사진은 그 자체로 정치적 힘이 되기도 한다. 2001년 미국 9.11 테러를 기록한 사진을 생각해 보자. 테러 사진은 사고 현장 근처에 있었던 사람 들뿐만 아니라 미디어 시대를 살고 있는 전 세계 사람들에게 공포감을 주었다. 테러리스트들은 시각적 효과(visual impact)를 노리고 테러를 저 질렀다. 전 세계가 지켜보는 가운데 미국의 심장부를, 외부의 비행기를 납치해 폭발시킴으로써 공포를 극대화하고 자신들의 존재와 주장에 관 심을 갖도록 유도했다(Fahmy and Cho et al., 2006: 4~15). 2000년대 이후 미디어를 통해 생중계에 가깝게 재현되는, 중동과 유럽에서의 자살폭탄 테러 역시 누군가에 의해 디자인된 이벤트이며 목적이 공포 조장이라는 점에서 동일하다.

사진이 모든 것을 기록하고 있을 것이라는 환상에서 벗어나는 순간 사진의 본질이 보인다. 사진에 담긴 정치적 입장이 가장 잘 드러나는 때가 전쟁 시기다. 수전 손태그(Susan Sontag)가 지적한 대로 모든 전쟁이 다 기록되지는 않는다. 나치는 이야기나 기록을 남기지 않으려고 노력했다. 포로수용소 가스실을 시찰하는 히틀러의 사진을 찾아볼 수 없다. 일본인들도 진주만에서 쓰러져 가는 자국 병사들의 모습을 볼 수가 없었고 오직 승리하는 장면만 보았다. 태평양전쟁에서 수많은 일본군이 한국을 비롯한 아시아의 젊은 여성들을 종군 위안부로 동원해 성적으로 학대했지만 그 사진은 거의 남아 있지 않다. 세계대전을 두 차례 치르는 동안, 연합국의 신문들도 되도록이면 자기 나라에 유리하게 촬영된 사진만 발표했다. 1차 세계대전 기간에 미국 정부는 자국 병사의 시신 사진이 보도되는 것을 차단했다. 당시의 사진기자들은 순종심이 강해 정당한 목적을 위해 싸워야 한다고 믿으면서도 스스로를 검열했었다. 그래서 그들이 대표하는 나라에 불리하지 않은 장면만 촬영했다.

2003년 사담 후세인을 축출하기 위해 미국이 선제공격한 이라크 전쟁 기간에 미국은 비주얼 콘텐츠가 중요하다고 판단해, 합동전투카메라 프로그램(Joint Combat Camera Program, COMCAM)을 가동했다. 원래는 미국 국방부와 기타 지도자들에게 정확한 이미지 능력을 제공해 의사결정을 돕고 전쟁을 성공적으로 수행하도록 하는 것이 목적이었지만, 여론을 환기할 목적으로도 활용됐다. 영상 촬영을 위해 추가로 50명의 군인을 투입했고 하루 평균 600장 내지 800장의 스틸 사진과 25개 내지 50개의 비디오 클립을 제작해 언론에 배포했다(Carol and Schwalbe et al., 2008).

우리나라에서도 권력에 의해 사진이 정치적이기를 강요받았던 적이 있다. 5공화국 시절의 보도지침이 그 사례다. 1985년 10월부터 1986년 8월까지 언론사에 내려진 보도지침 850여 항 가운데 사진 규제에 관한 항목이 50여 항 있었다. 전체 보도지침 가운데 10퍼센트가 채 안 된다고 치부해 버릴 수도 있지만 잠재적으로 사진기자들의 활동을 제약했으며,

특정사안에 대한 편견을 주입시키고 스스로가 공정하고 객관적인 보도를 포기하도록 하는 습관이 무의식 속에 자리 잡게 만들었다(박경모, 1991: 31).

또한 뉴스 전달에 사용되는 사진은 특정한 관점의 결과다(박상수, 2001: 21). 바르트(Roland Barthes)가 지적했듯이 사실적 사진도 그 신문의 경향에 따라 그 메시지가 달라진다(Barthes, 1993: 65; 박상수, 2001: 61). 정치학자 데이비드 이스턴(David Easton)은 정치를 "한 사회의 자원을 권위적으로 배분하는 행위"라고 했다. 프레임 속에 무언가를 선택해서 넣는 것은 무언가가 배제되는 것을 의미하고 사진을 게재하는 것도 무언가가 게재되지 않는 것을 전제로 한다(Coleman, 2010: 240). 따라서 어디에는 자원을 주고 어디에는 배제하는 선택 과정을 정치라 볼 때, 이미지의 선택 과정은 정치의 과정과 아주 유사하다. 김무성 새누리당 대표가 김해 봉하마을에서 2015년 5월 23일 열린, 고 노무현 대통령 6주기 추도식에 참석하며 반대 세력으로부터 물세례를 맞은 적이 있다. 중요 정치인이 시민들로부터 야유를 받고 더 나아가 모욕적인 항의를 받았다면 이건 보수 신문의 입장에서 볼 때는 보도할 만한 가치가 있는 사진이다. 그러나 당시 진보 신문은 이 사진을 게재하지 않았다.

권력자들이 스스로 이미지를 취사선택하기도 한다. 버락 오바마(Barack Obama) 미국 대통령이 2010년 2월 18일 중국의 강력한 반발에도 티베트의 정신적 지도자 달라이 라마와 만났다. 그러나 중국을 자극하지 않으려고, 둘이 만나는 장면은 언론에 비공개했다. 미국 백악관은 이전에도 미국 대통령이 달라이 라마를 만나는 '의식'을 조용하게 진행했다. 오바마 대통령과 달라이 라마의 회동장소는 대통령 집무실인 오벌 오피스가 아닌 맵룸(map room: 접견실)으로 택했고, 백악관 측이 자체 촬영한 사진 1장만을 언론에 배포했다.

조작된 영상은 더욱 정치적 목적을 갖는다. 2023년 5월 튀르키예 대통령 선거에서는 투표 직전 '테러 집단이 야당 후보를 지지한다'라는 딥

페이크 영상이 퍼졌다. 조작된 영상이 집권당 승리에 결정적 영향을 줬다는 게 일반적 평가다. 미국 공화당 전국위원회가 2023년 5월 공개한 선거 광고에는 미군이 중무장한 채 샌프란시스코 거리를 순찰하는 장면, 이민자들이 남부 국경을 점령한 장면 등이 나온다. 조작된 가짜 이미지를 통해 유권자들은 바이든 행정부에서 일어나는 디스토피아를 현실처럼 느낄 수 있다(≪한겨레≫, 2024.1.8). 기술이 점점 더 발전하는 시대에 정치적 목적을 가진 영상물이 앞으로 얼마나 나올지, 그리고 우리가 그걸 걸러낼 수 있을지 궁금하다.

사람들은 기사보다 사진에 더 많은 영향을 받을 때가 있다. 감정적 요소가 담긴 사진들은 사진 자체가 시선을 집중하도록 만들고, 시간이 흐른 후 기사 내용을 자세히 기억할 수 없을 때, 기억 속에 남은 사진 모습을 바탕으로 그 내용을 유추하게 된다는 것이다. 이때 사진의 역할은 기사의 내용을 있는 그대로 회상하도록 돕는 것이 아니라, 사진이 강조한 특정 부분에 좀 더 집중하게 만들어 기억에 왜곡을 발생시키는 데 있다. 즉, 어떠한 사진들을 제시하는가에 따라 신문 기사의 내용에 대한 인식이 장기적으로 왜곡될 수 있다(Brosius, 1991).

3. 시각이 정치가 되는 이유

시각 이미지는 정치적 맥락에서 매우 중요한 역할을 하며, 정치적 메시지를 전달하고, 대중의 인식과 태도를 형성하는 데 사용될 수 있다. 사진이 정치 행위일 수 있다는 생각을 하던 차에 좋은 책을 만났다. 이미 오래전부터 이미지가 정치 영역에서 하는 역할에 주목해 왔던 미국 사회 연구자의 책에서 많은 인사이트를 얻을 수 있었다. 다음 내용은 *Visual Global Politics*에서 인용했음을 밝힌다. 저자는 현대 사회에서 시각 정치가 작동하고 있다고 주장하며 그 이유를 다음과 같이 들었다(Bleiker,

2018: 10~16).

첫째, 사진은 우리의 눈을 속인다.[1] 우리는 사진을 통해서 보는 것이 세상을 진짜 재현(representation)한 것이라고 믿는다. 특히 사진기자나 다큐멘터리 사진가는 전쟁이나 가난·가뭄 등의 '정치적 현상'과 일정한 거리를 둔 채 '객관적으로 목격해 진실하게 재현'하는 사람들이라는 오랜 믿음이 존재한다. 사진이 가치중립적이며 뭔가를 증명하는 것이라는 생각은 사진이 진실하다는 환상(illusion)을 만들었다. 하지만 사진은 조작될 수도 있고 사람들의 눈을 속일 수도 있다. 누가 찍었으며 누구를 대상으로 배포되는지, 무슨 목적으로 촬영된 것인지를 살펴볼 필요가 있다.

둘째, 이미지가 정치를 하는 두 번째 이유는 앞에서 언급했던 '미학적 선택' 과정 때문이다. 스틸 사진이건 동영상이건 모든 이미지는 특정한 관점을 표현하며, 찍는 사람이 갖고 있는 특정 미학에 따라 내용이 선택된다. 세상을 재현하되 특정한 앵글에서 재현하며, 사진에 뭔가를 포함시키는 만큼 무언가는 어쩔 수 없이 배제된다.[2]

신문에 실리는 사진을 예로 들어 보자면 뉴스 가치에 대한 판단은 상대적이고 또한 특정한 순간에 언론인의 '뉴스에 대한 감'에 기초하기 때문에 주관성이 높이 개입된 작업이다. 엔트만(Robert Entman)은 "틀에는 선택과 현저성(sailence)이 포함된다"라고 주장하면서 특정한 단어나 구절의 사용, 특정한 맥락에 대한 언급, 특정 뉴스 정보원을 언급하는 것과 마찬가지로 사진이나 영상을 고르는 것 등이 틀 짓기(framing)와 관련된다고 말했다(Entman, 1993; 맥퀘일, 2003: 415).

틀 짓기는 독립된 하나의 사건에 어떤 해석을 내리는 방법이다. 사진

---

1 원문에서는 "기만하다(deceive)"라는 원색적 표현을 썼다.
2 이미지는 자연스럽게 받아들여지지만, 의도적으로 생산되는 것이다. 이미지의 역설은 '자연스러움'과 '의도성' 사이에 존재한다. 이미지는 개별적으로 존재하는 것이 아니라 다양한 이미지의 관계 속에서 생산되고 수용된다는 점에서 관습, 문화, 역사적인 것들을 포함한다(주창윤, 2003: 139).

을 찍거나 고르는 과정에서 언론인들은 피할 수 없이 틀 짓기를 하고, 이 과정에서 순수한 의미의 객관성으로부터 멀어지며, 의도하지 않은 편향성을 지니게 된다. 사진은 외형적으로 변형 혹은 의미화한다기보다는 기록하는 것처럼 보이기 때문에 쉽게 그 의도를 감출 수 있다. 울라컷(Janet Wollacott)과 메사리스는 수용자들이 시각적 틀 짓기를 인식하지 못하는 이유(Wollacott, 1982; 메사리스·아브라함, 2001)를 사진이 지닌 다음의 세 가지 성질 때문이라고 설명한다(김성민, 2005: 20). 첫째, 시각 재현의 유사적 성질이다. 이는 수용자에게 사진이 보다 자연적인 것으로 보여, 이미지가 인공적 구성물임을 간과하게 되는 경향을 뜻한다. 두 번째 특징인 사진 이미지의 지표성은 이미지들이 다른 어떤 형태의 커뮤니케이션보다도 진실을 재현하는 것을 보장하기 때문에 수용자가 자신들이 보는 것에 의문을 제기할 가능성이 감소된다는 것이다. 마지막 특성은 시각적 구문에서의 외연적인 제안 수단의 부족이다. 다시 말해 시각적 제안들은 맥락적 혹은 다른 시각적 단서들을 바탕으로 외형에서 보이는 것 이상의 함의적 의미들을 본능적으로 감지할 수 있는 독자의 능력에 좀 더 의존한다는 점이다(김성민, 2005: 20).

광화문에서 보수 집회를 이끄는 목사를 찍은 사진 중에 마치 뿔처럼 보이는 배경을 넣고 찍은 사진이 있다. 조롱에 가까운 그 사진은 목사나 지지자들이 원하는 맥락이 아닌 형식으로 세상에 보이고 있으며, 정치인에 대한 패러디 또는 '움짤' 중에도 본인이 아닌 창작자에 의해 선택된 이미지라고 할 만한 것이 많다. 누군가에게는 우상이, 누군가에 의해서는 악마로 표현될 수도 있는 게 사진이다. 개인도 자신의 이미지를 관리하기 위해 마음에 드는 증명사진을 선택한다.

드러내는 과정뿐만 아니라 반대로 배제 과정에서도 선택의 메커니즘이 발생한다. 공산주의 국가에서 정치인이 숙청되고 나면 과거 사진이라는 정치 리얼리티에서 그 사람이 삭제된다. 사진에 찍힌 사람을 잘라내면 그 사진이 처음과 다른 의미를 갖는 경우는 무수히 많다. 보여주기

2024년 8월 북한 김정은 국무위원장이 수해를 입은 주민들의 임시 텐트촌을 방문해 '애민 (愛民)' 이미지를 연출하고 있다. 미사일과 핵 개발에 쏟는 예산을 치수에 쓴다면 재난의 정도 는 훨씬 덜했을 거라는 지적이 북한의 사진에는 나타나지 않는다. 사진: 노동신문=뉴스1.

청와대 앞 집회 연 전광훈 목사. '대통령 하야' 주장으로 논란을 빚은 한국기독교총연합회 대표회장 전광훈 목사가 2019년 6월 27일 서울 청와대 앞에서 대통령 하야를 요구하며 집회를 열고 발언을 하고 있다. 사진: 연합뉴스.

과정에서 특정 선택이 일어난다는 것을 감안한다면 이미지가 정치를 한다는 주장은 설득력을 지닌다.

셋째, 이미지가 정치를 하는 또 하나의 이유는 해석의 필요 때문이다. 이미지는 그 자체만으로는 의미가 안 통한다. 이미지의 의미는 다른 이미지와의 관계, 개인적 또는 사회적으로 암묵적으로 합의된 추정이나 동의된 기준 등과의 관계 속에서 확보된다. 이미지로서의 사진은 사물의 외관을 단순히 베낀 것에 불과하고, 롤랑 바르트의 '외시 의미(denotation)'에서도 나타났듯이 그저 사물을 가리키는 것 이상의 역할은 하지 않는다. 즉, 사진은 의미의 진공 상태로서 존재하는 것이다. 그러나 사진이 어떤 상황에 던져진 순간, 즉 편집되어 잡지에 실리거나 광고에 실리거나 갤러리에 작품으로 걸리는 순간 사진은 수행성(performativity)을 얻게 되고, 텍스트가 들러붙으며 일련의 의미 체계에 편입하게 된다(한금현, 2007: 39).

2023년 이스라엘과 하마스의 전쟁에서 사용된 항공 촬영 영상을 예로 들어보자.

이스라엘군은 전쟁이 시작된 후 국방부 텔레그램 계정을 통해 자국 방위군이 하마스 군인을 폭격하는 영상을 지속해서 공개했다. 하마스가 은둔했다고 추정되는 곳이라며 전투기가 폭탄을 떨어뜨리는 모습은 전투기에 장착된 카메라로 기록되었다. 알아들을 수 없는 이스라엘 군인들의 목소리와 함께 화면에 십자(+) 모양의 타깃이 보인다. 약 2, 3초 시간이 흐른 후 굉음과 함께 타깃에서는 연기가 피어오른다. 20초 남짓의 공격 영상의 설명에는 "은둔하고 있던 하마스 대원 수십 명을 제거(eliminate)

ⓒ The Israel Defense Forces

2023년 10월 8일, 이스라엘 전투기가 공중에서 찍은 가자 지구의 사람들 모습. 이들은 하마스 대원들이기 때문에 폭탄으로 공격해도 된다는 주장이다.

했다"라고 쓰여 있다. 이스라엘 방위군은 십자 표시가 하마스 군인이라고 해석한다. 이스라엘을 지지하는 시청자에게는 그 설명이 타당하게 받아들여지지만, 의심하는 시청자들은 영상에 등장하는 타깃 중 일부는 무고한 민간인이라고 해석할 수도 있다.

2024년 2월 국내에서 방송심의위원회까지 나서야 했던 유튜브 "윤석열 대통령 양심고백 연설" 동영상은 처음 인터넷에 올렸을 때만 해도 "가상으로 꾸며본 윤 대통령 양심고백 연설"이라는 제목이었지만 '가상으로 꾸며본'이라는 표현을 삭제한 다른 편집본이 돌면서 문제가 되었다. 텍스트가 없는 이미지 또는 잘못된 텍스트는 이미지가 거짓말을 할 수 있다는 것을 보여준 사례였다.

이처럼 사진은 그 자체로 진실이라 하기에는 생산 과정에서 눈속임의 의도가 존재하고 특정한 관점에서 선택된 순간이며, 게다가 해석하는 관점에 따라 각각 다른 의미가 부여될 수 있다는 한계가 있다.

4. 사진이 필요해진 정치인, 그러나 사진기자는 필요 없어진 정치인

뉴스 전달 과정에서 시각적인 커뮤니케이션이 강조되고 있다. 현대의 대중은 빠른 시간에 많은 정보를 얻어야 하기에 긴 문장으로 된 기사보다 더 실감 있고, 강한 호소력과 주목도를 가진 사진이 뉴스를 전달하는 데 더 중요한 역할을 한다.

독자들은 신문을 처음 읽을 때 사진이나 그래픽, 헤드라인 등 강력한 시각 요소에 먼저 주목한다. 신문을 볼 때 사람들이 제일 먼저 인지하게 되는 것이 사진이다. 하나의 기사에서 독자의 시선은 대체로 사진, 제목, 본문의 순으로 옮겨간다(한국편집기자회, 2001).

신문에 실리는 보도사진은 독자들에게 메시지를 순식간에 전달할 수 있는 소통 수단으로서, 제한된 지면에 글로는 전달하기 어려운 얼굴 표정, 행동, 분위기를 한눈에 쉽고 빠르게 설명해 줄 수 있는 최고의 정보 전달 방식이다. 또한 보도사진은 독자들에게 기사를 읽는 데 많은 시간을 들이지 않고 사건들을 살펴보게 한다. 어떠한 사건이 사진과 함께 실릴 경우 독자들은 그 사건을 다른 사건들보다 더 중요하다고 인식한다. 더 나아가 기사에 관심을 가지도록 하는 역할도 하고, 뉴스 기사의 모호함을 없애는 역할을 하기도 한다. 이는 신문 보도사진이 잠재적으로 중요한 정보의 전달자이자 태도 형성을 이끄는 역할을 한다는 것을 보여준다. 특히 현대 영상 시대를 살아가는 독자들은 문자적인 정보보다 시각적인 정보를 더 쉽게 기억하는 경향이 있어, 사진은 기사와 함께 중요한 신문 콘텐츠 중 하나가 되었다(Blackwood, 1983; Stone, 1987; Wanta, 1988). 그러면서도 이미지는 여전히 모호함을 무기로 한다. 철학자 서도식은 "이미지의 사용은 언어의 사용과 달리 커뮤니케이션 과정에서 송신자가 수신자에게 자신의 주장의 타당성 요구를 제기하지 않는다. 이는 비주얼커뮤니케이션이 비판과 정당화의 합리적 절차를 필요로 하지 않는다는 것을 의미한다"라고 주장했다(서도식, 2008: 321).

매스미디어에서 소셜미디어로, 시민들이 정치인들을 만나게 되는 플랫폼의 변화도 정치인들에게는 새로운 숙제다. 소셜미디어에 올릴 콘텐츠를 만들려면 사진과 영상이 꼭 필요하다. 신문사 사진기자들과 방송기자들이 촬영하는 데에는 한계가 있다. 정치인들은 이제 자신들이 직접 사진을 찍어 유권자들에게 어필하기 시작했다. 언론에도 사진을 제공하려고 하는 경우도 생기고 있다.

정치인들이 사진을 직접 찍어 언론에 제공하는 것은 과거와 달리 현대 정치 커뮤니케이션 전략에서 중요한 부분이 되고 있다. 대통령 사진을 볼 수 있는 플랫폼을 한번 생각해 보자. 가령 1990년대 초, 인터넷이 아직 대중화되지 않았으므로 대통령의 모습은 신문과 방송, 그리고 관공서의 홍보 책자, 영화관 등에서 볼 수 있었다. 아무래도 1990년대 초까지만 해도 대통령과 참모의 입장에서 대통령의 존재와 활동을 부각시키는 데는 매스미디어가 가장 강한 플랫폼이었다. 신문과 방송에 실릴 사진과 영상을 잘 관리하고, 운영자들을 잘 설득할 수만 있다면 '마음에 드는' 이미지가 실릴 수 있었던 것이다. 그러나 신문의 열독률은 점점 떨어지고 방송 뉴스도 옛날처럼 과점 체제의 공영방송만 있는 것도 아닌 시대가 되었다. 오히려 많은 사람들이 포털 사이트와 유튜브, 페이스북을 통해 대통령의 얼굴을 본다. 전통적인 미디어의 대안 또는 보조 플랫폼으로 떠오르는 이들 매개체에는 어떤 기사거리와 사진을 제공해야 할까 고민하는 것도 당연한 귀결이다. 이제 대통령과 참모들은 대통령의 이미지를 직접 생산해서 세상에 제공하는 것이 훨씬 유리하다는 것을 알게 되었다.

국회의원과 임명직 공무원 등 정치인들도 본인이 좋아하는 사진이 세상 사람들에게 전달될 수 있도록 유도한다. 과거에는 기자들과 인터뷰를 통해 뉴스를 만들던 정치인들이 페이스북과 홈페이지 등에 뉴스가 될 만한 내용과 함께 사진을 올린다. 시의적절하거나 사회적 관심을 끌만한 내용이라면 기자들이 정치인의 소셜미디어에서 사진을 내려받아 다시 뉴스를 만든다. 최근 10여 년 전부터 국회의원 보좌관 가운데 전문가급 카메라를 들고 상임위 회의장이나 지역구 행사장에 가서 의원의 활동을 촬영하는 이들도 많아졌다. 이미 포화가 된 국회에 사진기자가 더 많아 보이는 이유이기도 하다. 사실 캠프가 제공하는 사진과 사진기자가 제공하는 사진은 큰 차이가 없을 때가 많다. 미국에 비해 기록에 충실한 사진을 선호하고 사진기자의 해석이 들어간 사진을 많이 사용하지 않는 우리나라 신문사 내부의 특징 때문이다(김영수, 2004).

그러다 보니 독자들은 기자들의 사진과 캠프가 제공한 홍보 사진의 차이에 대해 크게 생각하지 않는다. 오히려 기자들이 접근하지 못한 상황을 기록한 사진은 현장을 보여주는 유일한 증명이기도 하다. 하지만 문제는 정치인들이 '언론 플레이'를 위해 독자 제공이라는 형식을 이용할 수도 있다는 것이다. 정치인의 과거 활동을 증명하거나 설명하고자

ⓒ 변영욱

국회의원 SNS에 올릴 사진을 찍는 보좌관들. 야당 법제사법위원들이 2024년 7월 26일 서울 용산구 대통령실 인근에서 기자회견을 하기 위해 이동하고 있다. 그 모습을 해당 의원실 보좌관들이 직접 촬영하고 있다.

본인이 관리해 온 사진과 영상을 제공하는 것과 달리, 공인인 된 이후의 활동을 보좌관 또는 측근을 통해 촬영하여 뉴스 재료로 활용되도록 하는 것은 구분될 필요가 있다.

5. 처음부터 한계가 있는 대통령의 사진

미국에서는 텔레비전을 통해 전달되는 대통령의 모습이 시청자들이 대통령의 업무 성과에 대한 간편한 판단 방법(judgmental shortcut) 또는 힌트(heuristic)로 작동해 다음 선거 결과를 예측할 수도 있을 정도라는 연구 결과가 이미 많다(Graber and Bucy, 2009: 153). 우리의 경우 예전의 정치인들은 사진에 대해 별로 신경을 쓰지 않았다. 그러나 인터넷으로 전 세계가 연결되고 이미지가 실시간으로 국경을 넘어 다니는 디지털 시대

문재인 대통령(왼쪽)이 2021년 10월 20일 경기도 성남시 서울공항에서 열린 2021 서울 국제 항공우주 및 방위산업 전시회 기념식에 FA-50 경공격기를 타고 참석해 행사장으로 걸어가고 있다. 사진: 청와대사진기자단.

에 한국 대통령의 이미지는 비약적으로 발전했다. 미국 대통령의 스펙터클과 한국 대통령의 스펙터클이 유사하다고 생각될 때도 가끔 있다.

미국에서 시작된 이미지 정치가 한국에서도 진행되고 있다. 21세기 한국도 정치 환경의 급속한 변화를 겪으면서 대통령은 PI(President Identity)를 한다. 최고 관리자의 이미지를 부각하고 그들의 활동에 초점을 맞추는 각종 마케팅 활동인 PI 활동은 때론 관리자의 이미지가 조직 전체의 이미지를 좌우하기 때문에 최근에는 아주 중요한 PR 영역으로 인식된다(박종민, 2008). 오늘날 정치 환경은 과거와 다르다. 대통령이 되었다고 해서 지지를 자연스럽게 확보하는 것이 아니라 자신의 정체성과 성과 그리고 비전을 끊임없이 국민에게 알려야 한다. 정부 내에도 대통령의 정체성을 정리하고 커뮤니케이션 계획을 수립하는 조직이 있다.

미국의 대통령과 참모들은 이미지 메이킹에 아주 노련하고 정교한 준비를 한다. 중임(重任)이 가능하기 때문에 대통령은 두 번째 임기를 위해 현직으로 있는 동안 이미지를 적극 관리하고 좋은 평판을 얻고자 노력한다. 첫 번째 임기 동안 이뤄지는 이미지 정치는 결국 다음 선거를 위한 운동이라고 볼 수 있다. 재선에 성공했다고 해서 이미지 정치가 끝나는 것은 아니다. 자신이 추진했던 정책을 유산으로 남기고 역사적 평가를 좋게 받고, 소속 정당의 승리를 위해서도 대중의 지지와 긍정적 이미지 유지는 중요하다. 한국의 대통령은 단임 체제라서 이미지 메이킹에 필사적이지는 않지만 국민들에게 '잘 보여줌으로써' 획득하는 국민적 지지가 국정 운영의 동력이 된다는 점에서 이미지 메이킹은 무시할 수 있는 분야가 아니다.

그런데 대통령 사진은 처음부터 한계를 갖고 출발한다. 아무리 노력해도 넘지 못하는 한계가 있기 때문에 그것을 인정하고 시작할 필요가 있다. 우선 한 나라의 대통령이라 해도 모든 국민들이 좋아하는 것은 아니다. 둘째, 화려한 이미지가 넘치는 시대에 중년이 넘은 남성 대통령의 모습이 매력적이긴 쉽지 않다. 셋째, 한국인의 이목구비는 서양인과 달라서 상대적으로 표정이 잘 표현되지 않으며, 억지로 웃지 않으면 무뚝뚝한 모습이 대부분이다. 포토제닉할 수 없는 원초적 한계에도 불구하고 이미지가 대세인 시대에, 그것도 다양한 플랫폼에 실릴 사진과 영상을 위해 노력을 해야 하는 것이 대한민국 대통령의 과제인 셈이다.

한편으로 권력은 사진과 영상을 두려워한다. 권력자의 입장에서는 자신에게 불리한 사진과 영상이 국민과 국제사회에 전달되었을 때 감당해야 할 피해가 너무 크다. 최순실(최서원)이 등장하는 의상실 영상은 박근혜 대통령 탄핵의 신호탄이었고, 김영삼 대통령의 아들 김현철도 지인의 병원 CCTV에 국정 간섭 장면이 찍히면서 몰락했다. 이명박 대통령이 인도를 순방할 때 외손녀가 동행했다는 사실이 사진으로 증명됨으로써 여론이 들썩이기도 했다. 윤석열 대통령은 부인 김건희 여사가, 디올 백을 받는 장면이 찍히면서 국정 지지율에 큰 손해를 입었다.

사진기자들은 정치인들이 원하지 않는 표정을 포착하거나 수첩의 메모를 몰래 촬영하기도 한다. 그러다 보니 정치인들 입장에서는 일상적인 행사 사진에서도 불리하거나 원하지 않는 사진이 찍힐 가능성이 있다. 권력 입장에서는 기자들이 내 편이 아니구나라고 생각할 수 있다.

기술 발달도 대통령실의 고민을 깊게 만들고 있다. 카메라 성능의 발달은 사람들이 외모에 더 많은 시간과 돈을 쓰도록 영향을 준다. 흑백 TV 시대에서 컬러TV 시대로 넘어오면서 가장 큰 변화는 연예인들의 피부 톤과 색깔이 그대로 드러나기 시작했다는 점이다. 컬러TV의 해상도는 4K, 8K UHD 등 점점 높아지고, 게다가 그 화면을 보는 모니터의 크기도 커지면서 출연자들과 제작자들의 고민은 점점 커져왔다.

연예인들의 화장은 짙어지고 방송기자들도 꾸미지 않으면 오히려 어색해지는 시대가 되었다. 대통령도 예외는 아니다. 박정희 대통령 시대까지 흑백 브라운관 시대였다면 전두환 대통령과 노태우 대통령 시대는 컬러 브라운관과 함께 시작했다. 군인 출신의 대통령들도 연예인의 자기표현법을 배워야 하는 시대가 되었다.

1980년대의 대통령들에 비해 2010년대와 2020년대 대통령은 외모에 더 신경이 쓰일 것이다. 유리한 모습만 국민들에게 전달되고 불리한 모습은 통제되는 상황은 정치인이라면 누구나 꿈꾸는 이상일 것이다. 그러나 그런 상황은 쉽게 오지 않을뿐더러 바람직하지도 않다.

게다가 대통령 사진에 대한 국민들의 목소리가 커지고 있다. 2014년 세월호 침몰 사고 당시 박근혜 대통령의 조문 모습이 연출이냐 아니냐 하는 논쟁이 붙었다. 문재인 대통령이 취임 1주년을 맞아 발간된 영문 연설집에 서명을 하면서 찍은, 여성 비서관 5명에 둘러싸여 있는 사진이 트럼프 사진을 베낀 것이냐 아니냐를 두고 공방이 벌어졌다. 윤석열 대통령이 아세안정상회의 참석차 캄보디아를 방문했을 때는 김건희 여사가 현지 가정집을 방문한 사진이 스튜디오 조명을 썼다는 의혹을 받았고, 그 사진을 '빈곤 포르노'라고 표현하는 국회의원까지 있었다.

대통령의 사진이 아무리 화려하고 멋진 장면이라도 하더라도 '악플'을 다는 시민은 끝까지 악플을 단다. 조롱과 비판이 공식적으로 드러나지 않던 군사독재 시절과 지금은 완전히 다른 환경이다. 프레임(frame)에 대응하고 때로는 반대의 해석을 붙이는 카운터 프레임(counter frame)이 존재하는 것이다. 점점 커지는 대중의 목소리, 소규모 집단의 힘 앞에서 대통령 사진은 갈 길을 모르고 있는지도 모른다. 그렇다고 유튜브와 인스타그램 등 자체 홍보 채널만을 커뮤니케이션의 대상으로 상정한다면 본질을 제대로 담지 못하는 상황이 된다. 지지자들만이 모여 있는 플랫폼은 여론을 제대로 반영하지도 여론을 움직이지도 못할 수 있기 때문이다.

Chap.**2**

대통령 사진의
역할과 기능

📷

1. 대통령 사진은 역사의 기록이다

대통령 사진은 역사의 기록이자 국가의 순간을 담아내는 특별한 이미지다. 역사적·국가적으로 중요한 순간들에 찍힌 사진에는 대통령이 들어가 있다. 적대 관계에 있던 두 나라의 정상이 악수를 하는 사진, 인류가 직면한 기후 문제를 해결하기 위해 노력하겠다는 세계 각국 정상들의 서명 의식, 올림픽 개막식의 버튼을 누르는 대통령이나 수반의 사진은 그 자체가 역사 기록이다. 1948년 정부 수립 이후 대한민국은 60여년의 역사를 경험했으며 이승만, 윤보선, 박정희, 최규하, 전두환, 노태우, 김영삼, 김대중, 노무현, 이명박, 박근혜, 문재인 등 12명의 대통령이 청와대를 거쳐 갔다. 그들의 매 순간이 역사였다.

이승만 대통령은 대한민국 정부 수립 당시 초대 대통령으로서 역사적 순간을 장식한다. 박정희 대통령은 1960~1970년대 공장이나 대규모 개발 프로젝트 현장을 방문하는 사진을 통해 당시의 경제 정책과 국가 주도의 개발 과정을 시각적으로 이해할 수 있게 한다. 노태우 대통령이 구소련의 고르바초프와 악수하는 사진은 냉전 시대의 끝을 상징한다. 김영삼 대통령의 금융실명제 발표 기자회견 모습은 부패의 고리에서 한

노태우 대통령과 미하일 고르바초프 소련 대통령이 1990년 6월 4일 미국 샌프란시스코 페어몬트 호텔에서 열린 첫 한소 정상회담에 앞서 인사를 하고 있다.
사진: 공보처, "노태우대통령 고르바초프 소련 대통령 정상회담"(1990), 대통령기록관(https://pa.go.kr/portal/contents/stroll/special/view.do?bd_seq=26), 관리번호: CET0008458.

발짝 빠져나오는 한국 사회의 새로운 시작을 보여준다. 김대중 대통령의 2000년 남북정상회담 사진은 한반도의 평화와 통일을 향한 역사적 진전을 보여준다. 그래서 현장의 사진기자들은 특별한 책임감을 갖고 사진을 찍는다. 그리고 가능한 한 우리 대통령이 잘 보이도록 하려고 노력한다.

필자 주변에는 대통령 사진을 찍어본 사람들이 많다. 서울의 종합 일간지와 경제지 중 10여 개 사는 지난 40여 년간 대통령실 출입 사진기자 제도에 참여했고, 누적 인원 200~300명의 선후배 사진기자들이 대통령실 출입 사진기자 경험을 했다. 서울에 본사를 둔 일간지 사진기자들은 대체로 경력 15년에서 20년쯤 될 때 청와대 출입을 하게 된다. 보통 2~5년씩 출입한 후 다음 기자에게 역할을 인계하고 일반 취재 현장이나 내근 역할로 돌아간다. 대통령실 사진기자단은 10여 명이 풀단(pool 團)을 구성해 돌아가며 대통령의 공개 일정을 취재한다. 취재기자들의 숫자가 수백 명인 데 비해 사진기자단의 숫자는 적기 때문에 그만큼 풀 순서가 자주 돌아오므로 대통령의 얼굴을 자주 보게 된다. 해외 순방의 경우 인원이 더 줄어들기 때문에 하루에 대통령 일정을 여러 개 맡아야 할 때도 있다.

청와대를 출입했던 사진기자들은 국가의 중요한 순간을 기록함으로써 역사에 기여한다는 자부심을 갖고 있다. 사진기자가 없었다면 존재할 수 없는 수많은 역사적 순간에 대한 기록이 존재한다. 2015년 9월 박근혜 당시 대통령이 중국을 방문, 베이징 천안문 광장에서 열린 '중국 항일 및 세계 반(反)파시스트 전쟁 승리 70주년 기념 대회'에 참석해 시진핑(习近平) 주석과 함께 열병식을 참관했다. 천안문 망루에 올라가 시진핑 중국 국가주석을 비롯해 전 세계에서 온 축하객들과 함께 열병식을 참관하는 행사였다. 대통령 순방에 동행한 한국 기자 8명(취재기자 2명, 사진기자 3명, 영상기자 3명)이 새벽 5시에 호텔을 출발해 천안문 광장에 미리 도착했다. 그런데 중국 외교부 직원이 한국 기자들에게 배정한 자리가 망루를 정면으로 봤을 때 오른쪽 계단이었다. 문제는 계단 자리는 망루와 평행한 위치라는 점이었다. 고개를 내밀 수도 없는 일직선의 좌석이라 망루 위에 올라가는 우리 대통령과 시진핑 주석의 모습을 볼 수 없는 상황이었다. 현장에 도착해 이 상황을 파악한 청와대 홍보팀과 사진기자들은 망연자실했다. 결국 사진기자들은 중국 공안들의 반대에도 망루가 정면으로 보이는 위치로 가서 천안문 광장으로 나가 자리를 잡고 행사 15분간만 촬영하겠다고 고집을 피웠다. 대통령실 출입 사진기자들이 아니었다면 역사 기록으로서의 사진은 남아 있지 않을 뻔했다.

실제로 행사 후 중국 측이 제공한 사진은 신문에 쓸 수도, 역사적 기록으로서의 가치도 거의 없었다.

　대통령 사진이 운 때문에 좋은 평가를 받는 경우도 있다. 김대중 대통령 시절 미국 클린턴(Bill Clinton) 대통령과의 만찬장에서 일어난 일이다. 백악관에 초대된 한국의 비디오 아티스트 백남준 선생이 김대중 대통령과 악수를 하기 위해 서 있는데, 바지가 흘러내려 성기가 노출되는 돌발 상황이 벌어졌다. 이를 옆에 있던 클린턴 대통령이 웃으며 바라보는 사진이다. 이 상황은 김녕만 기자의 카메라에 포착되었다. 클린턴 대통령이 백악관 인턴 르윈스키와의 성 스캔들이 불거진 뒤라 그것이 풍자를 위한 퍼포먼스인지, 아티스트이기 이전에 노인이어서 벌어진 일인지는 아직 의견이 분분하다. 원래 취재 순번이었던 기자가 아파서 현장에 가지 못하는 바람에 대신 자원해 만찬장에 나갔던 김녕만 기자가 이 사진을 역사의 재밌는 기록으로 남기게 된 것이다.

　대통령 사진을 촬영했지만 청와대를 출입하지 않은 사진기자도 있다. 중앙일보 김철호 기자는 전두환 전 대통령의 특별한 순간을 두 차례 사진으로 남겼다. 1979년 당시 그는 보안사 사진병이었다. 전두환과 노태우 등 군인들이 군사쿠데타를 일으킨 후 샴페인을 터뜨리고 의자에 앉아 기념 촬영을 할 때 현장을 기록했었다. 그는 제대 후 신문사 사진기자를 하면서 민주화의 과정을 카메라에 담아 기록하는 역할을 했다. 역사가 흘러 두 대통령이 법의 심판을 받기 위해 법정에 올랐다. 수의를 입고 선 채, 판사의 질문에 답하며 손을 잡고 있는 두 대통령의 모습. 그 사진도 김철호 기자가 대표취재단 자격으로 법정에 들어가 찍었다. 전두환, 노태우 두 대통령은 이제 생을 마감했고, 김철호 기자도 현역에서 은퇴했다. 역사의 현장에는 아무도 남아 있지 않지만 피사체였던 대통령과 그를 기록한 사진기자의 존재는 두 장의 사진으로 지금도 역사의 한 페이지로 남았다.

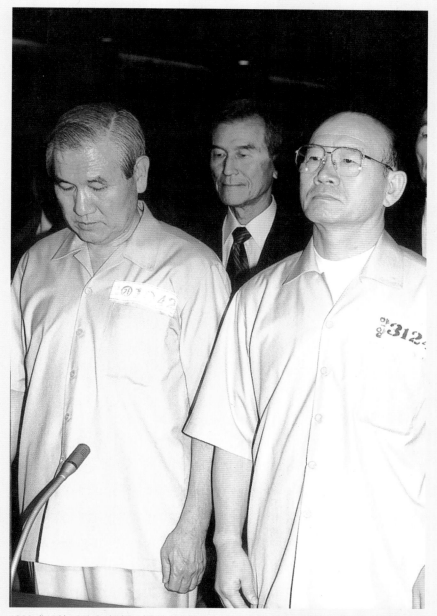

1996년 12월 16일 오전 서울 서초동 서울고법에서 열린 12.12 및 5.18 사건 항소심 선고공판에서
전두환, 노태우 피고인이 판사가 낭독하는 판결문 내용을 듣고 있다.
사진: 사진공동취재단(동아일보DB).

대통령 사진은 우리 역사에서 중요한 기록이고 앞으로도 그럴 것이다. 그리고 그 역사의 기록에는 경험 많은 한국 사진기자들의 노력이 녹아 있다. 좋은 것도 나쁜 것도 다 같이 기록되어야 역사를 지켜보는 현재와 미래의 독자와 시민들에게 의미가 있다.

2. 그림을 만드는 것도, 만들지 않는 것도 외교다

우리 정치에서 사진이 언제부터 중요해졌다고 분명하게 말하기는 쉽지 않다. 하지만 언제부터인가 정치권에서는 "그림이 되느냐?"고 사진기자와 영상기자에게 묻는다. 사진으로 잘 찍혀서 유권자와 국민들에게 전해질 만하겠냐는 의미다. 사진을 우선에 두는 정치인들의 행동은 국제적 현상이다.

이제는 정치인의 '말'만큼 중요한 것이 몸짓이다. 누군가와 악수를 하고 누군가를 외면하거나 어떤 몸짓으로 상대방의 말을 듣는지는 독자들이 정치 상황을 이해하는 데 중요한 힌트를 준다. 그래서 정치인들의 일거수일투족은 고도의 정치 행위다. 대통령의 24시간 중 언론에 공개되는 시간은 길어야 하루에 1~2시간이고 짧게는 5분 이내인 날도 많다. 그 짧은 시간에 보이는 모습이 현안에 대한 대통령의 입장이며 정책 방향에 대한 힌트일 수 있다. 연설비서관과 별도로 의전비서관이나 행사 담당 행정관을 두는 이유이기도 하다. 대통령의 몸짓에서 국민에게 잘못된 메시지를 주는 것을 피하고 지지율을 유지하고 싶어 하는 것은 당연하다.

2018년 2월 평창올림픽 개막식에서 펜스 미국 부통령이 북한 김여정 일행을 만났을 때 펜스는 '그림을 만들어주지 않으려고' 노력했다.

대표적인 대북 강경파인 볼튼 전 UN 주재 미국대사는 개막식 직후 미국 폭스뉴스와의 인터뷰에서 "(문재인) 대통령이 앉는 좌석 칸의 배치는 한국 정부가 결정하는 것"이라고 전제하면서도, 문재인 대통령 바로 뒤

에 김여정과 김영남이 앉은 데
대해 "북한에 의한 프로파간다
위선(propaganda charade)"이라
고 비판했다. 그는 또 "펜스 부
통령이 북한인들과 악수하지
않은 것은 잘한 일"이라고 칭찬
했다.

2019년 한일군사정보보호협
정(GSOMIA) 분쟁이 있었을 때
도 비슷한 상황이 벌어졌다. 일
본 아베(安倍 晋三) 총리는 문 대
통령과의 만남을 사진으로 남

.@POTUS @realDonaldTrump is presented with a letter
from North Korean Leader Kim Jong Un, Friday, June 1,
2018, by North Korean envoy Kim Yong Chol in the Oval
Office at the @WhiteHouse in Washington, D.C., followed
by a meeting. (Official @WhiteHouse Photos by Shealah
Craighead)

북한 김영철은 사진이 잘 나올 수 있도록 김정
은의 편지를 크게 만들어 백악관으로 들어갔다.
자료: Dan Scavino Jr. 트위터(@Scavino45)
스크린숏(검색일: 2018년 6월 5일).

기려 하지 않았다. 일본을 방문한 문재인 대통령과의 사진 촬영 행사 자
체를 열지 않았다. 이에 정의용 안보실장이 두 정상이 함께 있는 사진을
한 컷 찍어서 국내 언론에 배포하는 방식으로 한일 정상의 만남을 기정사
실화하고자 했다. 사진 형식은 정상회담이지만, 내용은 그렇지 않았던
것이다.

대통령이 이미지를 '경영'하는 대표적 사례가 미국 대통령 앞에서 다
리 꼬기이다.

2017년 6월 취임 한 달을 조금 넘긴 문재인 대통령은 미국 CBS와의
기자회견을 청와대에서 하면서 다리를 꼰 채 이야기를 나눴다. 2017년
9월 미국 CNN과의 인터뷰에서도 다리를 꼰 채 이야기를 나누는 장면을
청와대 전속이 촬영해 언론에 제공했다.

대통령이 다리를 꼰다는 것은 다분히 의도적인 행동이다. 상대방 국
가 원수에게 기가 죽지 않는 지도자라는 인상을 국민들에게 주기 위한
장치인 것이다. 일본 문화에서도 비슷하게 받아들인다.

2022년 바이든 미국 대통령이 일본을 방문, 나루히토(德仁) 천황과 나

란히 앉아 대화를 하면서 바이든 대통령이 다리를 꼰 채 앉아 있는 모습이 공개되었다. 백악관 공식 트위터에 공개한 사진에는 바이든이 다리를 꼬고 있었다. 하지만 일본 NHK와 교도통신이 공개한 사진에는 바이든이 다리를 꼰 채 앉아 있는 모습이 없었다. 일본 언론은 다리를 꼬고 앉아 있는 바이든 앞에서 양 발을 바닥에 붙이고 손까지 가지런히 모은 채 대화를 하는 천황의 모습이 자칫 자국 국민들에게 외교적으로 위축되거나 수세적 모습으로 비춰질 것을 우려했을 것이다.

그래서 한국의 대통령들은 미국 대통령을 만났을 때 다리를 꼬는 경우가 많다. 국내 정치인끼리 만났을 때 한쪽에서 다리를 꼰다면 우리 문화의 특성상 예의 없는 정치인으로 낙인찍힐 수도 있다. 우리는 대화 중에 다리를 꼰다는 것은 서열의 관계로 받아들이지 않는가. 우리 문화에서는 어색할 수 있는 이 행동을 다른 나라 정상과의 자리에서 우리나라 대통령들이 계속해 온 이유는 무엇일까?

오른쪽 사진의 첫 번째 이미지는 전두환 전 대통령이 미국을 두 번째 방문했을 때 사진이다. 군사쿠데타를 일으키고 광주민주화항쟁을 무력으로 진압해 권력을 잡은 전두환 대통령 입장에서는 미국 대통령과의 회담은 중요한 의미가 있었다. 자신의 집권에 대해 미국이 환영 또는 최소한 승인하고 있다는 것을 사진으로 보여줄 필요가 있었다. 그래서 전두환 대통령 시절에는 순방에 동행하는 기자단의 숫자가 상당히 많았다는 해석도 있다. 그러나 미국 대통령 앞에서 동등해 보이지 않는 이 사진이 실리자 국내 여론이 좋지 않았던 듯하다. 이에 따른 학습 효과는 그다음 대통령 사진에서 나타난다. 3년 후 미국을 방문한 노태우 대통령은 레이건 대통령을 만나 정상회담을 하면서 다리 꼰 사진을 노출시켰다. 다리 꼰 대통령 사진의 역사는 이렇게 흘러왔다.

전두환 대통령과 로널드 레이건 미국 대통령이 1985년 4월 26일 백악관에서 한미정상회담을 하고 있다. 사진: 청와대사진기자단.

노태우 대통령과 레이건 대통령이 1988년 10월 21일 백악관 캐비닛 룸에서 한미정상회담을 하고 있다. 사진: 청와대사진기자단.

3. 사진은 국가의 위기에서 고통받는 국민을 위로할 수 있다

이미지 정치는 위험하지만 이미지 자체가 없다면 더욱 위험하다. 국가가 질병이나 사고 등의 특수한 상황에 처하거나 정부의 부족함이 노출되는 위기 앞에서 대통령은 어떤 모습을 보여야 할까? 정치적·사회적 관심사에 대해 정보를 얻고 싶어 하고, 정부가 대처하는 모습을 보고 싶어 하는 대중이 많은 시대다. 실질적 성과를 보여주는 것도 좋지만 그에 앞서 이슈를 어떻게 다루는지 시각적으로 보여줘야 할 때가 있다.

미국이 이슬람 테러범들로부터 공격을 받은 9.11 테러 이후 미국 정부의 적극적인 홍보활동과 매스컴의 보도 태도는 국가위기 상황에서 애국심과 성숙한 민주시민 의식을 고취했다는 평가를 받는다. 이슬람 근본주의 테러조직인 알카에다가 납치한 항공기를 미국의 주요 건물에 충돌시켰을 때 당시 부시 대통령은 유치원 아이들과 함께 이야기를 나누고 있었다. 참모로부터 테러 소식을 귓속말로 전해 듣는 부시 대통령의 모습은 백악관 출입기자의 카메라에 그대로 담겨 미국 국민들에게 전해졌다. 전대미문의 무서운 테러는 시민들뿐만 아니라 미국 대통령에도 공포감을 주기에 충분했다.

사회 전체가 두려움에 떨 때 대통령이 어떤 행보를 보이느냐는 초미의 관심 대상이다. 부시 대통령은 플로리다주 초등학교에서 테러 공격 보고를 받은 후 전용기를 타고 루이지애나주와 네브래스카주의 공군기지에 머물다가 무려 10시간 만에 백악관에 복귀하는 바람에 겁쟁이 대통령이라는 비난까지 받았다. 그러나 부시 대통령은 곧바로 설득력 있는 대국민연설과 전 세계 테러 조직에 대한 최후통첩성 연설을 함으로써 국민을 단결시킬 대내외적 심리전을 시행했다.

한국에서 세월호 사고가 터졌을 때를 떠올려 본다. 수학여행을 다녀오겠다며 인사하고 나갔을 고등학생들이 탄 배가 침몰하는 장면을 온 국민이 생방송으로 보았다. 공포와 함께 아무것도 하지 못하는 스스로를 질책하는 정서가 온 나라를 덮쳤다. 대통령이 이 재난 상황을 어떻게 대처하는지에 온 국민의 관심이 집중되었다. 그러나 당시 박근혜 대통령은 위기 상황에 발 빠르게 대처하는 모습을 제대로 보여주지 못했고 여론은 급격히 냉담해졌다. 정부는 위험에 처한 국민들, 그것도 어린 학생들을 보호하기 위해 권력과 행정력이 제대로 작동했다는 것을 증명하는 데 실패했다. 아파하는 유족과 국민들을 위로하는 모습도 보여주지 못했다.

국가적 재난과 국민의 고통받는 상황은 언제든지 올 수 있고 불가항력적이기도 하다. 하지만 그런 상황에서 대통령이 어떻게 공감과 위로를 표현하는지는 리더십의 기본이다. 오바마 미국 대통령의 전속 사진가 피터 수자(Peter Souza)의 다큐멘터리 〈내가 보는 방식(The Way I See)〉(2020)에는, 코네티컷주 초등학교 총기사고 희생자 가족을 위로하던 대통령의 모습에 대해 "아무것도 공감을 대체할 수 없다"라는 한 유가족의 경험담이 나온다.(≪조선일보≫, 2022.8.27).

북한은 간첩을 남파하거나 핵과 미사일 개발 관련 이미지를 계속 보여줌으로써 우리의 심리를 불안하게 만든다. 이런 상황에서 국민들이 대통령에게 기대하는 것은 '대통령이 국가안보와 국민의 안보를 책임지는 역할을 하겠다'는 의지를 보여주는 것이다.

나이 60이 넘은 대통령들이 남북한 대치 상황이라는 안보 위협 상황에서 국민들을 안심시키기 위해 할 수 있는 행위는 군복을 입고 전방 부대와 무력 훈련장을 둘러보거나 군인들과 함께 기념 촬영을 하는 것이다. 그래서 박정희 시대와 전두환, 노태우 시대라는 30여 년간의 군사정부 시절이 끝나고 이른바 문민정부가 시작된 김영삼 시대 이후에도 대통령들은 때에 따라 군복을 입고 카메라 앞에 선다. 오히려 박정희 대통령은 1963년 1월 5일 자 ≪동아일보≫ 사진처럼 군복을 입고 나온 적이 있지만 대부분 양복 차림이었고, 전두환 대통령 역시 군복을 입고 지면에 등장하지 않았다. 군복을 입고 국군통수권자라는 대통령의 역할을

ⓒ 변영욱

군복 입은 대통령 후보. 대통령 후보가 군부대를 방문해 장병과 포옹하는 모습은 그가 국가안보를 책임질 준비가 되어 있음을 상징적으로 보여준다. 2012년 1월 20일, 박근혜 당시 한나라당 비상대책위원장이 연평도 해병대 부대를 방문해 병사와 포옹하고 있다. 이처럼 군복을 입고 장병들과 소통하는 모습은, 보수와 진보를 막론하고 대통령으로서 국가안보를 책임질 준비가 되어 있다는 중요한 정치적 메시지를 담고 있다.

'보여주는 것'은 단순히 국가안보를 위해 노력하고 있다는 구두 메시지보다 실질적인 표현 방법이다.

우리 사회에는 국가가 나서서 해결하거나 해결하고 있음을 증명해야 할 상황이 아주 많이 있다. 경제난, 빈부격차, 환경 문제, 위생, 안보 문제 등등, 신문과 방송, 인터넷에서는 매일 이런 이슈와 관련된 뉴스나 이미지가 보도된다. 대통령이 모든 문제를 해결할 수는 없지만 그래도 노력하고 있다는 것을 보여주어야 국민들이 안심하게 되고 정부를 지지하게 된다.

4. 대통령이 '뜨면' 의제 설정 효과가 발생한다

대통령이 어떤 행사에 참여하는 것은 그 행사의 가치관과 참여자들의 열망을 공유하며, 정부가 그 가치를 실현하겠다는 의지를 표명하는 것이다. 예를 들어, 노후 원자력 발전소 정지 선포식에 대통령이 참여하면 그 정부의 에너지 정책 밑바탕에는 탈원전의 철학이 있다고 사회적으로 받아들여지며, 현충일 행사에 참여하면 국군통수권자로서 나라를 위해 목숨을 바친 희생자와 유족들을 돌보겠다는 메시지를 발표하는 것과 마찬가지다.

기후 변화 대응을 위한 국제 정상회의에 참석한 세계 각국 지도자들의 사진은 기후 변화 문제의 중요성을 강조하며, 기후 변화 대응이 세계적으로 중요한 의제가 되도록 여론을 환기할 수 있다. 테러 등 비극적인 사건 이후 국가 지도자가 현장을 방문하는 사진은 국가와 지도자가 앞장서서 테러와의 전쟁이나 국가안보 시스템의 완비를 하겠다는 것을 대중 앞에서 강조하는 것이다. 코로나-19 팬데믹과 같은 보건 위기 동안 권력자가 병원을 방문하거나 백신을 접종받는 사진은 보건 정책과 대중 건강의 중요성을 강조한다. 이러한 사진은 보건 위기 대응을 정치적 의제의 중심에 놓고, 대중의 지지와 협력을 이끌어내는 데 중요한 역할을 한다.

특정한 이슈를 사회 공동체 전체의 이슈로 만드는 과정을 어젠다 세팅 (agenda setting, 즉 의제 설정)이라고 한다. 저널리즘 학계에서는 신문, 방송 등 언론 매체가 무엇에 대해 보도하고 얼마나 자주 보도하는지가 대중이 중요하게 여기는 이슈를 '설정'한다고 본다(McComb and Shaw, 1972).

권력자가 어떤 이슈와 관련된 이미지를 매스미디어 등을 통해 반복적으로 노출하면 대중의 인식과 사회적 의제 설정에 영향을 줄 수 있다.

지금은 다매체 시대가 되고 정부기관도 직접 국민들과 소통하는 채널을 개설하는 시대가 되면서 의제 설정 기능을 언론 기관의 고유 영역이라고 보기 어렵다. 사회 각 분야에서 활동하는 시민사회단체의 노력도 의제 설정의 효과로 이어질 수 있으며, 유튜브 크리에이터를 비롯한 개인들이 인터넷을 통해 사회적 어젠다를 이끄는 사례들도 늘고 있다. 정부기관, 시민사회단체, 언론, 개인 모두 우리 사회 공동 문제에 대한 이슈를 제기하고 의제를 설정할 힘이 있는 것이다.

사진을 보여주는 과정에도 누군가의 힘이 작동할 수 있다. 권력을 가진 사람들이 자신이 원하는 이미지를 특정 채널을 통해 보여주거나, 그에 반하는 다른 세력에 편견이 생기게 편집해 대중에게 보여줄 수도 있다. 정치 세력이 해커나 여론조작자들과 손잡고 인터넷 댓글을 좌지우지할 수 있다는 현실도 이제는 고려해야 한다. 결국 누구의 힘이 강한가, 누가 동원할 수 있는 자원이 더 많은가에 따라서 의제 설정이 결정된다. 그런 점에서 다양한 주체들이 의제를 설정할 수 있지만, 그중 가장 강한 것은 대통령의 힘임이 분명하다. 대통령이라는 존재는 일종의 유명 인사이며, 유명 인사는 보통 사람들과 달리 연상을 하는 데 강력한 영향을 준다. 브랜드 홍보를 위해 유명 인사를 광고에 활용하는 것과 같은 원리이다.

5. '포옹'과 '어퍼컷'
상징적인 제스처는 지지자를 결집한다

대통령 사진은 단순한 이미지 이상의 의미를 지니며, 시대적 배경과 대통령의 정체성을 반영하는 상징적 요소로 작용한다. 미국의 대통령

2022년 3월 1일 오후 윤석열 국민의힘 대선후보가 서울 서대문구 현대백화점 신촌점 유플렉스 앞에서 열린 유세에서 지지를 호소하고 있다. 사진: 사진공동취재단(동아일보DB).

사진과 한국의 대통령 사진, 그리고 개발도상국의 대통령 사진을 한번 떠올려 보자. 같은 대통령이지만 그 나라의 경제 상황과 문화에 따라 다른 모습으로 표현된다. 한국의 대통령 사진도 지금의 사진과 박정희 대통령 시절의 사진을 비교해 보면 시대 변화에 따라 사진이 변해왔다는 사실을 알 수 있을 것이다. 대통령의 복장도 달라졌고 내용도 달라졌다. 권위주의 시절, 큰 의자에 앉아 있는 대통령과 그 앞에서 선 채 두 손을 가지런히 앞으로 모은 공무원들의 모습이 있었다면, 민주화 이후 대통령은 국민과 공무원 사이로 들어가 친근한 포즈를 취한다. 개발도상국 시절, 대통령이 현지 지도하는 사진이 지금 거의 사라진 것은, 우리 경제가 대통령의 원포인트 훈시가 없더라도 각 분야의 자체 구조에 따라 잘 작동하고 있다는 것을 알려준다. 대통령 사진은 그것을 보는 국민들이 현재 대한민국의 정체성을 인식하게 된다.

　대통령이 국민을 직접 만나는 것은 제한적이기 때문에 신문이나 방송의 대통령 사진·영상은 국민과 대통령을 이어주는 매개체다. 원론적인 의미에서 대통령 사진은 국민들이 국가에 대한 소속감과 일체감을 느끼는 데 중요한 역할을 한다고 하지만, 현실적으로는 모든 국민이 대통령 사진을 중심으로 통합되지는 않는다. 각각의 대통령들은 국민의 마음속에 떠오르는 각 대통령의 모습이 있다. 가령 민주화운동 유족이나 독립운동 유족들에게 몸을 90도 숙여 인사하거나 포옹하는 모습이 문재인 대통령의 아이콘이라면 윤석열 대통령은 어퍼컷 세리머니가 아이콘으로 작용한다. 이런 상징적인 모습을 모든 국민이 좋아하는 것은 아니지만, 적어도 지지자를 결집하는 역할을 한다. 대통령과 그의 정책을 지지하는 사람들에게 대통령 사진은 자신들의 정치적 소속감과 정체성을 표현하는 수단이 되며, 대통령과의 유대감을 강화한다. 대통령의 정치적 메시지가 담긴 사진과 영상을 접한 지지자들이 지지를 강화하면서 정치적 행동으로 이어질 수도 있다. 미국 대통령 선거전에서 트럼프가 "Make America Great Again"이라는 구호가 들어간 사진을 반복적으로 노출한 것은 미국의 위대한 과거를 회복하고 싶어 하는 지지자들을 감정적으로 연결하게 하기 위한 목적이었을 것이다. 다른 정치적 성향을 가진 사람들과는 분열과 갈등을 부를 수도 있지만 지지자들에게는 효과가 있는 방법이다.

Chap.3

대통령 사진의
형식과 출처

1. 대통령 사진을 둘러싼 이해관계자들

신문에 실리는 대통령 사진에 관계된 사람들을 한번 나열해 보자. 과거 박정희 대통령 시절 대통령 사진 관계자들은 단순했다. 대통령, 전속 사진가, 공보실장, 신문사 편집자 등만 잘 통제하고 관리하면 사진이 신문 지면을 통해 국민들에게 전달되었다.

현재는 조금 복잡해졌다. 대통령, 전속 사진가, 공보실장, 신문사 편집자 이외에 신문사 소속 출입 사진기자, 외신기자, 평론가, 언론단체, 시민 등 플레이어가 많아졌다는 것을 알 수 있다. 하나하나 살펴보자.

하나, 주인공인 대통령과 영부인, 참모들로서 대통령 사진에서 가장 핵심적 관계자들이다. 이들이 카메라 앞에서 제대로 보여주는 것과 제대로 보여주지 못하는 것의 차이는 크다. 권력에 오래 있을수록, 카메라 경험이 많을수록 이들의 행동은 자연스럽고 사진도 자연스럽게 찍힌다.

둘, 주인공인 대통령의 소통 대상으로 현장에서 만나게 되는 다른 나라 지도자, 기업인, 행사 참가 시민들이다. 해외 지도자들과의 악수는 협력과 평화를 상징하는 제스처로 양국 지도자들이 받아들이지만, 서로 스쳐 지나가는 모습은 양국 관계에 문제가 있다고 이해될 수 있다. 행사장을 가득 메운 참석자들의 뒷모습이나 대통령을 향해 박수를 보내는 시민들의 모습은 대통령에 대한 여론의 찬성과 지지를 상징한다. 반면, 대통령을 향해 손가락질을 하거나 손 팻말을 든 채 시위를 하는 모습은 반대와 거부를 상징한다.

셋, 대통령 사진을 기획해 정부의 철학과 메시지를 이미지를 통해 전달하는 홍보 담당자들과 의전 담당자들이다. 이들은 원래부터 공무원인 사람들도 있고, 사회에서 광고와 홍보 경력을 쌓은 후 대통령실에 합류하기도 한다. 행사의 시나리오를 작성해 대통령과 취재진에게 사전 배포하며 필요한 등장인물을 사전에 섭외하고 소품 등을 준비하며, 사진이 잘 나올 수 있도록 동선을 관리한다. 윤석열 정부 기준으로는 홍보수석실이 구성되어 홍보수석 밑에 홍보기획비서관, 대변인, 해외홍보비서관(외신대변인), 대외협력비서관, 뉴미디어비서관이 있다.

넷, 대통령 사진 촬영을 담당하는 공무원이다. 이들은 '전속(專屬, Official Photographer)'이라고 불린다. 대통령 사진을 찍는 공무원의 총숫자는 정권마다 차이가 있었지만 대략 3명 내외다. 동영상을 찍는 공무원의 숫자도 비슷하다. 국제 행사에 가면 전속들이 받는 명찰은 'Delegation' 또는 'Official'이라고 되어 있어 'Media' 명찰을 단 언론사 사진기자들과 다른 대우를 받는다. 허용되는 출입 구역도 넓다.

다섯, 신문사 소속의 대통령실 출입 사진기자들이다. 이들은 대체로 사진기자 경력 15~25년 정도의 경력이 있으며 2년 내지 5년 정도 각사 상황에 맞게 출입 기간을 조정한다. 2024년 7월 현재 대통령실을 출입하는 사진기자들은 경향신문, 국민일보, 동아일보, 매일경제, 세계일보, 중앙일보, 한국일보, 한겨레, 한국경제신문 등 9개 신문사 소속의 9명이다. 통신사 소속으로는 연합뉴스 3명, 뉴시스 2명이 번갈아 대통령실로 출근해 기록한다. 신문과 통신사를 합쳐 총 14명이 등록되어 있는 것이다. 동영상을 찍는 방송국 소속 카메라맨은 총 30여 명쯤 된다. 그렇다고 이들이 모두 매일 대통령을 취재하는 것은 아니며, 순번에 따라서,

헬기 타는 전속과 기자들. 2015년 6월 17일, 왼쪽 두 번째 인물부터 노란 민방위 점퍼를 입은 3명이 전속 사진가들이고 나머지는 기자들이다. 사진: 청와대사진기자단.

그리고 대통령실이 원하는 숫자에 맞춰 하루에 3~4명 정도의 사진기자들과 마찬가지로 비슷한 숫자의 영상기자들이 대통령의 일정을 기록한다. 대통령의 해외 순방 때는 일부 회사가 각자 비용을 내고 함께 출장을 떠난다.

여섯, 여당 의원들과 대통령을 지지하는 국민들이다. 이들은 대통령 사진을 퍼 나르거나 보관한다. 이들을 위해 대통령실은 공무원들이 촬영한 사진을 대통령실 홈페이지와 페이스북 등에 업로드한다.

일곱, 야당 의원들과 대통령을 싫어하는 국민들이다. 이들은 대통령 사진의 허점과 문제점을 찾아내 지적하고 야유하기도 한다. 대통령 사진이 조작되거나 과장되지는 않았는지, 불필요한 비용이 세금에서 나간 것은 아닌지 감시하기도 한다.

여덟, 전통 개념의 언론인들과 디지털 시대의 빅마우스들이다. 여기에는 외신기자들도 포함될 수 있다. 이들은 자신들의 회사 동료가 찍거나 통신사를 통해 들어온 사진과 영상을 활용해 신문 지면, 방송 뉴스, 인터넷 블로그, 유튜브 콘텐츠를 제작한다. 대통령실에서 제공한 사진과 영상도 적극 사용한다. 이들은 대통령에 대한 지지와 반대, 친소 관계 등의 요소에 영향을 받아 어떤 사진을 쓸지, 어떤 사진을 버릴지를 결정하게 된다.

아홉, 대통령을 꿈꾸는 전국의 지자체 단체장과 미래의 정치인들이다. 이들은 대통령의 시각 커뮤니케이션의 장점과 단점을 면밀히 검토하며 공부한다. 이들은 대통령 사진에서 확인되는 방식의 포즈와 배경 설치 등을 벤치마킹해 지역민과 커뮤니케이션 한다.

열, 대통령 사진은 역사적 기록의 일부이므로 교사나 역사학자 그리고 연구자들의 관심 사항이다. 그들은 사후적으로 대통령 사진의 적정성에 대해 평가할 수 있다. 이처럼 대통령 사진은 많은 이해관계자의 협력과 감시 속에서 만들어진다.

2. 처음 해보는 대통령, 두 번째 해보는 참모들

버크먼(Ronald Berkman)과 키치(Laura W. Kitch)는 "백악관이 좋아하는 그림은 사진기자와 TV 카메라맨에게도 좋은 그림이다"라고 말했다(Berkman and Kitch, 1986). 우리나라도 크게 다르지 않을 것이다.

정치인들은 기자가 취재한 것을 어떻게 지면에 실을지에 대해서는 통제할 수 없지만, 기자들이 정치적 이벤트를 촬영할 때 어떤 그림을 포착할 수 있게 하는지에 대해서는 통제할 수 있다(Schill, 2012: 125). 관찰되는 대상은 그 과정에서 권력을 발휘할 수 있다. 몰로치(Harvey Molotch)와 레스터(Marilyn Lester)는 사건에 대한 홍보를 관리하는 위치에 있는 사람들에 의해서 어떻게 뉴스가 통제되는지를 보여주었다. 몰로치와 레스터는 이들을 '이벤트 프로모터(event promoter)'라고 정의하며, '일상적인 사건'과 관련해서 이벤트 프로모터는 자신들의 관점에서 접근권을 획득하기 위한 몇 번의 기회가 있다고 주장했다(Molotch and Lester, 1974). 이들은 '뉴스 수집가(기자들)'에 대한 습관적인 접근을 주장할 수 있으며, 또한 그들은 다른 사람들의 일상적인 접근을 방해하기 위해 그들의 힘을 사용할 수도 있으며, 미디어의 관심을 끌기 위해 '의사 사건(疑似 事件, pseudo-events)'을 만들 수도 있다. 정치가나 관료, 언론 사이에는 다소 제도화된 공모된 관계가 자주 존재한다. 이는 기자회견에서부터 주요 정책 발표, 집회 등의 '의사 사건'을 계획하는 선거 캠페인의 경우에 특히 분명히 나타난다(Swanson and Mancini, 2007).

우리나라에서 대통령이 되는 사람은 초보자다. 다들 처음 해보는 경험인 것이다. 그래서 대통령은 시민들과 언론 앞에 어떻게 나서야 할지를 공부하거나 경험이 풍부한 조력자를 구해야 한다.

선거캠프가 차려지면 정치인의 얼굴을 알리기 위한 홍보전문가 그룹이 합류한다. 이들에게는 홍보, PR, 마케팅 전문이라는 수식어가 붙어 다닌다. 대중에 대한 설득이라는 전략적 목표를 가진 행동이라는 의미다. 그렇다면 설득 전략 중 하나인 프로파간다와 홍보, PR 전략은 차이가 있을까 없을까? 사실 프로파간다(propaganda)라는 용어는 홍보 담당자들로서는 불편한 낙인처럼 느껴질 것이다. 공산주의, 나치즘 같은 전체주의 체제에서 사용한 선전 방식이라는 생각하기 때문이다. 하지만 현대 사회의 상업 광고와 정치 이벤트에서 홍보(public Relations)와 프로파간다를 무 자르듯 정확히 구별하긴 쉽지 않다. 즉, 우리의 일상에 존재하는 홍보 행위들에는 프로파간다의 요소가 가미되어 있다고 말하는 것이 솔직한 태도일 것이다. 저널리스트와 대통령 이미지 담당 참모들은 때로는 경쟁하고 배척하지만 대체로 협력한다(Grabe and Bucy, 2009). 이미지 팀이 만들어놓는 세팅은 기자들이 쉽게 이미지를 획득해서 지면과 방송에 사용할 수 있는 '쉬운 길'이 되기 때문이다. 5~6명의 사진기자들이

ⓒ 변영욱

2014년 7월 17일 새누리당 최고위원회에서 열린 재보궐 선거 유니폼 공개 행사에서 대변인 등이 반바지와 빨간 모자 등 파격적인 선거운동 복장을 선보이고 있다. 조동원 홍보기획본부장의 아이디어였다.

대통령 사진을 촬영하다 보니 대통령과 청와대의 방침에서 크게 벗어나는 사진은 많지 않다.

우리나라 정치권과 언론에서는 아직 이미지 담당 참모들에 대해 크게 주목하지 않는다. "침대는 과학이다"라는 광고 카피로 유명했던 광고기획자 조동원은 2012년 한나라당에 홍보기획본부장으로 영입되어 당명을 새누리당으로 바꾸고 당의 색깔을 '빨간색'으로 교체하는 등 이미지 메이킹을 했다. '처음처럼' 소주 광고로 히트를 쳤던, 브랜드 네임 마케터 손혜원은 직접 정치에 입문해 국회의원이 되기도 했다. 그런 역할의 부정적 측면을 공개적으로 비판한 경우도 거의 없다. 다만 2016년 7월 24일 ≪한국일보≫ 인터넷 사이트에 올라온 "아이에 허리숙인 대통령, 촬영부터 배포까지 권력의 필터 거쳐"라는 글이 눈에 띈다. 사진비평가

김현호는 미국 오바마 대통령의 사진을 찍는 백악관 수준의 사진가와 홍보 팀이 다른 나라에도 꾸려지는 때가 올 것이라면서 "지금 사진이 작동하는 방식을 들여다보지 않는다면, 그때 우리는 속수무책으로 이미지의 폭격을 견뎌내야 할 것이다"라며 정치 홍보사진을 비판적으로 살펴볼 필요가 있다고 썼다.

3. '어공' 전속 vs '늘공' 전속

정부 각 부처의 대변인실에는 사진 담당 전문 공무원이 1명 정도 있다. 이들도 전속 사진가라고 불린다. 기획재정부 전속, 총리실 전속 이런 식이다. 이 공무원들은 각 부처의 장(長)이 교체되더라도 대체로 바뀌지 않고 부처의 행사를 기록한다. 그런데 대통령의 사진을 찍는 공무원의 신분은 다르다. 현재 대통령 사진을 주로 촬영하는 전속은 별정직 공무원(어공)이다.[1]

'어쩌다 공무원'이 되는 전속은 대통령의 임기가 시작될 때부터 대통령이 퇴임할 때까지 전속 역할을 한다. 노태우 대통령 시절부터 대통령실이나 대변인실 또는 홍보수석실에 소속된 2~3명의 공무원이 대통령 사진을 전담해 왔다.

일반적인 공무원과 달리 이들은 정당에서 사진 일을 하다가, 또는 사진학과를 나와서 작가 생활을 하던 중 정권 출범과 함께 대통령 인수위원회에 의해 선발된다. 대통령 후보 시절 캠프에서 일했던 사진작가가 있을 경우 우선적으로 채용된다. 신문사에서 일하다가 대통령 '전속'이 된 경우도 있다. 김대중·노무현·문재인 대통령 시절 전속 중 각각 1명이 신문사 사진기자 출신이었다. 이들은 계약 조건에 따라 3~6급 공무원의

---

1   '어공'과 '늘공'은 정치권의 은어인데, '어쩌다 잠시 공무원'이 된 경우와 '늘 공무원'으로 살아온 경우를 구별하는 표현이다.

대우를 받는다. 5년간의 대통령 임기가 끝나면 대통령 전속 사진가는 역할을 끝내고 각자 알아서 일을 찾아서 나간다. 사진 영업을 계속하는 경우도 있고, 부동산 중개업을 하거나 홍보대행사 등 관련이 없어 보이는 일을 하기도 한다.

원래 대통령 전속 사진가에는 '늘공'도 있었는데 지금은 없어졌다. 이승만 대통령 시절부터 정부의 중요 행사를 기록하는 전속이 대통령실이 아닌 공보처(이후 문화공보부, 문화체육부, 문화관광부를 거쳐 현재는 문화체육관광부)에 소속되어 있었다. 문화체육관광부 소속 사진가는 전문 경력직이며 일반직 공무원(늘공)이다. 정권이 바뀌어도 정부 행사를 계속 기록하는 사람들인 것이다. 현재는 문화체육관광부 국민소통실과 국제문화홍보정책실에 사진 담당 공무원들이 소속된다. 이들은 역대 청와대를 출입하거나 해외 순방에 동행하며 '국정 사진 촬영 및 보존'을 목적으로 대통령의 모습을 촬영했다. 그러나 문화체육관광부 소속 전속은 박근혜 정부 시절인 2014년 5월부터 2024년 8월 현재까지 10년 이상 대통령의 사진을 촬영하고 있지 않으며, 국무총리 일정만 촬영하고 있다. 용산 대통령실에서 하는 국내 행사에는 대체로 접근을 못하는 것으로 파악된다. 다만 문화체육관광부 국제문화홍보정책실 소속 사진 담당 공무원이 부정기적으로 가끔 국내 행사와 해외 순방 행사에 참여하고 있다.

필자가 기억하는 김대중 대통령 시절 이후의 대통령 '어공' 전속 사진가들은 대체로 40대의 나이로 젊은 편이었다. 역대 대통령 전속 사진가들치고 열심히 하지 않은 사람이 없었다. 특히 순방을 가거나 외부 행사에 가면 밥을 제대로 먹지 못할 정도로 많은 일정을 소화하느라 고생하는 모습이었다. 순번에 따라 돌아가며 대통령 행사를 촬영하는 기자들에 비해 거의 모든 행사를 옆에서 기록해야 하는 전속의 업무량은 상상을 초월한다. 그 대신 대통령의 거의 모든 일정을 기록하는 데다 가장 좋은 자리에서 사진을 찍는다는 점에서 사진 찍는 사람으로서 얻을 수

2024년도 대통령실 직제표

국가안보실장

- 제1차장
  - 안보전략비서관
  - 외교비서관
  - 통일비서관
- 제2차장
  - 국방비서관
  - 국가위기관리센터장
- 제3차장
  - 경제안보비서관
  - 사이버안보비서관

정책실장

- 국정과제비서관
- 정책조정비서관
- 정책홍보비서관
- 과학기술수석
  - 연구개발혁신비서관
  - 인공지능디지털비서관
  - 첨단바이오비서관
- 사회수석
  - 보건복지비서관
  - 고용노동비서관
  - 교육비서관
  - 기후환경비서관
  - 문화체육비서관
- 경제수석
  - 경제금융비서관
  - 산업정책비서관
  - 중소벤처비서관
  - 농해수비서관
  - 국토교통비서관

대통령 비서실장

- 인사기획관
  - 인사제도비서관
  - 인사비서관
- 의전비서관
- 국정기획비서관
- 메시지비서관
- 법률비서관
- 총무비서관
- 부속실장
- 국정상황실장
- 공직기강비서관
- 홍보수석
  - 홍보기획비서관
  - 대변인
  - 해외홍보비서관(외신대변인)
  - 대외협력비서관
  - 뉴미디어비서관
- 시민사회수석
  - 사회통합비서관
  - 시민소통비서관
  - 국민공감비서관
- 정무수석
  - 정무1비서관
  - 정무2비서관
  - 자치행정비서관

* 전속 사진가는 홍보기획비서관실에서 관리한다.

있는 최고의 영예를 누린다. 그렇게 촬영된 사진은 정부 공식 홈페이지와 소셜미디어 등을 타고 전국으로 퍼져 나간다.

대통령이 바뀌면 극소수와 의전 파트 같은 전문성이 요구되는 부서 일부를 제외하곤 80퍼센트가량의 참모가 바뀐다(송국건, 2007: 333). 사진 쪽도 마찬가지다. 인수인계가 마무리되면 대통령을 찍는 전속 사진가가 바뀌는 것이 정석이다. 노무현 대통령의 전속이었던 A 씨는 이명박 대통령 집권 초반 1년간 인수인계를 위해 청와대에 남아 있었지만, 오히려 이런 경우가 예외적이다. 같은 당으로 정권 교체가 이뤄진 김대중-노무현 대통령 교체 시기에도 대통령 전속 사진가는 바뀌었다. 대통령의 '메인 전속 사진가'가 5년 만에 바뀌고 공직과 전혀 상관없는 일을 한다는 것이 국가 차원에서 보면 낭비일 수도 있다. 그들이 국제 무대에서 경험한, 이미지의 중요성과 효율적인 활용 방법들이 사장되기 때문이다. 이전 전속들 중에는 자신들이 대통령실에서 "점령군에 쫓겨나듯이 나왔다"라는 표현을 한 경우도 있었다.

'늘공'은 대통령실 출입 자체를 못 하고, '어공' 사진가는 대통령 임기가 끝난 후 사라져버리는 상황인 것이다. 전속은 대통령의 공식 일정을 기록함으로써 한 시대를 대표하는 이미지를 남기는 중요한 역할을 한다. 연속성 측면에서 현재처럼 '늘공' 없이 '어공'만이 대통령을 기록하는 관례가 적절한 것인지 검토해 볼 필요가 있다.

4. 대통령실 출입 사진기자단

언론사 소속 사진기자이지만 대통령의 공식 행사와 일정을 촬영하는 사람들을 대통령실 출입 사진기자라고 하며 이들의 모임이 대통령실 출입 사진기자단이다. 청와대 시절에는 춘추관 건물 2층에, 지금은 용산 대통령실 본관 건물에 별도의 사진기자실이 있다. 이들은 대통령실 건

고 이중현 기자 추모식. 1993년 10월 아웅산 사건 순국자인 이중현 기자 10주기 추모식에 들러 분향하는 전두환 대통령 내외. 전 대통령은 약 20년간 매년 희생자 묘역을 찾았다.
사진: 동아일보DB.

물 내부 또는 외부에서 대통령이 참석하는 일정을 기록한다.

대통령 사진을 찍는 사람은 대통령의 이미지를 완성하는 데 중요한 역할을 하며 때로는 대통령과 함께 위험에 빠지기도 한다. 1983년 10월 9일 당시 전두환 대통령이 미얀마 순방을 갔다가 수도 랑군(현재의 양곤)에 있는 아웅산 장군 묘소 참배 직전 폭탄이 터지는 사고를 당했다. 북한의 폭탄 테러로 서석준 부총리와 2명의 경호원을 비롯해 17명의 인재가 목숨을 잃었다. 그중에는 이중현 동아일보 사진기자도 있었다. 대통령이 도착하기 며칠 전 북한군 소속 테러범들이 묘소 지붕에 원격 폭탄을 설치했고, 대통령 도착 4분 전에 폭발해 전두환 대통령은 화를 면했다. 당시 2명의 사진기자가 한국에서부터 대통령 순방에 동행했는데 행사장 앞쪽에 있던 이중현 기자는 파편을 맞고 현장에서 순직했고, 뒤편에 있던 연합뉴스 최금영 기자는 큰 부상을 입었다. 통상적으로 사진기자는 대통령보다 1시간 정도 일찍 현장에 도착해 경호 팀의 검색을 받은 후 미리 앵글과 동선을 점검한다. 최금영 기자가 이날 현장에서 앵글을 테스트하며 찍은 사진 한 장이 테러 희생 발생의 전 상황을 담아 유일한 역사 기록을 남겼다. 하지만 폭발 순간 날아온 파편이 심장 근처에 박혀 후일 숨을 거둘 때까지 육체적 고통에 시달렸다. 또 연합뉴스로 이직하기 전 같은 회사 후배였던 동아일보 이중현 기자를 먼저 떠나보낸 데 대해 평생 가슴 아파했고, 서울 동작동 국립묘지에 있는 이중현 기자의 묘소를 찾을 때마다 "차라리 너와 나의 자리가 바뀌었더라면" 하고 괴로워했다고 전해진다. 사진기자는 같은 직군에서 평생 일하기 때문에 전국 단위로도 얼굴과 이름을 거의 알고 지내며, 청와대를 함께 출입할 정도면 서로에 대해 매우 잘 아는 사이다. 최금영 기자는 이중현 기자가 순직한 지 정확히 20년이 되는 2003년 10월 9일, 같은 날짜에 별세했다.

사진기자는 또 정보 차원에서나 물리적 거리 차원에서나 대통령에게 위험한 존재가 될 수도 있다. 2011년에 그루지야(현재 조지아) 대통령 전속 사진가와 사진기자들이 러시아에 대통령과 관련된 정보를 제공한 혐의로 체포되었다(≪동아일보≫, 2011.7.11: 19).

그래서 대통령 사진을 찍는 언론사 소속 출입 사진기자는 검증 절차를 거쳐야만 출입이 허용된다. 대통령실 출입 사진기자가 되기 위해서는 일단 소속 회사에서 한 사람을 선정해 '민간인 신원진술서'를 공보비서실에 제출하고 경호실에서 각 기관에 의뢰하여 신원 조회에 들어간다. 직계가족뿐만 아니라 '사돈의 팔촌까지 검증 대상이라는 소문'이 있었을 정도로 노태우 대통령 시절까지만 해도 신원을 조회하는 시간이 꽤 길어서 출입 기자를 교체하는 데 3개월이 걸린 적도 있었다. 요즘은 한 달이 채 걸리지 않을 정도로 간소화되었다. 신원 조회를 거치면 출입증을 발급받게 된다. 대통령실에서는 용산에 사진기자실을 마련해 각 신문사와 통신사 사진기자들이 상주할 수 있도록 한다. 대통령 사진을 기자들이 찍을 수 있다는 것은, 대통령의 이미지와 정체성 관리를 언론이 간여할 수 있다는 것을 의미한다. 권위주의 정권 시절과 민주화 시대를 나누는 기준이 되기도 한다. 표면적으로는 기자들이 대통령에 대한 접근권을 갖는 것이지만, 본질적으로는 국가의 주인인 국민들이 국가 원수에 대한 접근권을 갖는 것을 의미하기 때문이다.

사진기자들이 대통령을 직접 촬영한다고 해서 자율성을 갖는 것은 아니다. 일단 대통령실이 허락한 조건에서만 촬영이 가능한 경우가 대부분이고, 출입기자 전체가 촬영 팀에 포함되는 것은 아니다. 각 신문사는 소속 사진기자가 대통령의 일정을 취재해 타사와는 다른 사진을 독자들에게 서비스하고 싶어 한다. 하지만 대통령 사진을 찍는 환경은 다를 수 있다. 초청자가 있을 수도 있고, 외국 정상이 있을 수도 있다. 시끄러워서는 곤란하기 때문에 인원을 제한할 수도 있다. 그리 넓지 않은 장소와 경호 문제까지 곁들여져 공동 취재로 해결해야 할 때가 많다. 다른 나라에서도 정도의 차이는 있을지언정 모두 공동 취재를 한다. 이런 경우 풀 사진기자는 자기 회사 지면뿐만 아니라 회원사의 지면과 인터넷을 염두에 두고 사진을 '다양하게' 찍어야 한다. 그리고 이 사진들은 회원사로 동시에 전송된다. 같은 사진이 각각 자사 사진기자의 이름으로 신문에 실리는 사례가 적지 않은 것은 이러한 제작 관행 때문이다. 참고로, 우리나라 신문에서 대통령 사진 밑에 신문사 사진기자의 이름을 적기 시작한 것은 1997년 무렵부터다. ≪동아일보≫의 경우, 1983년부터 대부분의 신문 사진에 바이라인을 넣는 관행이 안착되었지만 대통령 사진의 경우에는 1997년 1월부터 바이라인이 보이기 시작한다.

5. 대통령실 출입 사진기자단의 역사 1

대통령실 사진기자단의 명칭이 윤석열 정부 이전에는 '청와대출입사진기자단(청사단)'이었다. 한국 신문에서 사진기자들이 일을 시작한 것은 1920년대부터이지만, 일제 강점기에 국내 정치인을 촬영할 기회는 없었다. 해방과 함께 1948년 대한민국정부가 수립되고 대통령이 선출되었지만, 사진기자들이 대통령을 제대로 촬영한 역사는 길지 않다. 동아일보 사진부장이었던 이명동 기자가 1970년 ≪신동아≫ 2월 호에 쓴 칼럼을 보면, 50여 년 전 한국의 사진기자들이 미국 대통령 사진을 보며 얼마나 부러워했는지 느껴진다. 한국에는 아직 대통령을 전담하는 사진기자가 없었다는 점, 대통령실 출입 필요성에 대한 생각을 알 수 있다. 전문을 옮겨본다.

오늘날 우리나라의 매스컴도 점차 사진을 중요시하는 경향이 있다. 즉 매스컴의 중심적인 세력인 신문, 잡지 등 인쇄 미디어가 읽는 것보다는 오히려 시각적인 것을 무겁게 다루고 있는 실정이다. 다시 말하자면 사진 보도의 의의가 커졌음을 말하는 것이라고 하겠다.

이러한 현상은 비록 우리나라뿐만은 아니다. 선진 국가에서는 벌써 30여 년 전부터 이러한 사진보도가 활발했으며, 특히 미국의 ≪라이프(Life)≫ 나 프랑스의 ≪파리마치(Paris Match)≫ 같은 화보는 세계적인 권위를 자랑하고 있다. 이렇게 된 원인은 사진이 지닌 문화성과 사실성 및 기록성 등이 커뮤니케이션의 과정에서 무서운 힘을 가졌기 때문이라고 하겠다. 즉 오늘날 대중들은 현대문명의 물결 속에 휘말려 최대한의 시간성과 공간성을 극복하지 않고서는 생활할 수가 없게 되자 자연 이들에게는 문자에 대한 매력보다는 직접 시각에 호소하는 영상 쪽에 큰 매력을 느끼게 되고 자연 이를 요구하기에 이르렀다고 하겠다. 이와 같은 현상은 필연적인 것으로서 오늘날 포토저널리즘의 의의는 더욱 커가고 있다고 하겠다. 이러한 견지에서 오늘날 우리나라의 신문이나 잡지도 앞에서 말한 바와 같이 사진을 중요시하기에 이르렀다는 것은 당연한 일이라고도 하겠다. 그러나 따지고 보면 사진기자들의 많은 취재원이 봉쇄되어 자유로운 취재 활동이 허용되지 않고 있음도 숨길 수 없는 사실이다. 무엇보다도 먼저 아쉬운 것이 있다면 다름 아니라 사진기자가 대통령의 생활을 취재하지 못하고 있다는 것을 지적하지 않을 수 없다. 미국에서는 사진

© 변영욱

2014년 6월, 이명동 기자가 서울 종로구 사진예술 사무실에서 1960년의 4.19 혁명 당시 경무대 앞 발포 특종 사진을 든 채 포즈를 취하고 있다.

기자들이 대통령의 일상생활과 그 모습을 매일같이 기록하고 또 이것을 국민에게 수시로 보도를 해 보여주고 있다.

국민은 대통령의 생활이나 모습을 언제나 볼 권리가 있고 또 대통령도 국민에게 자신의 생활과 용모를 수시로 공개해 보여줄 의무가 있으며, 더구나 신문기자에게는 취재와 보도면에서 권리와 의무가 한꺼번에 있음은 민주주의 국가의 상식이라고 하겠다. 이럼에도 불구하고 오늘날 우리나라의 신문들은 언론의 사명을 다하지 못하고 있다. 즉 사진기자가 청와대의 출입을 하지 못하고 있다는 사실은 언뜻 아무것도 아닌 성싶지만 따지고 보면 중대한 문제라고 할 수 있다.

미국에는 백악관출입사진기자단이 있고, 이웃나라 일본에도 총리관저를 출입하는 사진기자단이 있어 정례 기자회견은 물론 외국의 귀빈들의 접견 등 국가적인 행사가 있을 때마다 수시로 사진 취재를 해 이를 보도하고 있다. 민주주의 국가에서는 당연한 처사라고 하겠다.

지난달 미국의 케네디 대통령이 쿠바위기 때 백악관 그의 사무실 창가에서 무엇인가 심각하게 생각하고 근심스러운 표정을 짓고 서 있는 그의 사진이 신문에 보도되자 미국 국민은 물론 전 세계 자유진영 국가의 국민도 케네디 대통령을 동정하고 그를 격려했다. 마침내 케네디 대통령은 용기를 얻어 단호한 결단을 내린 바 있다. 사진기자가 한 장의 사진으로 놓아준 대통령과 국민 사이의 다리가 얼마나 중요한 것인가를 보여준 실례라 할 수 있을 것이다.

한 국가의 운명을 등에 걸머진 대통령도 한 사람의 인간임에는 틀림이 없다. 그에게도 괴롭고 슬프고 고독할 때가 있을 것이다. 때로는 적나라한 한 사람의 서민적인 감정과 행동으로 돌아가고 싶을 때도 있을 것이다. 이러한 대통령의 생활과 감정을 생생하게 사진영상으로 국민에게 보여 주어야 하지 않겠는가! 그러면 대통령과 국민은 더욱 친근해질 수 있을 것이다. 1970년부터는 우리나라의 신문들이 대통령의 동정사진을 싣는 것을 외면해서는 안 될 것이다. 청와대의 기왓장 하나, 나무 한 그루, 새 한 마리라도 우리들의 것이고 이것을 우리들은 늘 지켜볼 수 있어야 하며, 사진기자들은 이러한 국민의 요구를 들어 줄 수 있어야 할 것이다(이명동, 1970.2).

6. 대통령실 출입 사진기자단의 역사 2

일간지 사진기자들이 청와대를 '출입'하며 대통령 사진을 촬영하기 시작한 것은 전두환 대통령 시절인 1982년 2월 22일이다. 이전에는 대통령 관련 행사를 보도하면서 공보처 소속 공보실에서 제공하는 사진만을 받아쓸 수 있었다. 미국 백악관사진기자단을 본뜬, 청와대출입사진기자단이라는 취재단을 구성한 것은 이듬해인 1983년이다. 당시 동아일보 소속의 송호창 한국사진기자단 단장과 한국일보 최동완 부장 등이 이규헌 문공부장관에게 청와대 출입기자제를 건의한 것이 받아들여진 것으로 기록되어 있다.

청와대출입사진기자단이 결성됨으로써 사진기자들이 직접 취재한 대통령 사진을 신문 지면에 게재할 수 있는 가능성이 생겼다. 다만 이때의 사진 취재 방식은 청와대가 부르면 사전에 순서가 정해진 사진기자 1명이 순서를 정해 차례로 하는 윤번제(輪番制)에 따라 청와대에 들어가 정해진 행사를 취재하는 방식이었다. 그러다가 1986년 9월 6일 청와대에 사진기자들이 상주할 수 있는 사진기자실이 마련되었다. 서울신문 김성배 기자의 회고 내용이다.

1985년부터 청와대를 출입, 대통령의 동정을 취재해 왔으나 사진기자실이 없어 행사가 있을 때에는 허둥대며 회사에서 달려가곤 했다. 장소도 장소인만큼 늦어서는 절대 안 되기 때문에 늘상 쫓기는 듯 취재에 임하곤 했다. 왜 사진기자실을 만들지 않는지 그 까닭을 모르겠다. 출입기자단 간사로 있던 필자는 청와대 제1단계는 먼저 사진기자실을 만들어야 한다고 생각했다. 마침내 이수정 공보수석의 결단을 얻어내어 1986년 9월 6일 청와대 사진기자실 개설 축하연을 가질 수 있었다(김성배, 1993: 465).

1990년 9월에는 프레스 대통령실 센터인 춘추관이 개관했다. 1990년 말에는 1980년대 후반에 창간된 한겨레, 국민일보, 세계일보, 기독교방송의 출입이 허용되었고, 1991년 초 일부 지방 신문도 청와대에 출입할 수 있게 되었다. 청와대출입사진기자단에도 한겨레, 국민일보, 세계일보 등의 기자들이 포함되기 시작했다. 1993년 2월 김영삼 정부가 출범하면서 청와대에 출입하는 언론사는 중앙 언론이 24개, 지방 언론이 20개였고, 사진은 18개 에 출입이 허락되었다. 김대중 정부가 출범한 후에는 중앙 언론이 25개, 지방 언론이 23개, 사진은 20개 사로 늘어났다. 노무현 정부는 2003년에 기자실을 폐쇄하고 개방형 브리핑룸 제도를 도입해 6월 2일 춘추관을 전면 개방했다. 하지만 사진 쪽 출입사의 숫자는 늘지 않았다.

현재 대통령실 출입이 허용된 사진기자는 11개 회사의 총 14명이다(신문사 소속 9명 + 통신사 소속 5명). 그동안 9개 회사는 사진기자들의 출입을 자진 중단, 또는 출입기자단 회의에 따라 출입이 제한되었다. 이유는 재정적인 이유 또는 자격 요건 미비 등이었다.

2024년 9월 현재 통신사 사진기자는 용산 기자실에 상주하지만, 신문사 소속 사진기자는 상주하지 않고 당번인 주에만 기자실로 출근한다. 평소에는 소속사에서 일반적인 사진 취재 활동을 하며, 회사별로 다른 출입 기간이 만료되고 후임자와 교체되면 다시 일반 사진기자 업무로 돌아간다.

7. 전속과 출입 사진기자들의 갈등
악수 사진에도 주제가 있다

　비주얼 시대라고는 하지만, 자신의 사진 촬영과 유포는 본인이 직접 결정하고 싶어 하는 시대이기도 하다. 낯설거나 친하지 않은 사람이 사진 찍는 것을 이제는 모두 싫어한다. 초등학생들도 "초상권 있어요, 아저씨 찍지 마세요"라는 말을 할 때가 있다. 고등학생쯤 되면 친구들 4명이 함께 찍은 사진을 인스타그램에 올리기 전 나머지 3명의 허락을 받아야 하는 경우도 있다고 한다.

　연예인은 더욱 사진 관리에 철저하다. 필자가 신문사에 처음 입사했던 1997년에는 신문사로 연예인이 찾아오는 경우가 많았다. 그룹 터보의 김종국, 배우 채시라 등 그 당시 톱스타의 사진을 갑자기 찍을 때도 있었다. 오전에는 서울역 노숙자를 찍고, 오후에는 영화배우를 찍는 식이었다.

　그러다가 2000년대 중반이 되면서 세상이 급변했다. 연예인들이 더는 신문사로 사진을 찍으러 오지 않았다. 매체가 많아지면서 이른바 라운드 인터뷰[2]를 하는 경우가 생기는가 싶더니 아예 오지 않는 게 트렌드가 되었다. 연예기획사가 생기면서 나타난 현상이었다. 소속 배우와 가수들의 이미지를 관리하는 기획사 입장에서는 결과물이 고르지 않은 신문사 사진기자들에게 배우들의 프로필 사진을 맡기려 하지 않았다. 그리고 지금은 당연하게도 연예인 사진은 전문 포토그래퍼가 촬영하고 기획사의 오케이를 받은 후 언론사에 배포된다. 기자들도 그런 상황을 당연하게 받아들이기 시작했다.

　기획사에서 제공하는 사진은 마케팅 측면에서 콘셉트가 확실히 고려된 사진이며, 대체로 조명을 사용해 촬영한다. 신문사에서 '툭 찍는' 사진

2　매체가 많다 보니, 연예인이 신문사를 돌면서 인터뷰를 하는 게 아니라 삼청동이나 강남의 카페를 빌려놓고 사진기자들을 한꺼번에 초대하는 형식을 취한다.

보다는 연예인 입장에서도 마음에 들 것이다. 앞으로 AI 기술까지 적용될 것을 고려하면 실제 모습이 아닌 사진들이 독자와 국민들에게 전달될 가능성은 점점 높아진다. 연예인과 기획사의 입장에서는 원래 모습과 유사한 '다큐멘터리식의 사진'이 나가는 것 보다는 '뽀샵'되거나 'AI로 증강된' 사진이 나가는 것이 홍보 차원에서 유리하다고 생각할 수는 있다. 그러나 이 사진들은 상업용 사진이라는 점을 염두에 둘 필요가 있다.

문제는 정치인 사진과 대통령 사진이다. 대통령실 입장에서는 대통령의 사진이 정부에 유리한 장면이길 원한다. 사진이나 영상 촬영 기술 또한 예전과 달리 기자들만 할 수 있는 것이 아니며, 많은 작가들이 존재한다. 통제되지 않는 기자들에게 대통령의 얼굴을 맡기기보다는 정부가 직접 고용한 사진가에게 촬영을 하게 하고 후작업을 거친 후 세상에 뿌리는 것이 이미지 관리에는 훨씬 유리한 방법이라는 결론에 이른 것 같다. 전속들이 찍는 사진의 양과 질이 이제는 저널리스트의 그것을 뛰어넘고 있다는 데 주목할 필요가 있다. 대통령실은 기자들에게 대통령을 기록할 수 있는 시간을 최소화해서 제공하고, 자신들이 통제할 수 있는 전속 촬영가를 고용해 대통령 사진을 생산한다. 이런 시스템은 지금 정부에서 시작된 것이 아니다. 대통령 전속 사진가 제도는 사진기자들이 대통령실을 출입할 수 있게 된 1980년대보다 훨씬 이전부터 존재했다. 대통령의 사진을 결정할 권리가 독재 정권 시절에는 확실하게 대통령실에 있었다. 영상 시대와 민주화의 물결 속에서 언론사에 결정할 권리가 있는 듯하더니 다시 권력의 힘이 강해지는 양상이 느껴진다.

아직까지 기자들은 제공 사진이 아닌 직접 찍은 사진을 국민들에게 전달하려고 한다. 대통령과 만나는 사람 사이에서 일어난 상호작용을 제대로 보여주는 사진을 찍고 싶어 한다. 여기서 갈등이 생긴다. 가령, 대통령이 야당 대표와 영수 회담을 한다고 가정해 보자. 두 사람의 관계가 좋을 수도 있고, 아닐 수도 있다. 대통령실은 평범한 악수 사진을 제공하고 싶어할 것이다. 대통령과 야당 대표 두 사람 얼굴이 반반씩 보이

대통령과 사진기자 사이에서 사진을 찍는 전속 사진기자. 2019년 3월 5일 문재인 대통령이 경남 창원시 진해구 해군사관학교에서 열린 '제73기 사관생도 졸업 및 임관식'을 마친 후 졸업 생도들과 기념 촬영을 하고 있다. 전속 사진가가 대통령과 기자들 사이를 가리며 사진을 찍고 있다. 기자들에게는 아쉬운 순간이다. 사진: 청와대사진기자단.

면서 표정이 밝거나 최소한 무표정한 사진이 국민들에게 전해지길 바랄 것이다. 그러나 기자들은 좀 다르다. 악수 사진에도 '주제'가 있을 수 있는 만큼, 그날 상황에 따라서 두 사람이 악수를 하기 위해 앞으로 다가서거나 악수 후 묘한 표정으로 헤어지는 장면을 노린다. 왜냐하면 노련한 주인공들은 카메라 앞에서 악수하면서 뉴스 밸류에 상관없이 항상 '웃어버리기' 때문이다. 갈등이 뉴스인데 웃으며 악수하는 사진을 다음 날 신문 1면에 써야 하는 날이면 사진기자로서 독자들에게 면목이 없어진다. 평소에 사진기자와 전속은 관계가 좋다. 학연으로 연결되기도 하고 사진이라는 분야에서 이래저래 인연을 쌓아왔으며 앞으로도 그럴 가능성이 높기 때문이다. 하지만 언론의 입장과 공무원의 입장이 확연히 다른 날이면, 전속과 사진기자들 사이에 냉기가 흐른다.

전속이 찍은 사진과 '독립적인' 사진기자가 찍은 사진은 어떻게 구별할 수 있을까?

신문이나 인터넷 뉴스 페이지를 자세히 보면 사진의 출처에 사진기자 이름이 적힌다. '동아일보 홍길동' 또는 대통령실 사진기자단, 연합뉴스, 뉴시스 등이다. 이 외에 '대통령실 제공' 또는 '제공 사진'이라는 표현이 있다. 이것은 기자의 접근을 막거나 기자들이 없는 상황에서 중요한 일이 벌어졌고, 그 순간을 포착한 대통령실 전속 사진가의 사진이 유일하다는 의미다.

8. 이미지를 직접 결정할 권리
대통령의 참모들이 제공 사진을 선호하는 이유

대통령실이 사진기자들의 접근을 막고 전속만 촬영하게 하는 이유를 조금 더 살펴보자. 첫째, 현장 상황이 특별해서 촬영보다 보안과 정숙이 중요한 경우가 있다. 예를 들면 북한이 미사일을 쏘면 긴급 국가안전보장회의(NSC)가 대통령실 지하 벙커에서 열리는데, 이곳은 국가 보안 시설이라서 기자들이 들어갈 수 없다. 비상연락망을 통해 새벽에 호출받은 전속만이 촬영할 수 있다.

미국도 상황은 비슷하다. 버락 오바마 대통령과 미국 국가안보 팀 멤버들이 백악관 상황실에 모여 오사마 빈 라덴을 사살하는 암호명 '제로니모 E-KIA' 작전의 진행 과정을 지켜보는 사진이 있다. 대통령은 앵글의 구석에 왜소한 모습으로 앉아 있고, 상석의 주인공은 작전 실무를 담당하는 현역 군인이며, 충격적인 작전 화면에 놀란 힐러리 클린턴(Hillary Clinton) 국무장관은 손으로 입을 막고 있다. 격식을 배제하고 실무를 중시하는 미국 사회의 프로페셔널리즘이 고스란히 담겨 있다는 평가를 받

2011년 5월 1일 미국 워룸 사진. 오바마의 전속 사진가 피터 수자가 촬영한 이 사진은 AP, AFP, 로이터 통신 등을 통해 전 세계로 타전됐다. 당시 외신은 이렇게 사진을 설명했다. "Official White House photograph made available on May 2, 2011 showing US President Barack Obama(2nd L), Vice-President Joe Biden, Defense Secretary Robert Gates(R) and Secretary of State Hillary Clinton(2nd R) in the Situation room as the operation unfolds." 피트 수자(Pete Souza) 촬영. 사진: The White House.

왔다. 전 세계 거의 모든 신문의 1면을 장식했던 이 사진은 기자가 아닌 백악관 전속이 촬영했다. 군사보안 문제로 기자들의 접근이 차단되었던 것이다.

성탄절 미사처럼 정숙해야 하는 행사의 경우도 마찬가지다. 대통령실 은 사진기자들의 접근을 막고 전속이 사진을 찍어 5~10장 정도를 언론 사에 제공하고 홈페이지와 소셜미디어에도 사진을 올린다. 언론사에서 는 제공자인 대통령실 내부 의사결정을 마치기까지 얼마나 시간이 걸릴 지도 모르고, 게다가 어떤 느낌의 사진이 제공될지도 모르는 채로 대통 령실의 사진을 기다리며 답답해야 한다. 설령 원하는 사진이 아니더라 도 대통령실에서 제공하는 사진이 뉴스를 보여주는 유일한 사진이기 때 문에 "울며 겨자 먹기"식으로 사용할 수밖에 없는 상황이 된다.

둘째, 언론사 소속 사진기자들을 믿을 수 없기 때문이다. 대통령실이 언론사 소속 출입기자들을 신뢰하지 못하는 이유는 원하지 않는 사진을 촬영할지도 모른다는 두려움 때문이다.

대통령의 연설문은 사전에 참모들에 의해 초안 작업을 한 후 대통령이 검토·수정하고, 다시 전문가에 의해 다듬어진다. 투박하고 가끔 논리의 비약이 대통령의 말과 글은 윤문이라는 과정을 거쳐 고급스럽고 정갈한 버전으로 국민과 외교 무대에 선보일 수 있다. 대통령의 사진은 다르다. 대통령의 순간이 포착된 사진을 사후에 '기름칠'할 수 있는 방법은 제한적이다. 게다가 아주 적나라하다. 대통령 주변에서 있었던 일이나 등장했던 인물들이 있는 그대로 묘사되고 글로 된 기사처럼 익명으로 처리하는 것도 불가능하다. 포토샵으로 기록사진을 건드는 데는 한계가 있기 때문이다.

2004년 '대통령의 정치적 중립성을 위반했다는 이유로 탄핵 위기에 처한 노무현 대통령의 찡그린 얼굴이 촬영되어 보도되었다. 전속 사진가는 당연히 그런 순간에 셔터를 누르지 않았을 것이고, 한국 청와대 출입 사진기자들도 그 순간에 대통령의 얼굴을 클로즈업하고 있지는 않았다. 하지만, 한국인이지만 외국 통신사에 소속된 외신기자가 이 장면을 놓치지 않았고, 그다음 날 국내 신문에 게재되었다.

2023년 10월 추석 연휴를 맞아 윤석열 대통령이 경기도 연천에 있는 육군 제25사단을 찾아 장병들을 격려했다. 부대에 들어서며 방명록을 작성했는데 선글라스를 쓴 윤 대통령의 얼굴을 통신사 사진기자가 촬영해서 인터넷과 고객 언론사에 송고했다. 클로즈업된 얼굴과 검정 선글라스에 비친 흰색 방명록의 모습은 시선을 끌기에 충분했다. 사진기자는 포토제닉하다는 점에서 이 사진을 송고했지만, 인터넷에서는 미리 준비한 메모가 함께 보인다면서 '커닝 페이퍼'라는 조롱이 일어났다. 사진을 담당하는 참모 입장에서는 정치적으로 민감한 시기에 불리한 사진이 포착되지 않도록 하거나 불필요한 해석을 피하고 싶은 마음이 들 수도 있다.

윤석열 대통령이 2023년 추석 연휴 나흘째인 10월 1일 군(軍) 최전방 부대를 찾아 군 대비 태세를 점검하고, 장병들과 송편·치킨 등을 나누며 노고를 격려했다. 방명록을 쓰는 윤 대통령의 선글라스에 준비한 메모가 그대로 보인다. 사진: 연합뉴스.

셋째, 대통령실과 참모들은 이미지의 힘과 위험성은 알지만, 불리한 사진의 게재를 사전에 막을 방법을 모르고 있기 때문일 것이다. 생각지도 않은 해석이 붙을 만한 상황이 전개될 때 전속만 현장에 있다면 그 상황은 감출 수 있겠지만, 기자들만 있을 경우는 그대로 보도되거나 때로는 야당 지지자들에 의해 과장된 해석이 돌 수도 있다.

평생의 꿈이 대통령이라고 해도 카메라 앞에서 어떤 포즈와 표정을 지을 지를 제대로 훈련받은 정치인은 거의 없다 해도 과언이 아니다. 대표적인 예가 2015년 6월 가뭄 사태 때 김포평야의 논에 소방차를 동원해 물을 뿌린 박근혜 대통령의 사진이었다. 상황 설정 자체가 실패할 가능성이 높았다. 결국 수압을 이기지 못해 포물선이 아닌 직선으로 물을 뿌리는 대통령 사진을 보고 네티즌들은 현장 경험이 없어서라고 비난했다. 소방 호스의 수압을 경험한 사람이 얼마나 있는지는 논외였다. 청와대에는 원하는 방향은 아니었을 것이다. 부실하게 준비한 행사일수록 허점은 국민들 눈에 금방 띄게 된다. 그렇다고 모든 행사마다 잘 나온 이미지를 얻기 위해 돈과 사람을 쓰는 것이 합리적인가 하고 생각할 수도 있다.

대통령실 입장에서 보면 사진기자들은 피사체인 대통령을 '해석'하려

한다. 있는 그대로를 보여주거나, 피사체가 좋아하는 앵글보다는 뉴스에 적합하고 독자들의 시선을 끌 만한 순간을 포착하려고 한다. 요즘 사진기자들과 편집기자들은 단순히 기록하거나 피사체의 마음에만 들면 되는 사진을 선호하지 않는다. 출입 사진기자라고 해도 지난 대통령 선거에서 현직 대통령에게 투표를 하지 않았을 가능성도 있다.

대통령의 입장에서는 기자들이 찍는 사진은 '이미지의 결정권'이 현장 기자와 편집자에게 있는 불공평한 상황이 된다. 그리고 패러디와 조롱을 담은 영상으로 또다시 반복될 수도 있다. 이미지 시대에 대통령실의 고민은 커질 수밖에 없다. 그러다 보니 대통령과 참모들은 기자들이 찍는 사진보다는 전속이 찍은 사진을 언론과 인터넷에서 써주길 바란다.

9. 제공 사진에 대한 사진기자와 청와대 참모들의 인식 차이

청와대와 대통령실 담당 참모들의 의도가 분명하게 전해질 경우는 거의 없다. 다만, 사진기자들의 문제 제기에 비교적 솔직하면서도 단호하게 청와대의 입장을 밝혔던 고위 참모의 사례가 회의록으로 남아 있어 익명으로 옮겨본다.

전속 사진가 운영에 관한 건
- 국민의 알 권리와 취재 자유를 존중한다. 하지만 국정운영(대국민 홍보, 국가 원수의 안전과 이미지 관리)의 측면에서도 입장이 있다. 대통령의 활동을 국민들에게 빠르게 전달하면서도 안전과 이미지 관리를 같이 고민해야 하는 상황이다. 전속과 카메라맨의 갈등이 있을 수 있지만, 공무를 수행하는 과정에서 입장이 좀 다를 수 있다.
- 기조는 유지하되, 사안별로 판단해서 수용할지 여부를 판단하겠다. 이해를 부탁한다. 전속이 들어가는 것이 대원칙이다. 언론사 간의 입

장 차이가 있는 것 같다. 정부가 고려할 부분은 아니다.

• 사진기자가 생각하는 좋은 사진과 정부가 좋아하는 사진은 다를 수밖에 없다. 이해의 충돌이 있을 수 있다. 여러 가지 측면에서 최선을 다하겠지만 원칙을 지키는 건 양보할 수 없다. 특별한 경우 비공개될 수 있는데 협조해 달라. 사진도 통제되어 나가야 한다. 합리적인 방향으로 정착되도록 노력하겠다. 부정적 이미지에 대한 불안함이 있다. 정부가 필요한 사진만 릴리스 할 수 있다고 본다.

20**년 **월 **일(익명의 청와대 참모와 청와대출입사진기자단 간 회의)

그렇지만 정작 청와대의 참모들은 대통령의 활동 모습이 다양한 사진으로 기록되길 바란다. 그래서 2018년 청와대 경호처가 대통령실과는 별도로 '효자동 사람들'이라는 블로그를 운영하면서 경호실이 촬영한 사진으로 홍보하기도 했다. 또 같은 해 2월 문재인 대통령 취임 1주년을 앞두고 청와대에서 전속과 청와대출입사진기자단이 촬영한 사진을 모아 사진전을 하자고 기자단에 요청했다. 그런데 당시 기자단은 ① 전 정권과 비교해 비공개와 사후 공개 행사가 증가했고 특히 중요한 일정에 대해 전속 취재 후 일방적으로 기자단에 사후 공개하는 소통수석실의 모습, ② 사전 조율 없이 사진전 계획 통보, ③ 지난 중국 순방에서 발생한 폭행 사건 과정과 사후 처리에 대한 의지 부족, ④ 레거시(legacy) 미디어를 무시하는 뉴미디어실의 모습, ⑤ 지지자들로부터 '적폐'라는 비판을 받는 현실과 과거 이명박 대통령 시절 사진전에 참여했다가 논란이 된 사례 등을 이유로 들어 사진전에 참여하지 않기로 했었다. 전속 사진 위주로 사진전을 진행하되, 청와대에서 요청을 하면 한국 보도사진전에 전시되어 있는 사진을 사진기자협회 차원에서 대여하도록 하는 것으로 정리했다.

전속만 찍어 제공하는 사진의 문제는 크게 두 가지다.

첫째, 대통령의 일정과 행사 진행은 모두 국민의 세금으로 이뤄지며 제대로 기록해야 한다는 사회적 합의가 있다는 점이다. 역사의 현장도 시간이 흐르면 다르게 해석될 수 있다. 한 대의 카메라는 한 사람의 시각만으로 기록된다. 복수의 언론이 현장을 기록한다면 역사를 다각도로 볼 여지가 커진다. 또한 언론은 국민의 대표를 자임해, 대통령실에서 공식적으로 진행되는 일을 감시하고 기록할 권리가 있다. 선거 때만 되면 대통령의 일정을 사전에 공개하고 사후에 잘 기록하겠다는 공약이 나오지만, 막상 임기가 시작되면 여러 이유로 실제로 반영되지 않는다. 정작 중요한 현장이 기록으로 남지 않을 가능성도 있다. 2015년 11월 필리핀 마닐라에서 열린 APEC 기업 자문위원회와의 대화 행사장에서 있었던 일이다. 20여 명의 각국 정상이 함께 회의장에 앉아 있다는 것은 알고 있었는데, 막상 현장에 가보니 박근혜 대통령과 일본 아베 신조 총리가 나란히 앉아 있었다. 박 대통령은 시종일관 싸늘한 표정이었다. 냉랭한 한일관계가 극명하게 드러났다. 아마 전속만 들어갔다면 사진으로 국민들에게 전달되기 어려운 장면이었을 것이다. 게다가 그 사진을 청와대 제공으로 배포한다고 하더라도 외교적 파장과 무게를 감당하기 힘들었을 것이다. 그러나 기자들의 입장은 이 부분에서 훨씬 자유롭다.

둘째, 대통령의 사진을 공무원이 아니라 상대적으로 자율성을 갖는 언론사 소속 기자들이 찍는 것이 민주화의 척도 중 하나로 평가될 수 있다는 점이다. 한 사람이 찍은 국가수반의 사진이 여기저기 퍼지는 것은 권위주의 국가와 독재 국가에서는 가능하다. 권위주의 국가에서는 최고지도자의 주변에 사진가를 최소화해서 배치한다. 사진은 군더더기 없이 정갈하고 표정은 적절하게 포착되지만, 민주적인 정부 운영 방식이라고 보기 어렵다. 우리 사회에서도 박정희 대통령 시절에는 기자들이 대통령을 찍는 경우가 거의 없었다. 전속이 찍어 정부 홍보물에도 쓰고, 신문에도 쓰고, 극장 상연용 정부 홍보 영상에도 썼다. 민주주의 국가에서는 대통령 사진의 소스(source)가 다양하다. 예를 들어 미국의 경우 복수의 통신사와 유력 신문의 사진기자가 대통령의 일정을 직접 취재한다. 우리나라 역시 민주화에 대한 사회적 요구가 커지면서 기자들이 대통령을 촬영하기 시작했다. 부정기적으로 일이 있을 때만 청와대로 들어가던 기자들이 청와대에 상주하며 대통령 일정을 기록할 수 있게 되었다. 민주주의가 확대될수록 사진을 찍는 사람이 늘어나 자연히 사진의 소스가 다양해졌다는 점은 민주주의 정착을 보여주는 바로미터 중 하나인 것이다.

셋째, 제공 사진의 가장 큰 문제는 아마도 현장에서 전속 한 명의 아이디어와 앵글로 사진이 기록된다는 점이다. 대통령에게 이래라 저래라 할 수 있는 직업은 사진기자가 유일하다는 '농담'이 있다. 사진이 잘 나오게 하기 위해 연출 아이디어를 제시할 수 있다는 것이다. 어설픈 연출은 역효과만 낸다(≪조선일보≫, 2022.8.27). 세련되지 않고 시대에 뒤떨어진 느낌의 사진이 누군가에게는 최고의 사진일 수도 있다. 개인의 결혼식 사진을 생각해 보자. 변화가 없고 틀에 박혀 있지만 당사자에게는 아름답다. 그러나 결혼식에 관련된 당사자와 사랑하는 사람들을 제외하고는 감동받지 않는다. 가족끼리는 공유하지만 남들은 관심을 주지 않는다. 내가 원하는 사진만 나올 수 있게 통제하는 것으로는 좋은 사진이 나오기 어렵다. 전속 이외에 사진기자들이 독립적으로 현장에서 기록하고 아이디어를 낼 수 있다면 앵글도 다양해지고 잘못된 연출에 대해 조언을 할 수도 있다. 전속이 대통령실 위계에 따라 일방적 지시만 받고 의견을 내기 어려운 구조라고 한다면 사진은 더욱 구태의연해질지도 모른다. 사진기자는 사진을 찍는 사람이기도 하지만, 대통령의 연출 상황을 제일 먼저 보는 사람이기도 하다. 기자이자 국민의 시각에서 어색한 연출을 걸러낼 수 있다. 연출에 협력한다는 것이 아니라 잘못된 연출에 대해 첫 번째 독자 또는 시청자로서 반응을 보일 수 있는 것이다.

역대 대통령들의
시각적 아이덴티티 관리

우리나라 대통령 사진의 모델은 미국의 이미지 정치일 가능성이 높다. 한국에서도 40여 년 전부터 대통령의 이미지에 대한 관심이 높아져 PI(President Identity)에 관한 관심이 커지고 연구도 적지 않게 이루어지고 있다. 미국과 마찬가지로 한국에서도 광고 전문가, 여론조사 전문가, 미디어 컨설턴트 등이 선거 참모진에 포함되어 선거에 개입한다. 그러나 미국의 이미지 정치가 우리 사회에도 그대로 이식된 것 같지는 않으며, 그렇게 되는 것이 바람직한 것도 아니다. 우리 사회의 정치인과 오피니언 리더들은 이미지보다는 논리(이성)를 더 중요한 가치로 받아들인다. 논리가 지배하는 문화에서 이미지를 생산하는 직업이 갖게 되는 태생적 한계도 존재할 만큼 우리 사회는 텍스트를 더 강조하는 사회다. 수용자인 국민들도 국가와 문화별로 이미지에 대한 태도가 다를 수 있다. 한국이라는 특수성과 이미지라는 보편성이 어떻게 대통령 사진에 반영되어 왔는지 시대별로 간략하게 살펴보고자 한다. 사진기자로서 느꼈던 점 위주로 서술했다.

1. 전근대 시대 권력자들

조선 왕실에서는 역대 제왕이 승하하면 그 신주를 종묘에 모시고 어진(御眞: 왕의 초상화)은 진전(眞殿)에 봉안해 왔다. 왕의 초상화는 권력의 상징으로, 정통성 확보를 위해 역대 왕들의 초상화가 활용되었다. 그런데 살아 있는 왕의 얼굴은 함부로 그릴 수 없었다. 왕의 얼굴은 가려졌었고, 왕의 초상화는 왕이 죽은 뒤에나 그려졌다. 궁중 기록화에서 왕과 왕실 가족의 형체를 그리지 않는 것은 조선 초부터 지켜온 오랜 전통이었다. 조선 시대에는 어진을 제외한 그림에 왕의 모습을 나타내거나 진전 이외의 장소에 유출하는 것은 어떤 이유에서도 허용되지 않았다(박정혜 외, 2011: 108). 화가는 권력자의 주문을 받아 왕의 얼굴을 재현해야 했는데, 왕 본인과 왕 주변 신하들의 마음에 드는 모습을 그리는 것은 쉬운 일이 아니었을 것이다. 왕은 가마 또는 방석 등으로 보였을 뿐, 얼굴이 묘사되지는 않았다. 〈낙남헌방방도〉를 예로 들어보면, 이 그림은 낙남헌에서 과거시험을 치른 뒤 합격자를 발표하는 모습을 그린 것이다. 여기서 왕의 의자는 그림 위쪽에 보이지만 의자에는 아무도 앉아 있지 않다. 왕이 현장에 나타나지 않아서가 아니라 왕의 얼굴을 조그맣게 그려 넣는 불경(不敬)을 피하기 위해서였을 것이다.[1]

조선에서 왕의 얼굴을 기록화에 그리게 된 것은 왕의 초상에 대한 인식에 변화가 생긴 대한제국 시기다(박정혜 외, 2011: 105). 이 시기에 비로소 500여 년 동안의 오랜 관습을 깨고 예외가 만들어졌다. 바로 어진화사를 지낸 채용신(1850~1941)이 그렸다고 전해지는 〈대한제국동가도〉로, 왕의 궁 밖 행차를 묘사한 일종의 행렬반차도인데 여기에 적색 곤룡포를 입은 왕이 그려져 있다. 이전에는 볼 수 없던 매우 이례적인 표현이다.

사진이 도입된 후, 권력자의 이미지 관리에 변화가 생겼다. 조선조 말

---

1   여주군경수연도, 각종 반차도, 환어반차도, 예궐반차도, 환어행렬 그림에서도 마찬가지였다.

〈화성능행행렬도〉 병풍 중 일부 〈봉수당진찬도〉

대한황제진. 35.0×42.8cm, 뉴어크미술관 소장.
김규진이 덕수궁 중명전에서 1905년 촬영한 고종의 초상 사진. 한
국인이 찍은 고종 황제의 사진 중 현존하는 가장 오래된 사진이다.

사진이 한반도에 전래되며,[2] 왕의 얼굴은 초상화가 아닌 사진에 담긴다.
지운영이 고종의 초상을 처음 촬영한 것은 1884년 3월이며, 왕실에서는
지운영이 촬영한 고종의 어사진을 조선을 방문한 서양 외교관들과 방문
자들에게 선물로 배포했다. 1894년에는 김규진이 일본으로 유학을 가,
국비로 1년간 사진 기술을 배운 후 귀국해 황실 사진가가 되기도 했다(박
주석, 2021: 85). 사진으로 촬영된 어진은 단지 국왕의 초상을 넘어 국가
상징으로 기능했으며, 근대 국가 수립 과정에서 국민 통합의 기제로 활

---

2 한반도에 처음으로 사진이 전래된 것은 조선조 말엽 고종 때의 일이다. 외국인 입국을 통해
유럽 문명이 들어오기 시작했고 그 후 김규진이 1894년경 서울 소공동에서 천연당 사진관
을 개업한 것이 가장 뚜렷한 사적으로서 사진사의 효시를 이룬다(이명동, 1999: 46).

용되었다. 또한 외교적 관계에서 국가 원수의 사진 교환은 상호 대등한 독립국가임을 보여주는 수단이기도 했다(이경민, 2010: 71). 사진이 새로운 문화가 되면서 권력자의 이미지는 대중들에게 널리 전달되었다.

일본 초대 총리를 지낸 한국통감부 초대 통감 이토 히로부미는 사진이 갖는 표상의 정치학에 눈을 떴던 인물로, 일본 메이지 천황의 어진영을 초월적이고 이상화된 아이콘으로 만들어내는 이미지 메이커였다. 1937년 12월 한국총독부에서는 천황과 황후의 사진을 조선 각 도의 관공립 59개 교에 일괄적으로 배포했다.

이러한 제도와 시스템은 모두 천황제 중심의 근대국가를 만들기 위한 정치적·교육적 장치의 일환으로 고안된 것이었다. 엄숙하고 근엄한 분위기 속에서 치러진 반복적인 학교 의식을 통해 일본의 아동들에게 천황과 국가에 대한 충성심을 내면화했으며, 식민지 조선에서도 그 효과를 그대로 이어가려 했던 것이다(이경민, 2010: 78).

어진영은 살아 있는 천황의 대리물로서 함부로 다루면 불경죄에 처했다. 1909년 배오개에 사는 천 모 씨는 자기 집 문간에 천황의 사진을 붙였다가 일본 순사에게 구타를 당하는 봉변을 겪기도 했다. 어진영은 예기치 못한 사건, 특히 화재가 발생했을 때 목숨을 걸고 최우선적으로 챙길 대상이었다. 1940년 덕수소학교에서 불이 난 적이 있는데, 무엇보다 먼저 어진영과 교육칙어를 꺼내 경성부청으로 봉안했다고 한다.

일본이 1945년 전쟁에서 패한 후 미군정의 요구로 어진영이 폐지되었고 봉안전도 철거되었다. 그러나 아이러니하게도 1968년 이 땅에서 일제의 교육칙어를 패러디한 국민교육헌장이 반포되었고, 관공서뿐만 아니라 각급 학교 교실 칠판 위에 박정희 대통령 사진이 태극기와 나란히, 때로는 더 크게 걸렸다(이경민, 2010: 80~81).

이러한 관행은 해방 후 대통령 사진을 통해 계속되었으며, 국가 원수의 사진은 국민 통합의 상징이라는 목적으로 관리되고 통제된 상태로 대중에게 배포되었다.

2. 이승만 대통령

사진기자들이 대통령을 직접 사진 찍던 시절

초대 대통령인 이승만 대통령은 언론에 대해서는 비교적 관대한 편이었다. 그가 서구식 민주주의의 신봉자였고, 언론탄압이 무서운 결과를 가져다줄 수 있다는 것을 잘 알고 있었기에 조금 눈에 거슬려도 자제한 것으로 평가된다. 게다가 당시 '언론의 힘'이란 것은 사회 전반에 끼치는 영향이 별로 크지 않았기 때문이기도 하다. 이승만 대통령 시절에는 극소수의 언론사가 대통령의 얼굴을 직접 촬영해 보도했다. 1953년 중앙일보(지금의 중앙일보와는 다른 언론사)에서 사진기자를 하던 이명동 기자(후에 동아일보로 이직)는 10월 3일 경남 진해에서 거행된 국군의 날 행사에서 공군 전투기가 비행하는 모습을 보는 이승만 대통령을 촬영했다고 회고록에서 밝혔다.

대통령이 되기 전부터 이승만과 친했던 동아일보 최경덕 기자(전 동아일보 사진부장)의 회고담은 더 구체적이다. 최 기자는 1945년에 동아일보사에 입사한 후 그해 12월 전국적으로 일어난 반탁 시위를 기록했는데, 당시 이승만 박사가 미국을 설득하고자 미국으로 갈 때 신탁통치를 반대하는 군중의 사진 500여 장을 정리해 전달했다. 그 후 이 박사와의 관계가 돈독해졌다.

대통령이 된 이 박사는 줄곧 나에게 우호적으로 대했다. 이 대통령은 혈압이 높아서 언제나 와이셔츠의 맨 위 단추를 풀고 넥타이를 헐겁게 매는 습관이 있어서 사진을 찍을 때는 으레 많은 사진기자들 중에서 나를 지목해서 넥타이를 바로 잡도록 부탁을 할 정도였다. 그래서 경무대[3](나

---

3 청와대의 원래 이름은 경무대였다. 일제 강점기에 총독 관저로 지어져 해방 이후에는 미군 사령관 관사로 쓰이다가 1948년 대한민국 정부 수립 직후부터 대통령 집무실 겸 관저로 사용해 왔다. 1960년 4·19 혁명 뒤 대통령으로 취임한 윤보선은 독재의 상징이던 경

ⓒ 이명동

1956년 8월 15일 제3대 정·부통령 취임식에 참석한 이승만 대통령 부부(오른쪽)와 장면 부통령.
사진기자는 연단 아래에서 촬영했다. 이명동 작가 제공.

중의 청와대)에서 사진을 찍을 때면 으레 내가 대통령의 넥타이를 바로
잡아주는 사진기자가 되었다(최경덕, 1977.3.21).

그렇지만 이런 단편적인 사례만 있을 뿐 지속적으로 대통령의 일정을
사진기자들이 전담해 촬영하는 시스템은 아니었다. 지금 우리가 보는
이승만 대통령 시대 사진 대부분은 언론사 기자가 아니라 공무원들이
촬영해 국가기록원으로 넘겨 보관한 사진들이다.

1955년 정치헌정사에서 처음으로 야당을 표방한 민주당이 창당되었
다. 이듬해 제3대 대통령 선거가 실시되자 정국은 활기를 찾게 되었고,
1956년 장면 부통령 저격 사건과 장충단공원 민주당 강연회 폭력 사건
등은 사진기자들과 보도사진가에 의해 빠짐없이 기록되었다.

1960년은 자유당 정권 말기로, 독재 징후가 도처에서 빈번하게 나타
났다. 마산에서 경찰이 난사한 최루탄에 눈을 맞고 바다에 버려졌던 김

무대의 명칭을 대통령 관저의 기와 색깔에서 착안해 청와대로 바꿨다(문희상, 2017:
136).

주열 군의 시신 사진이 신문에 보도되자 국민은 분노하기 시작했다. 이 때까지만 해도 대통령을 사진기자들이 직접 촬영할 수 있었던 것으로 보인다. 동아일보 사진부 기자들은 4.19 시위의 시작과 끝을 기록해 사진집 『민주혁명의 기록』을 1960년 6월 발간할 정도로 정치적으로 민감한 현장 속에서 카메라로 기록할 수 있었다.

이승만 정부가 대통령의 사진에 대해 어떻게 인식하고 있었는지 보기 위해 내무부 지시 사항을 참고할 수 있다. 1954년 초 내무부에서 이승만 대통령의 초상화에 대한 지시를 각 기관에 다음과 같이 하달했다.

① 대통령 각하의 존영은 실(室)의 최상 위치에 게시하여 정중을 기할 것
② 존영은 국기 이외의 여하한 사진과도 병상(倂上: 나란히 거는 것)치 말 것이며, 액자도 흑색을 사용치 말고 가급적 고상한 것을 택할 것

또한 이승만 대통령이 80세를 맞이한 12월에 이승만의 새로운 초상 사진이 각급 학교에 배부되었다(후지, 2008).

3. 박정희 대통령
왜 육영수 여사 피격 사진은 한 사람만 찍을 수 있었을까?

자유당 말기와 4.19 혁명을 기점으로 절정에 달했던 한국 신문 보도사진의 취재 반경은 박정희 대통령의 등장으로 서서히 위축되기 시작한다.

1961년 5월16일 제2공화국을 무너뜨리고 정권을 장악한 박정희 국가재건최고회의 의장은 전국에 계엄령을 선포하고 포고령 제1호를 통해 언론 활동을 규제했다. 이때의 계엄령 제3항은 "언론 출판 보도 등은 사전 검열을 받을 것. 이에 대해서는 치안 확보 상 유해로운 시사해설, 만화, 사설, 논설, 사진 등으로 본 혁명에 관련한 선동, 왜곡, 과장, 비판하

는 내용을 공개하여서는 안 된다"였다. 이에 따라 모든 언론보도 활동이 사전 검열을 받게 되었으며, 구체적인 검열 방침으로 적을 이롭게 하거나 반혁명적 선동, 선전을 목적으로 하는 사항, 치안 유지에 유해하거나 국민 여론 및 감정을 저해하는 사항 등 9개 항목을 적시하고 이를 위반하는 보도를 일체 금지했다.

당시 한국일보 사진기자 정범태는 1962년 4월 16일 자 지면에 강화도 지역 폭력배들에 의해 전등사로 봄나들이 나섰던 시민들이 쫓겨 도망가는 사진과 기사를 게재했다는 이유로 구속되어 1년간 옥고를 치렀다. 치안본부에서 적용한 죄목은 '반공법과 특례법 3조 위반'이었다(≪한국일보≫, 2010.11.8). 박정희 정권은 또 정보 수집을 전담하는 '중앙정보부'를 설립하고 국가안보를 내세워 각 기관의 출입을 제한하고 '사진촬영 금지구역'을 설정하는 등 공식적으로 보도사진의 접근을 사전에 차단하는 방법을 강구한다. 1964년 6월 3일 한일수교에 반하는 대학생들의 대대적인 시위에 대응해 박정희 정권은 또 비상사태를 선포한다. 이 계엄령에 따라 3공화국 정부는 언론 출판물의 사전 검열 조치를 내린다. 포고령 제1호로 언론 출판 보도에 대한 사전 검열이 시작되어 기사, 사진 등이 깎이는 '벽돌신문'이 다시 등장했다. 이때부터 모든 취재가 위축되고 국가안보라는 명목으로 제한 당하게 된다. 청와대 안에서 벌어지는 대통령 행사 사진은 정부 공무원들이 촬영해 전국 일간신문·주간지·월간지에 배부하기 시작했고 결국 똑같은 사진이 실렸다. 공무원 사진가 2명(1명 컬러사진, 1명 흑백사진)은 청와대 대통령 동정을 독점적으로 촬영했다. "전국의 신문들은 '대통령 우표'를 붙인 듯 같은 사진을 게재해 왔다"(김성배, 1993: 463). 또 고층건물에서의 사진촬영도 허가를 받아야 가능하게 된다(양종훈, 1999).

1971년 12.6 국가비상사태 이후 박정희 정권은 언론을 더욱 억압한다. 같은 해 12월 17일엔 문공부의 종용에 따라 언론사들은 이른바 '언론자율에 관한 결정사항'을 채택하고 언론사 기자가 정부가 발급하는 프레스카드를 소지해야만 활동할 수 있는 이른바 '프레스카드제'를 수용했다. 1972년 초에 프레스카드제도가 실시되어 행정 부처 출입기자의 수가 32퍼센트나 줄었다. 당시 주간지나 월간지 기자에게는 프레스카드를 발급하지 않았는데 이때부터 기자실이 서울에서 발행되는 신문과 방송을 중심으로 운영되는 경향이 강화되고, 기자실의 배타적·폐쇄적 이용이 자리 잡게 되었다. 한편 정부는 1975년 부조리 일소를 명분으로 일부 중앙 관청과 경찰서 기자실을 폐쇄했다. '언론자율에 관한 결정사항'에 의하면 서울에서 발행되는 일간 종합지는 부산과 도청 소재지에 지국을, 기타 지역에 보급소를 설치하되 주재기자는 시 단위만 주재하고 그 수는 45명을 넘지 못하도록 못 박았다.

프레스카드제의 도입은 1970년 10월 박정희 대통령이 도산서원 보수정화사업 준공식 참석이 빌미가 되었다는 견해도 있다. 박정희 대통령이 헬기 편으로 경북 안동군 도산면 토계동 현지에 도착했을 때 청와대 또는 문공부 출입기자, 사진기자단을 제외하고도 '보도완장'을 두른 현지 기자 100여 명이 몰려 아수라장을 방불케 했는데, 이걸 본 박정희 대통령이 수행 중이던 문공부 장관 윤주영에게 "웬 기자들이 저렇게 많으냐"라고 질책한 것이 계기가 되었다는 것이다.

박정희 정부는 대학생들의 시위 모습과 야당 국회의원들의 모습이 세상으로 전달되는 것도 막았다. 신문 지면은 물론이고, 사진기자들이 1년 치 기록을 묶어 역사 자료로 남기는 작업도 막았다. 당시 한국사진기자회 회장이었던 홍성혁 기자(전 동아일보 편집국 사진부장)의 회고담 「긴급조치 위반」의 일부다.

대통령 긴급조치가 발효되던 1974년 1월, 나는 1975년도 『보도사진연감』을 제작하기 위해 각사로부터 사진 원고를 모집했다. …… 1975년도 『보도사진연감』이 발행된 지 한 달여나 되었을 때다. 퇴근해서 쉬고 있던 수유리 우리 집으로 건장한 청년 둘이 찾아왔다. 도봉경찰서 정보

과에서 나왔다고 했다. …… 형사들은 책상 위에 『보도사진연감』을 펼쳐놓고 있었다. 1974년 10월에 있었던 유신헌법 반대 시위를 하는 대학생들의 사진이 눈에 띄었다. 긴급조치를 위반했다는 것이었다. 표시된 책갈피를 몇 군데 더 보여 준다. 기독교회관에서 있었던 민주회복 국민선언대회 사진과 야당 국회의원들의 개헌특위 위원회 시위 사진이었다. …… 결국 1975년도 『보도사진연감』은 반쯤 몰수되고 문제의 위반 사진을 삭제한 채 재인쇄할 수밖에 없었다(한국사진기자회, 1994).

1974년 8월 15일 오전 10시 24분경 장충동 국립극장에서 열린 광복절 기념식 행사 중 재일교포 문세광에 의해 육영수 여사가 총격을 받고 사망할 당시 현장에는 조선일보 임희순 기자만 있었다. 지금처럼 대통령실 사진기자단으로 운영되던 시절이 아니라 각 언론사가 알아서 현장 취재를 하던 시절이었다. 청와대 내부 행사는 전속이 촬영해 배포하고, 대통령이 참석하는 외부 행사의 경우 사전에 등록한 일간지 사진기자들이 현장 취재를 했었다. 당시 사진기자들은 일반적으로 대통령 행사가 시작되면 우선 전체 광경을 보여주는 사진을 찍고, 연설하는 대통령 얼굴 사진 몇 장을 찍은 후 모두 철수하는 것이 관례였다. 빨리 나가주기를 바라는 경호원들의 눈치도 상당했었다고 한다. 게다가 이날 오전 11시에 청량리역에서 지하철 1호식 개통식이 있어서 그곳을 취재해야 했다. 그러다 보니 다른 사진기자들은 모두 초반에 기본 취재만 마치고 현장을 떠났고, "어떤 현장이든 사고가 일어날 수 있다"라는 마음에 행사를 끝까지 지켜본 임희순 기자만 역사적 순간을 촬영했다.

임희순 기자[4]의 특종 사진은 다음 날 신문에 게재되지 않는데 검열 당국이 허가를 내주지 않아서였다. 그러다 육 여사의 영결식이 끝난 8월

---

4   이후 조선일보를 퇴사한 임희순 기자는 로이터 통신과 한겨레를 거쳐 현재는 미국에 거주 중이다. 필자가 2016년 미국 펜타곤을 방문했을 때, 프리랜서 신분으로 현장을 취재하고 있었다.

조선일보 임희순 기자 특종 사진. 피격 사건 엿새 만인 1974년 8월 21일 자 ≪조선일보≫에 쓰러지는 육영수 여사 사진이 실렸다. 신문에 실린 사진은 두 장인데 모두 이 사진과 조금 다르다. 당시 덜 자극적인 사진을 사용했기 때문이 아닐까 추측한다. 사진: 조선일보.

21일 자 ≪조선일보≫ 1면에 실렸다.

박정희 대통령 시절, 만약 청와대 사진기자가 아닌 기자가 우연히 대통령 사진을 찍는다면 어떻게 되었을까? 신문에 사진이 실릴 수 있었을까?

1988년 사진기자회보에 실린 홍훈자 전 강원일보 사진부 기자의 회고담 「카메라를 들고 있는 박 대통령」의 일부다.

1973년 6월 6일 일요당직 도중 카메라만 한 대 매고 소양강댐으로 떠났다. 막 차에서 내리려는데 검은 리무진 두 대가 내 앞에 서는 것이 아닌가. 외국에서 온 귀빈이려니 생각했는데 그 차에서는 박정희 대통령 내외와 근혜, 지만, 그리고 경호원 약간 명이 내리는 모습이 보였다. 그 순간 나는 가장 가까운 거리로 접근하여 촬영을 하려는데 경호원이 몸으로 막는다. 신경전을 벌이고 있는데 1개월 전 잠업대회에서 안면이 있으신 육영수 여사께서 날 알아보시고는 대통령께 인사까지 시켜주면서 경호원들 손에서 자유롭게 되었다. 나는 박 대통령이 카메라를 들고 걷는 모습을 매우 가까운 거리에서 함께 이야기까지 나누면서 계속 셔터를 눌렀다. 약 2분간의 짧은 시간이었다. 사진을 청와대로 보내 줄 것을 당부하며 박 대통령 부부는 다시 리무진에 올랐다. …… 편집국장 책상에 사진들을 모두 인화해 펼치니 모두가 놀라는 눈치였다. 청와대 출입기자가 아닌 지방 기자들에게는 촬영하기 힘든 순간의 사진을 촬영해서 국장은 기뻐했다. …… 이 사진은 보도사진전에서 동상을 받게 되고 강원일보사를 알리는 좋은 기회가 되었다(전민조, 2007: 146).

4. 전두환 대통령
많은 양의 사진을 배포한 군인 출신 대통령

박정희 대통령 이후에도 대통령 사진을 청와대가 직접 관리하거나 통제하는 관행은 계속되었다. 관공서에 걸려 있던 고 박정희 대통령의 사진은 1979년 12월 8일까지 모두 철거되고 잠시 최규하 대통령 사진으로 대체되었다. 전두환 대통령의 사진은 1980년 9월 1일 대통령 취임식이 끝난 직후 정부가 배포한 통일된 판본으로 게시되었다. 군인 출신의 전두환 대통령은 군복을 입지 않고, 감색 양복에 흰 와이셔츠, 검은색 바탕에 흰 무늬 넥타이 차림으로 배포용 사진을 촬영하는 데 임했고 전국적으로 약 6만 장의 초상 사진이 배포되었다. 당시 ≪동아일보≫ 기사를 참고해 보자.

정부는 1980년 9월 1일 대통령 취임식이 끝나는 대로 전국 관공서에 전두환 대통령의 사진을 배포, 게시할 방침. 문공부는 전 대통령의 사진을 전국관공서에 게시하기 위해 감색 양복에 흰 와이셔츠 검은색 바탕에 흰무늬 넥타이 차림의 천연색 사진을 소형(가로 34cm, 세로 43cm) 5만 장과 대형(가로 48cm, 세로 61cm) 1만 장을 제작해 놓고 있다. 문공부는 또

"군인보다는 선비처럼 …", 1984년 1월 1일 신년사 하는 전두환 대통령. 사진: 청와대.

대통령 취임식과 관련, 원색 사진을 곁들인 1백 페이지짜리 신국판으로
'새 시대의 지도자 전두환 대통령' 약 30만 부와 취임사 해설 팜플렛 20만
부를 만들어 널리 홍보할 계획(≪동아일보≫, 1980.8.29: 3).

전두환 대통령은 초상 사진 이외에 기념우표를 통해서도 국민들에게
홍보하려 했다. 전두환 대통령의 얼굴은 재임 7년 6개월 동안 모두 47회
의 기념우표에 등장했다. 외국 순방 때마다 해당 국가의 원수와 동반해
우표에 등장하기도 했다. 박정희 대통령 18년 동안 24회, 이승만 대통령
11년 8개월 동안 12회에 비해 크게 증가했다(≪동아일보≫, 1991.4.7: 15).
그 후 현직 대통령의 경우 취임 때 1회에 한해 우표로 발행하는 것이
1988년 노태우 대통령부터 관례가 됐다. 다만 김대중 전 대통령 우표는
노벨평화상 수상 기념까지 포함해 2회 발행됐다.
　　전두환의 5공화국 정부는 처음부터 강압 조치를 통해 언론을 무력화
하고 권력의 도구로 삼았다(양승목, 1995: 104). 한 도에 하나의 일간지

만 허용한다는 원칙을 내세워 지방 신문사를 10개로 줄였고, 방송국과 통신사는 강제 합병시켰다. 그 결과 신문사는 28개에서 14개로, 방송사는 29개에서 3개로, 통신사는 7개에서 1개로 줄어들었다. 1980년 12월 31일 공포된 '언론기본법'은 정부의 자의적 판단에 따라 언론에 대해 어떤 조치라도 취할 수 있는 합법적인 제도적 장치였다.

1980년대 전두환 정부는 청와대 출입을 중앙 언론 11개 사 25명(사진기자 12명 포함)에게만 허용하고, 지방 언론과 경제신문은 불허했다. 청와대의 지침에서 벗어난 보도는 철저하게 통제되었고, 개인적인 취재도 허락되지 않았다. 기자실 제도는 전두환 정부의 언론 정책으로 더욱 공고하게 자리 잡게 되었다. 사진기자들이 청와대에 출입하기 시작한 것도 전두환 정부 시절이다.

전두환 대통령 시기에는 출처도 알 수 없고 촬영 날짜도 없는 대통령의 가족사진이 신문에 실리기도 했다(≪동아일보≫, 1981.1.1: 1).[5] 대통령이 신문을 압박했기에 가능한 편집이었다.

5. 노태우 대통령
웃기 시작한 대통령

복수의 사진기자들이 대통령 사진을 찍기 시작한 것은 노태우 대통령 이후부터다. 김성배 당시 서울신문 사진기자의 회고다.

1988년 3월의 일이다. 노태우 대통령 취임 후 첫 회견에서 6대 일간지와 2개 TV 영자지, 1개의 통신사 사진기자 11명이 대통령 기자회견장에서 열심히 취재 경쟁을 벌였다. 조용조용하게 말을 잇는 노태우 대통령의

---

5   ≪조선일보≫와 ≪한국일보≫, ≪경향신문≫ 등에도 같은 사진이 실렸다.

말소리에 카메라 셔터 소리는 유난히 크고 요란스럽게 들렸다. 정말 오랜만에 국가 원수의 청와대 사진 취재가 열렸다. 기자회견 하던 날, 모든 일간지의 1면에는 힘차고 활기찬 모습의 대통령 사진이 제각기 다른 표정과 자연스런 모습으로 1면을 장식했다. 정말 멋진 대통령의 표정이었다. 오랜만에, 그야말로 오랜 가뭄 끝에 내린 단비같이 - 정말 오랜만에 보는 국가 원수의 얼굴이었다. 왜 이처럼 진작 청와대의 문을 열지 않았는지?(김성배, 1993: 463)

민주화라는 사회개혁 프로그램 안에 언론의 자유화와 개방화를 포함시켰던 노태우 대통령의 6공화국 정부는 전두환 대통령의 5공화국 정부처럼 언론에 채찍을 휘두르는 강압적 통제 방식을 쓸 수 없었고 언론의 자율성을 확대시키는 계기가 되었다.

언론학자 윤영철(1995)에 따르면, 1987년 이후 권력구조가 보다 다원적으로 재편성되고 정치 세력들 간의 정권 획득을 위한 경쟁이 본격화되는 정치 환경에서, 상대적으로 약화된 집권 세력은 '국가흡수적' 언론통제에 쓰이는 정치적·경제적 비용을 감당할 수 없어 국민들에게 '언론개혁'을 약속한다. 제6공화국의 노태우 대통령은 1987년 6월 29일 민정당 대표 자격으로 직선제를 수용하고 김대중을 사면 복원한다는 민주화 특별선언을 발표했다. "정부는 언론을 장악할 수도 없고 장악하려고 시도해서도 안 된다"라고도 말했다.

한국일보 이기룡 기자는 당시 청와대를 출입하는 한편, 한국사진기자회 사무국장을 맡고 있어 상황을 주시하고 있었는데 필자와의 전화 인터뷰(2024년 5월)를 통해 그때를 이렇게 회고했다.

기존에 청와대 홍보를 담당하던 사람들은 군인 출신이 많았는데 사진기자를 귀찮아했다. 똑같은 사진을 주면 주는 대로 사용하면 되지 왜 따로 찍으려 하느냐는 태도였다. 하지만 1984년 미국 LA 올림픽과 1986년 서울 아시안게임 등을 거치면서 전 세계가 영상 이미지에 대해 눈을 뜨는 분위기였다. 신문에서도 1단 기사가 사진이 첨부되면 3단 기사로 커지는 것을 눈치 빠른 참모들과 대통령 후보도 알게 되면서 분위기가 달라지기 시작했다. 대표적인 게 1987년 대통령 선거 군중 유세를 하면서 사진기자들이 포즈를 취해 달라고 요청하는 것을 들어주기 시작했다.

당시 전두환 대통령 이후 차기 대통령 후보였던 노태우의 인맥 가운데는 김윤환, 최병렬 등 언론인 출신과 김임제 등 광고 회사 출신의 이미지 메이커들이 있었다. 이들은 탈권위주의 이미지를 만들기 위해 1980년 아카데미 최우수작품상을 수상한 미국 영화 〈보통 사람들(Ordinary People)〉에서 아이디어를 얻어 '위대한 보통 사람'이라는 캐치프레이즈를 만들었다(강준식, 2011: 311).

노태우는 군인 출신이지만 부드러운 인상과 조용한 말투어서 '보통 사람' 이미지에 도움이 되었다. 그는 이 이미지를 굳히고자 집권한 해에 시장을 많이 방문했고 평상복 차림으로 가족들과 함께 앨범을 들여다보는 서민 가장의 이미지를 연출했다(강준식, 2011: 311).

집권당인 민주정의당 총재 자격으로 1987년 9월 미국을 방문해 레이건 대통령과 접견하는 노태우 대통령은 다리를 꼬고 앉아 미국 대통령과 대등한 장면을 연출함으로써 국제 지도자의 이미지까지 창출해 냈다(박종렬, 1992; 강준식, 2011: 312). 이 장면은 사진엽서로 만들어지기도 했다.

노태우는 1987년 대통령선거 후보 시절 당시 군사정권의 부정적 이미지를 해소하기 위해 선거홍보용으로 어린이를 안은 모습을 보였다. 대통령 당선 후에는 권위주의를 청산한다는 의미에서 서울시청 현관에 대통령 사진이 아닌 어린이들의 사진을 내걸기도 했다.

청와대 안에서의 이미지 메이킹도 노태우 대통령 시절 본격적으로 시작되었다. 1991년 1월 8일 자 ≪동아일보≫ 1면에 실린 노태우 대통령 연두기자회견 사진에서는 대통령의 뒤쪽에 태극기가 놓여 있다. 카메

노태우 대통령이 어린이날인 1988년 5월 5일 청와대 녹지원으로 벽지 및 섬지방 어린이와 소년·소녀 가장 등 400여 명을 초청해 즐거운 시간을 보내고 있다. 사진: 청와대사진기자단.

라를 응시하는 노태우 대통령은 오른손에 볼펜을 든 채 양손을 움직이며 대화를 하는 모습을 보여준다. 대통령이 연두기자회견을 하면서 태극기를 배경으로 사용하는 관행도 이때부터 나타나기 시작했다.

그러나 노태우 대통령은 이전의 대통령에 비해 신문에 등장하는 횟수가 적었다. 심인(2012)의 연구에서도 나타나듯이 노태우 대통령은 국민의 관심 사항이 아닐 정도로 무시되었고, 그러한 정서는 신문에서 대통령의 얼굴이 거의 사라졌다는 사실에서도 그대로 나타난다. 1960년대부터 1980년대 중반까지 매년 1월 1일 자 신문 지면에 등장하던 대통령 사진이 노태우 대통령 이후부터는 나흘이나 닷새 정도 지난 후에 게재되는 경우도 생겼다. 이것은 대통령이 더 이상 분권화된 사회에서 공동체의 중심이 아니라는 것을 의미한다.

노태우 대통령 시절 이후 청와대 사진 취재의 형식은 큰 변화 없이 이어지고 있다.

6. 김영삼 대통령

사진기자를 가장 많이 이용한 대통령

YS는 사진을 좋아하는 대통령이었다. 그리고 사진을 잘 아는 대통령이었다. 군인 출신 전두환, 노태우 대통령 시대와 단절하고, 김영삼 대통령이 명실상부한 문민정부의 시대를 열었다. 집권 첫날 청와대에 영상을 찍으러 들어간 당시 공중파 방송 카메라맨 이재은 기자(이후 충주 MBC 사장)에 따르면, 당시 대통령이 사진을 워낙 중시하는 분위기라 사진기자들이 "화면이 잘 안 받는다"라고 조언하자 다음 날 참모들이 대통령 뒤에 있는 소나무 그림을 바로 철거하기도 했다.

김영삼 대통령은 청와대에서 아침마다 조깅을 했고, 해외 순방 기간 동안 기자들이 그걸 촬영하러 나오지 않으면 언짢아했다. 순방에 동행한 출입기자들은 신문에 쓰지도 않을 사진을 찍기 위해 새벽부터 카메라를 들고 나가기도 했다.

김영삼 대통령은 사진기자들을 많이 활용했다. 전 세계 정상들과 찍은 합동 기념사진에서조차 카메라맨들을 위해 주도적으로 포즈를 취했다. 다자간 회의에 가면 갑자기 손을 들었다. 미국 클린턴 옆에서 그러면 마치 행사의 호스트처럼 보인다(김녕만, 2002: 96). 다음은 APEC 당시 상황을 글로 옮긴 김녕만 사진기자의 경험담이다.

APEC 같이 20여 명 이상의 각국 정상들이 모이는 국제회의에서는 사진기자를 위한 시간이 별도로 마련된다. 많은 정상들이 테이블에 앉아 회의를 하는 장면만으로는 좋은 사진이 나오지 않으므로, 각국 정상들이 야외 정원에 모여 자연스럽게 산책하며 대화 나누는 포즈를 연출할 시간을 갖는 것이다. 이때 스타는 단연 미국 대통령이다. 어떻게 보면 미국 대통령과 사진 찍는 시간 같은 느낌인데, 서로 미국 대통령과 가깝게 걸으면서 이야기를 나누려고 한다. 그런데, 우리의 김영삼 대통령이 가장

1994년 11월 15일 APEC 정상회담이 끝난 뒤 장쩌민 중국 국가주석, 맥레오드 홍콩 재무
장관, 김영삼 대통령, 마하티르 말레이시아 총리, 클린턴 미국 대통령, 수하르토 인도네시
아 대통령, 무라야마 일본 총리(왼쪽 두번째부터)가 인도네시아 전통의 바틱셔츠 차림으로
포즈를 취하고 있다. 사진: 청와대사진기자단.

적극적이다. 계속 클린턴 대통령과 이야기를 나누며 걸어서 타국 사진
기자의 애를 태웠다. 각국의 사진기자들이 자신의 대통령이 미국 대통
령과 이야기하는 장면을 포착하려고 아무리 기다려도 기회가 오지 않기
때문이다. 어디 그뿐인가. 각국 정상들이 일렬로 서서 기념 촬영을 하는
순간에 가장 먼저 손을 번쩍 들어서 사진기자의 시선을 끄는 대통령도
김영삼 대통령이었다. 미국 대통령에게 안내하는 듯한 포즈를 취한다던
지 갑자기 가슴 높이로 손을 잠깐 드는 방식이었다(김녕만, 2002: 95).

  신문은 그 사진을 선택해서 사용했다. 미디어 프렌들리한 정치인은
기자들의 지지를 받을 가능성이 높다. 뉴스를 만들어주기 때문이다.
  김영삼 대통령 시절 특이한 점은 배포한 초상 사진이 중간에 교체된 일

이다. 1994년 11월 28일부터 관공서 등에 걸려 있던 김영삼 대통령의 사진이 너무 근엄하다는 지적에 따라 부드러운 미소를 띤 모습으로 바꾼 새 사진을 배포했다(≪경향신문≫, 1994.11.29). 청와대공보처는 1994년 11월 18일 그때까지 사용되고 있던 입을 굳게 다문 모습의 김영삼 대통령 사진을 자연스런 모습의 사진으로 바꾸기로 하고 소요량을 조사 중이라 밝혔다. 새로 제작된 김 대통령 사진은 앉아서 웃는 모습의 상반신 가로형과 세로형, 사무실에 서서 책 읽는 모습의 상반신 세로형 등 세 가지였다.

공보처 관계자는 "청와대에서 국민들에게 친숙한 느낌을 주기 위해 사진을 바꾸어야 한다는 의견이 제시돼 작업에 착수했다"라며 "빠르면 연말쯤부터 일선 기관에 배포할 계획"이라고 말했다(≪동아일보≫, 1994. 11.19).

YS는 왜 카메라를 좋아하게 되었을까? 그는 야당 정치인 생활을 오랫동안 했다. 그의 투쟁을 지켜봐 준 것은 기자들이었고 그것을 세상에 알려준 것도 기자들이었다. 사람들은 그에 따라 YS를 이해했고, 민주화의 상징 정치인 이미지도 가질 수 있었다. "닭의 목을 비틀어도 새벽이 온다"라는 말을 녹음할 수 있는 마이크가 없었다면, 목숨을 건 단식을 하며 침대에 누워 있는 그를 촬영할 수 있는 카메라가 없었다면 YS의 존재가 세상에 알려지기는 쉽지 않았을 것이다. 미디어에 대한 훈련뿐만 아니라 활용 방법에 대한 감각이 야당 시절 이미 형성되었다는 분석이 가능하다. 당연히 집권 기간 동안 카메라를 좋아할 수밖에 없었다.

7. 김대중 대통령
카메라보다는 일에 집중했던 대통령

김대중 대통령을 사진 찍는 것은 힘이 들었습니다. 청와대에서 열리는 회의에 들어가서 취재를 하면 초반 발언 모습을 촬영하고 나와야 하는

데 김대중 대통령은 사진기자들을 의식하지 않고 회의 서류를 보면서 바로 회의에 집중했습니다. 애를 많이 먹었죠.

김영삼 정부와 김대중 정부 시절 청와대를 출입한 전 동아일보 김녕만 사진기자가 필자와의 인터뷰(2024년 4월)에서 밝힌 내용이다. 당시 새정치국민회의를 오랫동안 출입한 사진기자들도 대체로 이런 평가에 고개를 끄덕인다.

김대중 대통령이 본능적으로 사진보다는 일 자체에 집중했다는 것을 잘 보여주는 사례는 북한의 김정일 국방위원장을 만났을 때다. 2000년 6월 평양에서 열린 제1차 남북정상회담 일정을 취재한 한국 사진기자들은 국민일보 강민석, 한국일보 최규성, 경향신문 김석구, 세계일보 김창규, 서울신문 박영군, 한겨레 진천규, 연합뉴스 박일, 청와대 전속 최동식 이렇게 8명이었다. 이들의 말을 종합해 보면 2000년 평양에서 만난 북한 김정일 위원장은 사진을 굉장히 의식했으며 그래서 사진 찍기 쉬운 정치인이었다. 이들 중 평양 순안 공항에서 분단 후 첫 악수를 나누는 남북 정상을 근접 촬영한 사람은 국민일보 강민석, 경향신문 김석구 기자 2명이었다. 청와대 전속은 이 일정을 몰라 남북한 정상의 첫 만남이 공식적으로 예고된 백화원 초대소로 이동하는 중이었다. 강민석 기자는 필자와의 대화에서 "김대중 대통령은 감격했고 김정일 위원장으로부터 눈을 떼지 못했다. 반면 김정일 위원장은 악수를 하는 순간 사진기자를 의식했으며 의도적으로 포즈를 취해주기도 했다. 김대중 대통령이 김정일 위원장 쪽으로 걸어갔다"라고 했다.

그렇지만, 김대중 대통령도 역사적 사건을 기록으로 남겨야 하는 상황에서는 적극적으로 사진기자들을 도와주었다.

1997년 대통령 선거 당시 새정치국민회의 김대중 대통령 후보자 캠프는 사진기자들을 위해 이동식 계단을 직접 만들어 트럭에 싣고 다니며 연단 앞에 설치해 주었다. 촬영을 희망하는 모든 사진기자들이 1단, 2단,

KBS 공개홀에서 진행된 〈국민과의 TV대화〉장면. 1998년 1월 18일, 800여 명에 이르는 각계 각층의 방청객이 국민의 질문에 대한 김대중 차기 대통령의 답변을 관심 있게 지켜보고 있다. 미국 정치 사진에서 시작된 타운홀 미팅 형식의 대담 사진이 처음 등장했다.
사진: 국회사진기자단(동아일보DB).

3단에 각각 위치해 안정적으로 사진을 찍게 하기 위한 조치였다. 언론과 현장 기자들과 어떻게 협력하는 것이 후보자에게 유리한지를 정확하게 알고 있던 박지원 비서실장의 아이디어로 알려져 있다. 대통령 유세에 모인 시민의 규모를 보여줄 사진은 후보자로서는 아주 중요하다. 사진기자들에게 안정된 앵글을 확보해 준다면 지지자들의 규모와 열기를 잘 전달할 수 있다. 엄밀히 말하면 김대중 대통령의 참모 특히 박지원 비서실장이 사진을 위해 이렇게 저렇게 하라는 조언을 했고, 김대중 대통령이 이를 거부하지 않고 따르는 식이었다는 것이 동아일보 석동률 기자의 회고다. 미국 정치 사진에서 많이 발견되는 타운홀 미팅 형식의 대담도 우리나라에서는 김대중 대통령 시절 시작되었다고 볼 수 있다.

2000년 남북정상회담 김대중 대통령과 김정일 국방위원장이 남북공동선언문에 극적으로 합의한 후 두 손을 위로 들어 보이는 사진은 사후에 연출한 사진이다. 당시 목란관에서 열린 만찬 일정은 초반부에만 잠깐 포토 세션 형식으로 공개되었으며 나머지는 비공개로 진행되었다.[6] 사진기자들이 만찬장을 모두 빠져나간 상황에서 양국 정상 간의 대화가 급진전되었고, 만찬 끝 무렵 두 정상이 선언문 항목에 합의하고 손을 맞잡는 상황이 벌어졌다. 이 장면이 우리 측 카메라에 담기지 않은 것을 확인한 박준영 공보수석이 급히 사진기자들을 만찬장 안으로 불렀다. 김정일 위원장에게 "다시 손을 맞잡아 줄 수 있겠느냐"고 물었고 김 위원장이 김 대통령에게 "그러면 우리 배우 노릇 한번 더 합시다"라고 말하며 연단으로 나가 다시 포즈를 취했다. 다시 만찬장으로 들어간 한국 사진기자는 김 대통령과 김 위원장의 모습을 촬영할 수 있었다.

김대중 대통령은 군부대에 대통령 사진을 내걸던 관행을 타파하려 했고, 실제로 각급 군부대에서 대통령 사진이 한때 사라졌었다. 하지만 몇 달 후 군의 사기 진작과 강력한 지휘 체계 확립을 위한다는 명목으로 다시 등장했으며 이러한 관행은 오늘날까지 이어지고 있다.

1998년 1월, 김대중 대통령 당선자가 "관공서는 물론 군부대에서도 대통령 사진을 걸지 않는 방안을 검토"하라고 지시했으나, 1월 13일 대통령직인수위원회 정책분과위(간사 이해찬) 회의 결과 '외교 관행상' 재외 공관에는 대통령의 사진을 걸기로 결정했다(≪경향신문≫, 1998.1.15).

각급 군부대에서 사라졌던 대통령 사진이 군의 사기 진작과 강력한 지휘 체계 확립을 위해 1998년 5월 다시 등장했다. 국방부에서 '대통령 임명장을 받는 장성급 지휘 부대에 존영을 게시하도록 해달라고 건의'한 것이 받아들여진 것이다. 당시 기사에 따르면 "국방부는 지난 2월 말 김대중 대통령이 취임한 후 청와대 측에 세 차례에 걸쳐 대통령 존영을 각급 부대에 게시하는 것은 군의 사기 진작과 군 최고통수권자에 대한

---

6   남북정상회담뿐만 아니라 국제 무대에서도 양국 정상의 조찬, 오찬, 만찬 등은 기자들에게는 물론이고 전속에게도 비공개인 경우가 있다. 우리 정치에서는 식사를 같이하는 것이 정치의 한 요소이지만, 다른 국가에서는 사적인 일정으로 보는 것 같다.

절대 충성 및 강력한 지휘 체계를 상징한다며 대통령 존영 게시를 건의했다. 대통령은 이에 별다른 반응을 보이지 않다가 군 지휘통수권자에 대한 예우로 게시하고 있는 외국군의 사례 제시와 군 사기를 위해 게시하는 것이 바람직하다는 비서실장의 건의에 결국 군부대 대통령존영 게시를 승인"했다(≪매일경제≫, 1998.5.27). 일선 부대에 모두 464장의 대통령 사진이 부착되었다(≪경향신문≫, 1998.5.27). 해외 공관 사진을 합치더라도 전두환 대통령 시절 청와대가 전국에 배포하기 위해 준비했던 6만 장과 비교해 보면 큰 변화다.

김영삼 정부 시절에는 67명의 기자가 청와대를 출입했다. 당시 기사 취재를 담당하는 청와대 풀 기자단은 16개 언론사 총 20명으로 구성되었으며 5개 경제신문사는 1993년 6월 말부터 경제 관련 행사 때에만 풀 기자단에 참여했다. 또한 지방 언론사는 1991년 1월부터 청와대 출입을 시작했다. 김대중 대통령의 국민의 정부에서는 조금 늘어 84명의 기자가 청와대 출입했는데, 중앙 기자단 25개 사 30명, 지방 기자단 23개 사 23명, TV/사진 기자단 20개 사 31명이었다.

8. 노무현 대통령
인터넷을 통한 직접 홍보에 눈뜬 대통령

노무현 대통령은 소통과 대중적 이미지 구축에서 혁신적인 접근을 시도했다. 인터넷과 소셜미디어를 적극 활용해 대중과 직접 소통하는 새로운 방식을 도입했는데, 2003년 기자실을 폐지하고 개방형 브리핑룸 제도를 도입해 춘추관을 전면 개방했다. 그러나 개방이라는 표현과는 달리, 역설적이게도 출입기자들이 대통령과 참모들의 일정을 직접 취재할 수 있는 기회가 현저히 줄어든 계기도 노무현 정부부터다. 기자들이 참모들의 사무실로 들어가는 것이 원천 봉쇄되었고 참모들이 브리핑룸으로 찾아오는 방식으로 바뀌었기 때문이다. 김대중 대통령 시절만 해도 출입기자들이 비서동으로 하루 두 차례, 1시간씩 직접 방문해 취재할 수 있었다. 그런데 노무현 대통령 시기에 청와대의 기자실 공간인 춘추관과 본관 사이에 검색대를 설치해 통과 절차가 생김으로써 청와대에서 공식적으로 기자들을 부르기 전에는 들어갈 수 없는 공간이 되었다.

또한, 내용적인 면에서 노무현 대통령은 선거 운동 기간부터 서민적 이미지를 강조하며 대중에게 다가갔다. 이는 미국 대통령 선거에서 몇몇 후보들이 활용했던 '아웃사이더' 전략을 연상시키는 방식이었다. 통기타를 연주하며 「상록수」를 부르는 모습이나 눈물을 흘리는 모습, 그리고 노동자들과 함께 있는 모습을 담은 영상을 연이어 공개함으로써 그는 기존의 정치적 엘리트와는 다른 정치인의 이미지를 구축하려 했다.

노무현 대통령의 이러한 접근 방식은 그가 대중과 소통하고 그들의 지지를 얻기 위해 사용한 다양한 수단과 전략들 중 하나로, 정치 커뮤니케이션의 새로운 지평을 열었다고 평가받는다.

서민적인 이미지를 보여주는 것은 선거 기간에는 유용한 이미지 관리 방법일 수 있으나 대통령이 된 후에는 대중을 설득하기 어렵다고 주장하는 언론학자들이 많다. 대통령은 지지자의 기대에만 부응하는 것으로는 부족하다. 국가 전체를 대표하는 결정을 해야 할 경우가 많기 때문이다. 그리고 그 과정에서 기존의 '친서민 이미지'는 오히려 정책 추진의 발목을 잡을 수도 있다.

노무현 대통령 역시 국제정치 속에서 우리 군대의 해외 파병을 결정해야 했다. 2004년 12월 8일 이라크 자이툰 부대에서 있었던 일이다. 당시 노무현 대통령은 미국의 요청에 따라 해외 분쟁지역에 국군을 파견한 통수권자로서, 국익을 위한 결정이었지만 여론, 특히 대통령으로 뽑아줬던 지지자들의 비난을 받았다. 그런데 해외 순방 중 갑작스럽게 일정에 포함된 자이툰 부대 방문에서 청와대는 의외의 사진을 '건졌다'. 한 사병이 "한번 안아봐도 되겠습니까?"라며 대통령에게 와락 안겼다. 경

ⓒ 박상문

2004년 12월 8일 노무현 대통령이 이라크 아르빌에 주둔 중인 자이툰 부대 숙영지 내 병원으로
이동하던 중 한 병사의 기습 포옹을 받고 활짝 웃고 있다.

호를 뚫고 갑자기 벌어진 장면에 다들 당황했지만, 이 사진은 대통령의
진심을 보여주는 상징으로 회자되었고, 특히 보수 여론을 대통령의 파
병 결정을 지지하는 쪽으로 돌리는 역할을 했다. 당시 청와대 인사들은
그 사진을 찍은 문화일보 박상문 기자에게 감사 인사를 전했고, 노무현
대통령도 그해 기자단 송년회에서 직접 박 기자의 손을 들어 올리며 "대
한민국 최고의 사진기자"라고 소개했다.

　인간적인 모습의 대통령이면서, 국민과 진짜 포옹을 할 수 있는 대통

령이라는 이미지가 형성되는 데 이 사진의 역할이 컸을 것이다.

　노무현 대통령은 대중에게 자신도 한 명의 서민으로 받아들여지길 바랐던 것으로 보인다. 노무현 전 대통령 사후 전속 사진가가 공개한 사진에서 그는 대통령이 아닌 서민의 모습으로 돌아왔다.

9. 이명박 대통령
언론을 불신한 대통령의 이미지 구축을 위한 자구 노력

　청와대 기사는 예민한 파장을 불러오기 때문에 다른 기사에 비해 기자의 재량권이 적게 개입한다. 그래서 불편한 기사를 쓸 경우 출입기자의 이름이 아닌 다른 기자가 대표 필자로 등장하는 경우도 많다(남재일, 2005: 25). 대통령을 찍은 사진의 경우도 사진기자가 현장을 해석할 수 있는 여지가 많지 않다. 그러다 보니 정형화된 기록사진에 머문다. 그것은 청와대를 출입하는 사진기자의 숙명과도 같다. 하지만 청와대와 언론의 관계가 어그러지면 대통령을 단순히 기록하는 것이 아니라 평가하고 해석하는 사진이 많아진다. 대통령의 뒷모습 또는 곤혹스런 표정 사진의 비중이 높아지는 경향이 생겨난다. 이러다 보면 대통령실은 점점 더 출입기자들을 멀리하게 된다.

　이명박 대통령은 2008년 취임 6개월 만에 미국산 쇠고기 파동에 휩쓸려 대규모 저항에 부딪혔다. 시위대는 대통령을 이 메가바이트(2mb)로 조롱하고 광화문 광장에 설치된 경찰 바리케이드에는 명박산성이라는 부정적인 이름을 붙였다. MBC 〈PD수첩〉이 "미국산 쇠고기, 과연 광우병에서 안전한가"라는 제목의 방송을 내보내면서 시위가 격화되는 가운데, 이 대통령은 언론 환경이 새 정부에 불리하다고 인식하게 된다(이명박, 2015: 117).

　대통령실이 기자들을 멀리하고 자체적으로 홍보활동을 전개하는 데에 대해 사진기자들이 동의하지 않는다는 것을 직접적으로 표출한 것이 이명박 대통령 시절이다. 2008년도 하반기에 청와대출입사진기자단이 성명서와 기자 칼럼(≪조선일보≫, 2008.12.22) 등을 통해 대통령실이 기자들의 접근을 막고 제공 사진을 통해 이미지 관리를 하려 한다고 비판했다. 사진기자단이 청와대를 대상으로 공식 항의한 것은 처음 있는 일이었다.

청와대 참모들과 논쟁이 격화되면서 당시 청와대출입사진기자단이 각 신문사 편집국장을 상대로 입장문을 보내는 상황까지 벌어졌다. 내용은 다음과 같다.

청와대 제공 사진 사용에 대한 청와대출입사진기자단의 입장
수신: 각 신문사 편집국장
참조: 사진부장
발신: 청와대출입사진기자단.
일시: 2009년 1월 7일

신문(통신)제작에 노고가 많으신 각 신문사(통신사)사 편집국장께.
청와대 제공 사진 사용에 대한 청와대 사진기자단의 입장을 전달하고자 합니다.
언론의 중요한 기능 중의 하나가 권력에 대한 비판과 감시의 기능입니다.
청와대출입사진기자단은 불가피한경우가 아니면 대통령에 대한 사진 취재를 불편부당한 기자의 시각에서 취재(촬영)하고 대통령의 일거수일투족을 국민들에게 알려야 할 의무가 있습니다. 그럼에도 불구하고 현 정부 들어서는 빈번히 시간과 장소의의 불가피성을 이유로 대통령 전속 사진사가 촬영한 사진을 받아서 쓰라는 식의 태도를 보였습니다.
이에 우리 청와대 사진기자단은 가능한 한 사진기자들이 현장에 접근할 수 있도록 요청했으나 번번이 묵살되는 경우가 많았습니다.

위와 같은 상황을 아무 비판 없이 그대로 받아들인다는 것은 우리들 스스로의 임무를 방기하는 것이라 생각하고 청와대 측에서 일방적으로 제공하는 사진의 사용을 제한하여 청와대 측이 보여주고 싶은 부분만 보여 주는 행태를 제한하고자 청와대 제공 사진에 대해 신문(통신)에 게재하지 않는 것을 원칙으로 하며 위반 시에는 출입 정지 1개월의 조치를 취하고자 합니다.

이는 청와대출입사진기자단의 정보접근권을 보장받고 불편부당한 보도를 하기위한 것으로 청와대출입사진기자들의 정당한 요구가 관철될 수 있도록 신문 제작의 일선에서 책임을 맡고 있는 편집국장들께서 협조하여 주시기 바랍니다.

청와대출입사진기자단 일동

이 일이 있은 이후에도 사진기자와 청와대의 갈등이 표면화된 일이 또 있었다. 2009년 9월 16일 대통령 특사로 유럽 순방을 마치고 귀국한 박근혜 전 한나라당 대표의 귀국 보고를 위한 단독 회동이 또다시 기자 비공개로 진행됐다. 사진도 청와대에서 촬영한 것을 제공하자 당시 청와대출입사진기자단이 또다시 항의했다. 언론사에서는 출입기자단의 입장을 참고만 할 뿐, 청와대에 대해 공식적인 대응을 하지는 않았다. 2013년 오바마 정부와 백악관사진기자단이 갈등을 빚었을 때 취재기자들과 언론사가 함께 움직였던 미국과는 차이가 있다.

남아 있는 자료만 보면 이명박 대통령 시절 청와대와 사진기자단의 관계는 긴장 관계만 있었던 것 같지만 당시 기자단 간사를 맡았던 매일경제신문 박상선 기자는 필자와의 대화(2024년 3월)에서 "초반의 혼란기를 넘어가면서 협조적인 관계로 변했었다"라고 말했다. 특히 임기 중반을 넘기면서 사진기자들의 동선에 대해 경호실의 허용 정도가 아주 높아졌으며, 그런 변화는 이미지에 대한 관심이 높아졌기 때문에 가능했을 것이라는 분석도 덧붙였다.

이명박 대통령이 2010년 5월 24일 서울 용산 전쟁기념관 호국추모실에서 천안함 사건과 관련한 대국민 담화문을 발표하기 위해 입장하고 있다. 이 대통령은 호국 영령 흉상이 지켜보는 호국전시실 복도를 시종 굳은 표정으로 걸어온 뒤 10분간 발표한 담화를 통해 북한의 어떠한 도발도 용납하지 않겠다며 단호한 태도를 보였다. '병풍' 역할을 하는 참모들을 사진에 등장시키지 않으려는 기획으로 평가받았다. 사진: 청와대사진기자단.

　이명박 대통령 정부의 청와대 홍보라인은 2009년 11월 국내 대형 광고회사인 제일기획에 컨설팅을 의뢰해 신문과 방송으로 보도되는 이명박 대통령의 사진과 영상을 어떻게 하면 세련되게 바꿀 수 있는지 연구했다.

　컨설팅 결과의 전체거 공개되지는 않았지만 당시 ≪중앙일보≫ 보도를 보면 ① 사진의 배경이 되는 '병풍' 역할의 사람 숫자가 너무 많아 어수선하며, ② 오바마의 이미지를 벤치마킹하라는 내용이 있었다고 한다 (≪중앙일보≫, 2009.12.2). 초반의 어색했던 언론과의 관계에서 벗어나 나름대로 이미지를 만들어 국민들에게 다가가는 데 언론이 중요하다는 것을 인식했다고 평가할 수 있다.

10. 박근혜 대통령

클로즈업과 얼굴의 주름살

전직 대통령의 딸이자 국모의 이미지를 강하게 갖고 있었던 영부인의 딸이 다시 대통령이 되었다는 것은 한국 역사에서 특별한 스토리였다. 일본을 비롯한 외국 언론도 박근혜 대통령에 대해 관심이 많았고 외모부터 패션, 부모와의 유사점 등을 뉴스로 만들기도 했다. 대통령 스스로 처음부터 이미지에 관심이 많았다. 2013년 2월 취임한 박근혜 대통령은 3월 15일 학교 안전 점검을 위해 서울 종로구의 한 초등학교를 찾았다. 그다음 날 조간신문에 실린 박 대통령의 사진에는 경호원도, 수행원도 보이지 않았다. 박 대통령과 아이들만이 환하게 웃고 있었다. PI(President Identity: 대통령 이미지 통합관리)가 본격적으로 시작된 것도 바로 이때부터다(≪동아일보≫, 2013.4.27: 1).

역대 대통령이라고 해서 모두 같은 역량과 에너지를 지니고 있는 것은 아니다. 잘하는 분야와 부족한 분야가 있었을 것이고, 어떤 대통령은 미국을 1박 4일 일정으로 다녀올 만큼 체력에 자신이 있었지만 어떤 대통령은 끊임없이 휴식을 취해야 하는 경우도 있었을 것이다. 권력이 있으면 또 다른 에너지가 나온다는 정치인도 있지만, 여성 대통령으로서 분명히 체력적인 어려움이 있었을 것으로 추측된다. 대통령의 국내 일정 취재를 윤번제에 따라 2년여간 해보고 순방을 연속해서 10여 차례 동행 취재해 본 필자의 경험으로 볼 때 대통령이라는 직무의 무게감은 인간 체력의 한계를 뛰어넘는다. 당시 40대였던 필자도 특히 미국 순방 취재를 마치고 귀국한 후 회사에 정시 출근하는 것은 시차 적응 면에서 고통스러울 정도였다. 게다가 박근혜 대통령은 취임 초기, 아니 정치를 시작하면서부터 이미지를 중시했고, 본인의 사진이 어떻게 인터넷에 나오는지 관심을 기울였다. 카메라 앞에 흐트러진 모습이나 주름진 얼굴을 보이고 싶어 하지 않았다. 전속이 촬영할 수 있는 대통령의 개인 시간에 관

자료: ≪공감≫, 198호(2013.3.4) 표지; ≪공감≫, 290호(2015.1.19) 표지.

련된 사진이 거의 남지 않은 것도 이런 이유일 것이다. 이미지에 대한 관심과 강조가 오히려 정책에 집중하는 데 방해가 되었던 것은 아니었나, 결과론적인 해석을 해본다.

사진기자로서 직접 본 대통령의 실제 피부는 놀라울 정도로 팽팽했다. 주변에 있는 40대 여성의 피부와 비교해도 60대 대통령의 피부가 더 젊어 보였다. 반듯하고 생기 있는 대통령의 모습은 지지자들이 원하는 이상형이었을 수 있다. 박근혜 대통령의 가장 큰 장점을 품위(dignity)라고 지지하는 사람들도 있었기 때문이다. 하지만 외모에 신경 쓰고 몸에 투자하는 시간은 결국 대통령의 수면 시간이나 정책 연구 시간에서 빼와야 한다. 어딘가 빈틈이 생길 수 있는 것이다. 문화체육관광부에서 출판하는 ≪공감≫이라는 월간지가 있다. 정부 정책을 홍보하는 잡지인데 표지 사진에 정부의 '주인'인 박 대통령의 단독 사진이 선택되는 경우가 종종 있었다. 기자실에 비치된 잡지를 보며 대통령의 사진이 한국 정부의 대표 이미지일까 하는 의구심이 일었고, 클로즈업을 선택해야 하나 하는 걱정이 들었다. 피부 모공까지 드러내 보이는 현대의 디스플레이 기술로 여성 정치인과 여성 대통령의 경우 외모에 신경을 써야 하는 상황이 빈번할 것이다. 게다가 카메라가 대통령의 얼굴과 몸을 클로즈업하면 부담은 더 커진다. 신문사 사진기자들은 나이든 정치인이나 작가들을 촬영할 때 클로즈업보다는 분위기를 포함한 사진을 찍으려고 노력한다.

대통령이 외모에 신경을 쓰다 보면 나올 수 있는 또 하나의 문제는 정책 참모 이외에 외모 담당들이 최측근이 될 수도 있다는 점이다. 대통령의 지근거리에서 많은 시간을 보내다보면 자칫 권력도 나눠 가질 수도 있게 된다. 역사상 첫 탄핵의 시작은 "깜이 되지 않는 사람이 대통령 옆에 있었다"라는 지지층의 실망이었다는 것이 필자의 개인적인 평가다.

최순실이 비선으로 대통령에 접근할 수 있었던 역할 중 중요한 부분이 대통령의 외모에 대한 책임이었다. 젊어 보이는 시술을 제공할 수 있는 사람을 '공급'하고 원하는 스타일의 옷을 제공하는 일로 최 씨는 자신의 공간을 확보했다. 하지만 결국 박 대통령의 '약한 고리'가 됨으로써 대통령 탄핵이라는 오점을 한국 정치사에 남기게 되었다. 대통령과 정치인이 젊어 보여야 한다는 생각에서 벗어나 우아하게 늙어가는 모습을 그대로 보여주는 것, 이게 진짜 쇼 아닐까 생각한다.

11. 문재인 대통령
기존 의전을 파괴해 그림을 만들기 시작한 대통령

문재인 대통령은 노무현 대통령 시절 비서실장 등을 지내며 청와대 생활을 이미 경험한 데다 대통령 선거 운동을 두 번 치르며 당선되었다. 이는 이미지 연출과 홍보 활동에 익숙하다는 것을 의미하며, 실수할 일은 피할 줄 안다는 의미이다. 문재인 대통령의 선거 참모는 선거에 한 번 진 후 두 번째 도전에서 대형 태극기를 군중 집회에 등장시켰다. 보수층과 중도층이 갖고 있을지도 모를 애국심에 대한 의심을 불식하기 위한 장치였을 것이다.

문재인 대통령은 재임 기간에 많은 퍼포먼스에 직접 참여했다. 탁현민 전 청와대 의전비서관이 밝힌 바로는 1825일, 5년의 재임기간 동안 해외 순방 행사를 제외하고 국내 행사만 최소 1195번 치렀다(탁현민, 2023). 이 중에는 전통적 개념의 대통령 행사가 아닌 퍼포먼스가 다수 포함되어 있었다.

기존 의전을 파괴하고 새롭게 선보이는 방식으로 진행된 행사들이 몇 차례 있었다. 2020년 6월 서울광장에서 열린 6·10기념식에서 문재인 대통령 내외의 옆자리에 4부 요인(국회의장, 대법원장, 헌재소장, 국무총리)이나 정당 대표 대신에 민주화운동의 도화선이 된 이한열 열사의 어머니 배은심과 박종철 열사의 형 박종부가 앉았다. 2018년 1월 위안부 피해자 초청 행사 때에는 대통령이 관사 현관까지 직접 나가 참석자들을 영접했고, 청와대는 피해자들이 모여 사는 경기 광주 '나눔의 집'으로 청와대에서 의전 차량을 보내는 등 최고의 예우를 갖췄다. 2017년 9월 미혼모자 생활시설인 애란원 식구들이 청와대를 방문했을 때에는 아이들이 국정 행사장으로 이용된 본관에서 마음껏 뛰놀게 했다. 주요 인사 임명식 때에는 배우자 등 가족까지 초청해 꽃다발을 주는 의전도 문재인 정부 들어 처음 시행됐다.

행사의 진행 방식을 변화시키는 방법 이외에 아예 이벤트를 기획하기도 했다. 실제로는 존재하지 않지만 신문의 1면 사진이나 방송 화면을 목표로 만들어지는 이벤트를 '의사 사건'이라고 한다. 우리나라에서는 유사 이벤트나 의사 사건이라는 표현은 거의 쓰지 않고, 대부분 퍼포먼스라고 표현한다. 퍼포먼스를 만들어 정치적 메시지를 전달하고 이미지를 창조하는 것은 현대 정치에서 보편화된 커뮤니케이션 방법이다.[7]

---

[7]　뉴스가 어떻게 통제되는지 연구한 몰로치와 레스터(Molotch and Lester, 1974)는 뉴스 홍보를 관리하는 사람들이 뉴스 통제에 중요한 역할을 한다고 설명했다. 몰로치와 레스터가

문재인 대통령과 김정숙 여사가 2018년 3월 1일 제99주년 3.1절 기념식에 참석한 뒤, 서대문 형
무소 앞에서 대한독립 만세를 외치고 있다.
사진: 문재인 정부 청와대 페이스북(TheBlueHouseKR).

대중 연설을 하면서 퍼포먼스를 덧붙이면 정치적 호소는 더욱 강력한
소통의 힘을 갖게 된다. 상징, 역사적 자료, 무대 세팅을 통해 퍼포먼스
는 연설 내용을 더욱 생동감 있고 풍성하게 만든다(Howell et al., 2017.
12.27).

'이벤트 프로모터(event promoter)'라고 정의한 이들은 '일상적인 사건'과 관련해 몇 가지
방식으로 접근 권한을 얻을 수 있다.
첫째, 이벤트 프로모터는 기자들, 즉 '뉴스 수집가'에게 지속적으로 접근할 수 있는 기회를
가진다.
둘째, 이들은 자신들의 힘을 이용해 다른 사람들이 미디어에 접근하는 것을 방해할 수 있다.
셋째, 미디어의 관심을 끌기 위해 인위적으로 사건을 만들기도 한다.
이를 통해 뉴스의 흐름과 주제 선정이 일정 부분 통제될 수 있음을 보여준다.

이런 방식의 커뮤니케이션은 정치인들이 자신들의 메시지를 분명하게 전달할 수 있는 장점이 존재하지만, 정치 의제에 대한 관심보다는 퍼포먼스 그 자체에 관심이 높아지는 역효과도 나타낸다. 하지만 정치인에게는 그게 역효과가 아니라 오히려 효과일 수도 있다. 조명이나 패션, 메이크업으로 잘 포장한다면 그 자체가 하나의 현실이 되어줄 수도 있기 때문이다.

문재인 대통령은 2021년 8월 15일 홍범도 장군의 유해를 모셔오는 행사를 주최했다. 이 시기는 문 대통령의 임기가 8개월 남짓 남은 시점으로, 북한과 잠깐 재개되었던 통신선도 다시 막히고 일본과의 정상회담도 무산된 데다 코로나 확진자는 계속 늘어나는 등 청와대로서는 어려운 시간이었다. 이런 어수선한 상황에서 항일 독립운동의 대표 인물 중한 분인 홍범도 장군 유해가 한국으로 봉환되는 행사에 대통령 부부가 참석했다. 이 행사는 밤에 이뤄졌다. 밤은 감정에 호소하기 좋고 주인공에게 집중하기에도 적절한 미장센이 가능하다. 홍범도 장군에 대한 역사학계의 평가가 엇갈리는 상황에서 대통령의 역사관에 맞는 내러티브를 주류 해석으로 만드는 효과도 있었다.

문재인 대통령은 2017년 12월 16일 중국 충칭에 있는 임시정부 청사를 찾아 독립유공자 후손 등과 기념 촬영을 했는데(《동아일보》 2017.12.18), 광복 직후인 1945년 11월 김구 선생을 비롯한 임시 정부 요인들이 조국으로 돌아가기 전 촬영한 사진과 같은 구도로 촬영했다. 당시 청와대는 1945년 사진과 유사한 사진을 기자단에 제공함으로써 국민들에게 임시정부의 법통을 계승한다는 정체성을 피력했다.

2018년 3.1절 기념식은 이전에 해왔던 행사처럼 큰 강당에 모여 참석자들과 만세삼창을 하는 게 아니라 개관을 준비하던 서대문형무소역사관에서 열렸다. 정문에서 독립문 앞까지 행진하며 만세운동을 재연했고, 대통령 부부도 직접 행진에 참여했다. 한 편의 연극을 방불케 한 이날, 재연 배우 중에는 유관순과 김구 선생 역할도 있었으며 대통령은 두

루마기를 입은 채 재연의 일익을 담당했다. 문재인 대통령은 전날 열린 대구 2.28 민주화운동 기념식에서도 자유당 정권을 넘어뜨린 광장의 이미지를 자신의 이미지로 연결해 흡수하고자 했다. 이런 연출이 의도한 메시지는 무얼까? 민족의 독립과 자주를 원했던 선조들과 민주화를 이룩한 세대의 정신을 계승한 대통령이라는 의미일 것이다.

우리나라에서는 역사를 소환할 경우 정치적 효과는 아무래도 보수보다는 진보 쪽에 유리하다. 문 대통령은 이 부분을 사진으로 잘 활용한 것이다. 게다가 참모들이 행사 연출을 세트장에서 하는 것처럼 해내는 한편, 전속과 청와대출입사진기자단을 제외한 외신기자와 정부 기관의 사진 담당 공무원들의 접근을 효율적으로 차단하는 방식으로 대통령의 이미지를 관리했다.

12. 윤석열 대통령
홍보 자원 부족이라는 기울어진 운동장 위의 대통령

≪미디어오늘≫ 기사에 따르면 문재인 정부 초인 2017년 9월 기준 청와대 출입 매체 수는 181개 사, 출입기자는 345명이었다(≪미디어오늘≫, 2022.7.9). 이전 박근혜 정부보다 출입 매체는 28퍼센트, 기자는 약 17퍼센트 늘어난 수치였다.

반면 사진기자의 수는 큰 변동이 없었다. 신문 발행 시점 기준 윤석열 정부의 출입 매체는 128개 사, 출입기자는 233명이다. 이 중 사진기자는 14명이다.

문재인 정부 동안, 대통령 홍보와 연출 업무를 담당하는 전문 인력 구성이 주목받았다. 이들은 주로 1980년대 민주화운동에 참여했던 '586' 인물들과 사회운동 경력이 풍부한 인력 풀에서 선발된 사람들이었다. 이들은 청와대 안팎에서 활동하며 대통령의 이미지 관리를 체계적으로 지원했다. 국회 출입 경험 과정에서 보았던 당 사무국의 공보처 직원들 뿐만 아니라 광고 및 행사 기획 분야에서 경험을 쌓은 참모들도 대통령 관련 행사를 기획하고 실행하는 데 중요한 역할을 했다. 또한, 노무현 정부 시절 청와대에서 홍보 업무를 담당했던 인력들이 승진해 문재인 정부에 다시 합류한 것도 큰 역량으로 작용했다.

진보는 카메라와 사진을 중시해 왔다. 인터넷이 없던 시절, 기득권이 아닌 정치 세력이나 단체들은 언론 환경을 '기울어진 운동장'이라고 판단했다. 보수적 분위기의 제도권 언론을 타서 사람들의 관심을 받으려면 '튀어야' 했다. 경찰의 집회 불허 방침 속에 짧은 시간 동안 어떻게 하면 메시지를 전달할지 고민해야 했다. 성명서를 발표해도 언론은 관심을 갖지 않지만 '그림이 되는 퍼포먼스'를 하면 그나마 눈에 띌 수 있다고 굳게 믿어왔고 실제로 효과를 보기도 했다. 카메라에 호의적일 수밖에 없게 된 것이다. 데모(demonstration)는 무언가를 보여주는 행위다. 거리에서 하는 것과 대중 앞에서 하는 설득 행위는 다르지 않다. 사회적 쟁점을 부각하거나 제품을 알리려 할 때 조직이 의도적으로 특정한 상황을 연출하는 것을 '퍼블리시티 스턴트(publicity stunt)'라고 부른다. 언론과 시민의 주목을 받기 위한 이벤트를 말한다. 동물보호단체가 명동에서 모피 의류 반대를 위해 벌이는 누드 퍼포먼스나 신문 경제면에 등장하는 제품 발표회 등이 대표적인 퍼블리시티 스턴트다.

물론 보수 중에도 '튀는 그림'에 몰두하는 사회단체가 있다. 하지만 대체로 진보에 비해 보수는 카메라를 이용하려 하지 않았다. 2000년대 후반까지 반일 시위 현장에 자주 등장했던 활빈단의 소규모 집회와 기독교 목사들이 주최하는 집회 정도가 기억날 뿐이다. 그 흐름은 대통령 사진에도 그대로 투영된다. 홍보와 연출을 담당하는 인력이 상대적으로 적은 보수 쪽 인력 풀에서 출발하다 보니 홍보 전략과 대중과의 실질적 소통 과정에서 전임 대통령과 차이가 날 수밖에 없었다. 지지자들의 역량에서도 차이가 크다. 세대별로 부정적 '밈'이나 '움짤' 등을 유통시킬

"WTO반대 한국농민시위대 해상시위". 세계무역기구(WTO) 각료회의 반대시위에 참가한 한국 농민시위대가 13일 오후 홍콩 빅토리아항 바다에 뛰어들어 "다운(down) 다운 WTO", "노 투(No to) WTO" 등 구호를 외치고 있다. 사진: 연합뉴스.

수 있는 능력치에 차이가 있다는 점을 볼 때 젊은 세대의 지지율이 낮은 보수층과 보수 세력은 디지털 시대 여론 형성의 운동장이 이제는 다른 방향으로 기울어졌다고 느낄 만한 상황이 되었다. 영상이나 사진은 때로는 원촬영자나 모델이 의도하지 않은 방향으로 해석되거나 활용될 수도 있는데, 그걸 막는 것은 몇 명의 실무자들만으로는 불가능하다. 워낙 빠르고 다양한 채널로 퍼지기 때문이다.

2024년 7월 미국 순방길에 하와이에 들른 윤석열 대통령 부부가 하와이 주지사와 대화를 나누는 사진을 예로 들어보자. 긴 시간 비행을 하고 공항에 내린 김건희 여사의 얼굴이 부은 듯 보이는 사진이 연합뉴스 단말기를 통해 언론사와 인터넷 포털 사이트에 전송되었다. 그걸 본 네티즌들이 외모를 비하하는 댓글을 달아 서로 공유했다. 결국 연합뉴스 쪽에서 이런 상황을 인지하고 사진을 교체했다. 게다가 여성 대통령이나 영부인들의 외모와 관련해 '움짤'이 돌아도 이런 방식의 조롱에 대해 여성 단체들이 논평을 내놓는 경우도 드물다. 디지털과 뉴미디어 시대를 제대로 준비하지 않은 보수 세력은 뒤늦게 이런 상황을 깨닫고 운동장을 바꿔 다른 방식으로 여론의 지지를 확보하려고 하지만 아직 역부족이다.

게다가 윤석열 대통령이 전직 검사라는 직업의 특성상 대중과 소통을 할 일이 별로 없었다는 점에서 참모들이 홍보 측면에서 참모들이 갖는 한계는 예견된 것이었다. 윤 대통령은 검찰총장 시절 출퇴근을 하면서 대검찰청 본관 입구가 아닌 지하 출입구를 이용했다. 기존 검찰총장들은 대체로 지상에 있는 현관 앞에 차를 세우고 걸어서 출근했다. 사진기자들은 현직 대통령과 갈등을 빚는 윤석열 검찰총장이라는 인물 사진을 찍는 데 애를 먹었다. 점심시간을 이용해서라도 검찰총장을 촬영하려는 사진기자들이 생기자 이번에는 별관으로 이어지는 연결 통로의 창문을 불투명 필름으로 가렸다. 대통령 임기 초기에 출근하면서 도어 스테핑을 시작했지만 MBC 기자의 공격적 질문 태도를 이유로 중단하기도 했다.

윤석열 대통령의 이미지 연출에 대한 평가는 엇갈린다. 기존 정부와 다름없이 아니면 더 발전된 수준으로 이미지 정치를 한다는 평가도 있지만 반대의 평가도 있다. 천안함 티셔츠를 너무 자주 입는 것 아닌가 하는 조선일보 김윤덕 선임기자의 질문에 당시 박민식 보훈부 장관은 "일반 정치인 같으면 한두 번 스포트라이트 받으면 더는 입지 않는다. 표라는 게 천안함에만 있는 게 아니니까. 그런데 대통령은 그런 계산이 없다. 답답할 정도로 쇼와는 거리가 먼 분이다"라고 말했다(≪조선일보≫, 2023. 9.18).

사진 관련 인력 상황을 보면, 정권 출범 당시에는 기존 경호실 소속 전속을 제외하고 대선 기간 중에 섭외되어 활동을 시작한 2명의 전속 사진가가 있었다. 가장 선임은 이명박 대통령 시절 전속이던 사진가였다. 2024년 1월 그는 민간기업으로 자리로 옮겼고 그 자리로 박근혜 대통령 시절 전속 사진가가 들어갔으며, 같은 해 9월에는 문화체육관광부 국제문화홍보정책실에서 직전까지 9년간 정부 기록을 담당했던 사진가가 퇴직 후 대통령실 전속 사진가로 합류했다. 이로써 2024년 9월 현재 총 3명의 대통령실 소속 전속과 1명의 경호실 소속 사진가가 윤석열 대통령을 기록하고 있다.

윤석열 대통령 사진은 최소한 2024년 상반기까지만 하더라도 전임 문재인 대통령 시절에 비해 세련미와 미장센 부분에서 부족함이 많이 보인다는 것이 사진기자들의 대체적 평가다. 정권 초반기에는 대통령실 전속을 비롯한 홍보 담당 참모들과 출입기자들 간의 갈등도 꽤 컸던 것으로 알려지고 있다. 이제 정권 중반기를 넘어가니 좀 더 나아졌으면 하는 기대도 가져본다.

내부 역량의 차이도 있었겠지만 대통령과 사진기자들이 만나는 공간의 특성 차이도 있었다. 문재인 대통령 때까지 행사는 청와대에서 열렸다. 청와대 내부는 용산 건물에 비해 넓고 천장은 높다. 넓고 높다는 것

2022년 8월 14일 서울 동작동 국립현충원에서 열린 한국광복군 선열 합동봉안식. 현장에서 사진기자들이 노력해도 대통령의 얼굴이 제대로 보이지 않는 배치였다.

사진: 대통령실사진기자단.

은 카메라가 움직일 수 있는 공간이 많다는 것이고 다양하면서도 깔끔한 사진을 만들 수 있는 조건이 된다. 연예인들을 찍는 사진 스튜디오는 일반 증명사진 스튜디오에 비해 천장이 아주 높다.

대통령 사진을 찍는 사진기자와 사진가들이 좋아하는 공간은 용산보다는 청와대다. 넓으면 망원렌즈를 사용해 피사체를 배경과 분리시켜 돋보이도록 표현할 수 있다. 용산에서 열리는 회의는 시각적으로 세련된 이미지를 전달하지 못했다. 광각이나 중간 크기 렌즈로 참석자들이 다 들어가게 촬영할 수 있을 뿐, 망원렌즈 촬영처럼 깔끔한 이미지로 이어지지 못하는 광학적 한계가 존재했다. 용산 회의실과 청와대 회의실의 조명 상태를 직접 비교를 해보지는 않았지만, 상대적으로 넓은 청와대 회의실과 행사장이 용산에 비해 밝고 조명이 섬세하게 배치되었을 가능성도 있다.

대통령 사진
취재의 실제

국내 행사 취재

1. 풀 취재 원칙과 실제 현장

대통령 사진 촬영 팀의 규모를 결정하는 방법이 몇 가지 있다. 상황에 따라서 기자단 전체 개별 취재, 대통령실 실내 행사 풀, 국내 외부 행사 풀, 해외 풀, 전속 공개 등으로 나눌 수 있을 것 같다.

국내 행사의 경우, 기본적으로 4명이 배치된다. 언론사로는 신문사 소속 2명과 통신사 소속 2명이다. 국내 대통령 행사의 실제 현장에는 본관 행사의 경우 신문사, 통신사 소속 사진기자 4명 이외에 사진 전속 2명, 동영상 전속 2명, 방송 카메라 풀 2명(카메라 1대), 종편 풀 2명(카메라 1대) 등 13~15명이 풀단으로 구성된다.

국내 행사 중 외부 행사는 해당 지자체나 기관 직원들이 경호실로부터 직접 받은 비표를 차고 오기 때문에 실제 촬영자는 더 늘어난다. 예를 들어 2017년 5.18 광주민주화운동 37주년 기념식의 경우 광주전남사진기자협회의 요구를 대통령실에서 받아들여 1명의 풀러가 추가되었다.

대통령실 사진 취재 풀단 인원

취재 여건	신문	통신
기본 풀	2명	2명
3명만 취재 가능 상황	2명	1명
2명만 취재 가능 상황	1명	1명
1명만 취재 가능 상황	전체 풀 방식으로 촬영	
전속만 공개 가능 상황	대통령실이 사진 제공	

경우에 따라서는 기본 풀의 신문 쪽 사진기자 숫자가 늘어나기도 한다. 예를 들어, 대통령 취임행사나 기자회견 또는 국가적으로 큰 행사일 경우가 이에 해당한다.

2. 국내 풀단의 취재와 운영

사진 및 영상 촬영자 외에도 취재기자 1명과 대통령실 인솔 행정관 1~3명으로 구성된 일종의 팀(미국 백악관에서는 이 단위를 'pack'이라고 표현한다)이 집무동 앞에서 마이크로버스를 타고 행사장으로 출발한다. 경내 행사는 보통 20여 분 전, 외부 행사는 40분 전 도착해 검색 과정을 거쳐 입장한 후 동선을 확인한다.

취재를 맡은 풀 기자에게는 비표가 주어진다. 과거 본관 행사에는 작은 마그네틱 출입증을, 외부 행사에는 녹색 완장을 제공했고, 2014년 11월부터 주황색 목걸이 비표로 통일되었다. 현재는 갈색 목걸이 형태로 변경된 상태다.

풀 기자라고 해서 대통령 행사 전체를 기록하는 것은 아니다. 대통령의 일정 중 의식(ceremony)이나 행사는 대통령이 입장 전부터 퇴장 직후까지 촬영할 수 있다. 촬영 분량도 엄청나게 많을 수 있다. 반면, 회의 장면은 대통령 입장 전부터 발언까지만 촬영할 수 있다. 취재기자도 마찬가지다. 회의 중 민감하거나 국가 보안과 관련된 내용이 언급될 수 있기 때문이다. 보통 10분 이내로 촬영하고 나면 행정관급 공무원 한 명이 "기자님들의 협조에 감사드립니다"라고 말한다. 촬영 종료를 의미한다.

3. 기본 풀단 운영

매일 당번제로 운영하는데 정당번과 부당번 1명씩 사전에 간사가 작성한 근무표에 따라 운용된다.

정당번은 오전 9시부터 오후 6시까지 기자실에 대기하며 부당번은 일정에 따라 유연하게 근무한다. 일주일 기준으로 대통령을 열 번 만날 수도 있고, 서너 번에 그칠 수도 있다.

토요일과 일요일에는 일정이 없으면 기자실 근무 없이 전화 대기한다.

당번 순서는 간사와 춘추관 행정 팀 담당 직원이 매달 마지막 주에 다음 달 근무표를 작성해 통보한다. 개인 일정이 여의치 않은 경우가 많아 다른 멤버와 교체하는 일이 잦다.

해외 순방을 동행할 경우, 참여 회사들끼리 별도의 풀을 짜서 취재 순서를 정한다.

대통령실 사진기자단 근무표

日		月		火		水		木		金		土	
27	한경 경향	28	한국 세계	29	동아 중앙	30	서울 국민	1	국민 동아	2	매경 한겨레	3	한겨레
4	한경 경향	5	한국 세계	29	동아 중앙	30	서울 국민	1	국민 동아	2	매경 한겨레	10	한겨레
11	한경 경향	28	한국 세계	29	동아 중앙	30	서울 국민	1	국민 동아	2	매경 한겨레	17	한겨레
18	한경 경향	28	한국 세계	29	동아 중앙	30	서울 국민	1	국민 동아	2	매경 한겨레	24	한겨레
25	한경 경향	28	한국 세계	29	동아 중앙	30	서울 국민	1	국민 동아	2	매경 한겨레	31	한겨레

4. 마감

촬영한 사진 중에 좋은 장면을 골라서 지면 제작을 할 수 있도록 회사 단말기로 전송하는 과정을 '마감'이라고 한다. 개별 취재와 달리 대통령 사진은 풀로 운영되기 때문에 별도의 사이트가 필요하다. 사진기자협회 홈페이지 '대통령실 사진기자단'에 사진을 올리면 회원사에서 아이디와 패스워드를 입력 후 다운로드받아서 사용한다.

5. 국내 행사의 시나리오

2024년 1월 16일 화요일 일정
○ 신임 장관, 국정원장, 권익위원장 및 안보실 3차장 임명장 수여식
○ 시간: 16:30
○ 장소: 대통령실
○ 취재: 풀단(영상 2팀, 사진 2명, 펜 1명)
○ 엠바고: 사진 및 영상(싱크 無)은 풀 기자단 퇴장 후 보도 가능, 풀 기
　　　　　사는 최종본 게재 후 보도 가능(싱크 있는 영상도 보도 가능)
※ 경내 행사이므로 일정 개최 관련 예고 기사는 가능

2017년 6월 1일 목요일 일정[요양병원 동선]
○ 도착 영접 후 2층 야외 텃밭공원 이동
○ 텃밭공원에서 치매 환자분과 박철민 영화 배우(부모님이 치매)와 같이
　 화분 만들기 시연
○ 치매 환자분 얼굴 최대한 안 나오도록 주의
○ 사진 1, 영상 한 팀, 전속 2, 최소 인원만 취재
　 (사전에 미리 취재를 정하면 될 듯함)

○ 4층으로 이동

○ 간담회(40분) 전체 공개

○ 기념 촬영(셀카 위주)

  - 4층에 전송 실 인터넷라인 설치해 뒀습니다.

  - 2층은 취재를 한명만 했으면 하니 협의 부탁드립니다.

* 2017년 6월 2일 춘추관 사진기자단 카톡에 청와대 '이미지팀' 팀장이 올린 내용

"현충원은 장소 동선이 멀면 현장 상황에 따라 통풀[1]로 진행하세요.
 그날 당번님들 현장에서 결정하세요."

[현충원 대충 순서]

○ 입장(대통령 내외 참석)

○ 앞 열 인사(망원으로 취재)

○ 국민의례(애국가 4절 등)

○ 현충탑 헌화

  (헌화 시 대통령과 여사 동시 헌화: 현충탑 등지고 왼쪽 대통령, 오른쪽 여사)

○ 그리고 분향(대통령만)

○ 연설

○ 유공자 수여식(아래에서 망원으로 앉아야 함)

○ 영상과 공연

○ 퇴장

---

1 통풀은 사진기자들의 은어로, 현장이 복잡하거나 정숙이 필요할 때 사진기자들이 이동 없이 한자리에서만 촬영해 사진을 공유하는 방식이다. '전체 풀'이라고 표현하기도 한다. 풀(POOL)은 합동 대표 취재 또는 공동 취재를 말한다. 목적지가 가까운 사람끼리 차를 함께 타는 것을 카풀(car pooling)이라고 하는 것과 같은 맥락이다. 몇 사람이 대표로 취재해 기사나 사진을 공유하는 것이다. 이때 사진 출처는 '공동 취재사진' 또는 '사진기자단'으로 쓴다.

○ 무명용사의 묘 헌화로 이동(대통령 내외분만 헌화 분향)

○ 보훈병원으로 이동

[보훈병원 대충 시나리오]

○ 엘리베이터로 이동(5층)

○ 현황 보고(5층 엘리베이터 앞)

○ 병실 방문(505호: 93세 유공자)

○ 병실이 좁아 사진 1, 영상 1, 펜 1

○ 병실 이동(2층 205호, 엘리베이터로)

  사진 1, 영상 1, 펜 1

○ 1층 보장구 센터로 이동

○ 보행 훈련실 → 주작업실(보장구 제작하는 곳)

  주 작업실에 보장구를 전시하고 얘기를 나눌 예정이며 여기는 세 명

  다 취재 가능

○ 나오면서 안내실 쪽 보호자 등 있으면 인사

○ 퇴장

해외 풀단 취재

4명의 사진 기자 입장이 가능한 행사라면 국내 풀과 동일하게 신문 기자 2명에 통신사 기자 2명이 원칙이다. 그러나 국제 다자회의나 방문국 요청에 따라 4명 이하로 들어가는 경우가 많다. 취재 방식은 국내와 동일하며 해외 기자실[2]에서 버스나 밴으로 이동한다. 촬영 후 풀 기자들은 자신이 찍은 사진 중 적절한 숫자를 골라 협회 홈페이지의 '대통령실 사

---

2 숙소인 호텔 로비 등에 기자실이 설치된다.

진기자단 해외'라는 폴더에 등록한다. 이렇게 마감된 사진은 풀 참여 신문사만 등록과 다운로드가 가능하도록 사전에 홈페이지 담당 외부 업체에 조치해 달라고 통보한다.

▎ 국제회의에 참석하기 위해 해당 국가에 도착한 대통령은 보통 첫날에는 각국 정상들과의 단독 회담 일정을 잡고, 그리고 이어서 본행사인 국제회의 관련 일정에 참석한다.

\# 2023년 APEC 정상회담 일정

○ 한-페루 정상회담(03:00, 한국 시간)

○ 한일 정상회담(03:40)

○ APEC 정상 단체 사진 촬영(05:00)

○ APEC 세션1: 초청국과 비공식 대화 및 업무 오찬(05:15)

○ 한-칠레 정상회담(07:30)

○ IPEF 정상회의(08:30)

○ APEC 기업인자문위원회와의 대화: 전체 회의(09:00)

○ APEC 기업인자문위원회와의 대화: 소그룹 회의(09:30)

○ APEC 정상 만찬(12:00)

○ 한미일 정상 회동(미정)

▎ 국제회의는 회의 성격이나 규모에 따라 차이가 있지만, 기본적인 진행 순서는 다음과 같다.

○ 개회사

○ 환영사 / 축사

○ 기조연설(keynote speech)

○ 특별 강연

○ 세션 본회의(Plenary Session: 참가자 전원이 참가하는 세션)

○ 워크숍(부문별 세션)

○ 패널 디스커션(Panel Discussion)

○ 클로징 세리모니(closing ceremony)

■ 해외 순방 일정의 실제 예시는 다음과 같다.

2016년 6월 1일 ~ 6월 4일(3박 4일) 프랑스 국빈방문

○ 공항 도착 행사

○ 한-프랑스 비즈니스 포럼

○ 한-프랑스 비즈니스 파트너십

○ 국제대학촌 한국관 착공 기념식

○ 문화 행사(전시장 전시 관람)

○ 명예박사 학위수여식

○ 개선문 무명용사의 묘 헌화

○ 정상회담

○ MOU 서명식 및 리더스포럼 결과 보고

○ 공동기자회견

○ 하원의장 면담

○ 국빈 만찬

○ 동포 대표 접견

○ 공항 출발 행사(파리~그르노블 공항)

○ 공항 도착 행사

○ 수소 전기차 기술연구소 방문

○ 이제르 도청 방문

○ 공항 출발 행사

APEC 정상회담 일정

○ 공항 도착

○ 정상 환영 행사

　- ABAC(APEC Business Advisory Council)와의 대화, 회의 모습 촬영

　- 태평양동맹(Pacific Alliance)과의 비공식 대화

　- 환영 만찬

　- 전체 기념 촬영

　- APEC 1차 정상회의

○ 정상 오찬

○ APEC 2차 정상회의

　- 정상회의 폐막

　- 공항 출발

　많은 인원의 단체 기념사진(Family Photo) 촬영을 할 경우 각국 정상들은 자신의 자리를 어떻게 찾아갈까? 주최국 사무처에서 사전에 각국 대통령의 자리를 정해 바닥에 표시한 후 각국 의전 담당들에게 알려준다. 그리고 VIP들 반대편에 사진기자들과 TV 카메라맨, 전속들이 촬영을 준비하며 서 있다. 보통은 국가별로 1~2명씩 주최 측에서 인원을 제한한다. 사진기자 또는 전속은 우리 의전 팀 또는 주최 측의 안내에 따라 대통령 위치를 미리 확인한다. 대통령도 사진 찍는 사람의 이름은 잘 몰라도 국내에서 자주 얼굴을 본 한국인 사진기자 또는 전속을 찾아낼 수 있고, 그와 시선을 맞추면 사진 촬영은 수월하게 진행될 것이다.

　우리나라 대통령이 몸이 작아서 다른 나라 정상들 사이에서 잘 안 보일 수도 있다. 우리나라 사진기자들이 사다리를 챙기는 이유다.

　2016년 11월 30일 프랑스 파리에서 열린 UN 기후변화협약 당사국 회의에서 기념 촬영이 있었다. 미국 오바마 대통령과 일본 아베 총리, 반기문 UN 사무총장, 프랑스 올랑드(François Hollande) 대통령, 독일 메르켈(Angela Merkel) 총리 등 140여 명의 정상들이 세 줄로 섰다. 맨 앞줄에

만 50명이 섰다. 아베는 제일 먼저 입장해 자기 자리를 확인했다. 기념
촬영을 마친 후 오바마는 강대국답게 별도의 출입문으로 나갔다. 각국
정상의 성격과 국력을 느낄 수도 있는 자리였다.

사진기자는 대체로 우리나라 대통령을 가운데 놓고 촬영하려 하고 편
집자들도 그런 사진을 지면에 게재하려 한다. 같은 줄에 선 50명을 모두
담은 사진 말고 '우리식'의 사진이 선택되는 것이다.

▌ 대통령이 외국을 방문하는 일정은 격이 높은 순서대로, 국빈 방문(state
visit), 공식 방문(official visit), 실무 방문(working visit)이 있다. 격은 다
르더라도 외국 정상과의 만남은 대략 다음과 같은 순서로 포토 세션이
진행된다. 현장을 지켜보는 사람은 수백 명에 불과하지만 매스미디어
와 소셜미디어를 통해 행사를 보는 사람은 수십, 수백만 명이기 때문에
포토 세션은 아주 중요하다. 이상적인 경우라면 본행사 이전에 외교부
요인과 의전 팀은 상대방 국가 담당자들과 함께 사전 조율회의와 예행
연습 참관 등을 한다.

○ 본관 도착
 - 영접
○ 공식 환영식
○ 방명록 서명
○ 양 정상 기념 촬영
○ 단독 정상회담
○ 확대 정상회담
 - MOU 서명식
○ 공동기자회견
○ 오찬 또는 만찬

G7 의장국인 일본의 초청으로 G7 정상회의에 참관국(옵서버) 자격으로 참석한 윤석열 대통령이 2023년 5월 20일 회의가 열린 일본 히로시마 그랜드 프린스 호텔에서 주요 7개국 정상들과 기념 촬영을 하고 있다. 사진: 대통령실사진기자단.

Israel	Philippines	INTERPOL	EU-High Rep	Sweden	Australia	South Africa	Spain	Egypt	Brazil	Germany	IAEA	Pakistan	Saudi Arabia		
	UAE	Belgium	Indonesia	UN	Canada	Italy	Thailand	Japan	Czech Republic	India	Denmark	EU President	Morocco	Vietnam	Malaysia
	Norway	Hungary	New Zealand	Switzerland	Poland	Romania	Ukraine	China	Turkey	Nigeria	Argentina	Singapore	United Kingdom	Algeria	France	Georgia
		Chile	Mexico	Finland	Lithuania	Azerbaijan	Jordan	Korea	United States	Netherlands	Kazakhstan	Armenia	Gabon			

MEDIA

2016년 3월 미국에서 열린 제4차 핵안보정상회의 단체 기념사진 촬영 전에 주최 측에서 각국 사진기자에게 준 패밀리 포토 배치표.

1. 대통령 연설과 텔레프롬프터

나는 헌법을 준수하고 국가를 보위하며 조국의 평화적 통일과 국민의 자유와 복리 증진 및 민족문화의 창달에 노력하여 대통령으로서의 직책을 성실히 수행할 것을 국민 앞에 엄숙히 선서합니다.

우리나라 '헌법' 제69조는 대통령 취임식에서 선서할 내용을 정하고 있다. 이에 따라 신임 대통령들은 오른손을 들어 선서문을 읽는다.

정현규의 책 『글로벌시대의 의전행사 성공전략』(2006) 제1장에는 초대 이승만 대통령 취임선서와 이어 윤보선, 박정희, 최규하 대통령의 취임선서 모습을 사진으로 소개하는데, 4명 모두 오른손을 들고 고개를 숙인 사진이다. 대통령의 취임선서는 내용이 영원히 기록되므로 한 자도 틀리게 내뱉어서는 안 된다는 의지가 사진에서 고스란히 느껴진다. 취임사에는 자신의 포부를 담아 전임자들과는 다른 이야기를 할 수 있지만 취임선서문은 헌법 규정 그대로 읽어야 한다. 정면에 앉은 국민들과 TV 앞 시청자들의 눈을 바라보며 이야기하는 것이 바람직하겠지만 긴 원고를 외울 수도 없는 만큼 당연히 고개를 숙인 채, 연단에 놓인 메모를 읽고 있는 모습이 사진으로 기록된 것이다. 당연히 사진으로 치자면 고급스러운 느낌을 주지는 않는다.

그러나 1988년 2월에 취임한 노태우 대통령은 오른손을 들고 정면을 응시하면서 말을 하는 모습으로 사진에 찍혔다. 그 후의 대통령들은 모두 정면을 응시한 채 선서를 한다. 우리나라 대통령 취임식에서 텔레프롬프터(원고 자막 기기)를 처음 활용한 것이 노태우 전 대통령이다.

2016년 미국 대통령 선거를 앞둔 민주당 전당대회에서 전직 영부인 미셸 오바마(Michelle Obama)가 민주당 예비 후보인 힐러리를 지지하는 연설을 했다. 유튜브 영상에서 보이는 현장 모습에서는 텔레프롬프터를 거의 확인할 수 없었다. 전체를 빠른 카메라 워크로 보여주거나 연설

수직으로 움직이는 텔레프롬프터와 전광판. 2024년 미국 대통령 선거를 앞두고 민주당 후보 카멀라 해리스가 2024년 8월 19일 시카고에서 연설하고 있다. 텔레프롬프터가 연단 바닥에서 올라오도록 설치되어 있고, 멀리 대형 전광판이 보인다. 거기에는 "여러분 안녕하십니까 (잠시 쉬고) 여러분과 함께하게 되어 영광입니다"라는 연설문이 적혀 있다. 마이크 시거(Mike Segar) 촬영(AP). 사진: 연합뉴스.

하는 얼굴만 클로즈업하고 중경 크기의 화면은 거의 넣지 않는 방법으로 편집함으로써 영상에는 텔레프롬프터가 노출되지 않았다. 현장에 가지 않은 시청자 입장에서 보면 아주 연설을 잘하는 것처럼 보인다.

 텔레프롬프터를 적당한 거리를 두고 설치한다면 사진과 영상에는 잘 드러나지 않지만, 시력이 나쁜 대통령은 불가피하게 텔레프롬프터를 가까이에 놓고 연설을 한다. 이런 경우, 사진기자가 아무리 노력해도 사진에 프롬프터는 흔적을 남길 수밖에 없다.

 돈을 좀 더 들이면, 연단 반대편에 대형 전광판을 설치하고 거기에 연설문을 띄우는 방법도 있다. 대통령은 텔레프롬프터를 보느라 얼굴을 좌우로 움직일 필요도 없이 정면만 응시하는 듯한 효과를 볼 수도 있다.

2. 대통령 전용 1호기

신문사 기자들의 꽃은 논설위원이다. 충분한 현장 경험을 한 후, 회사를 대표해 세상에 추상같은 목소리를 내는 역할이다. 실력과 균형감을 갖추어야 부여받을 수 있는 자격이라고 생각한다. 한 논설위원 선배가 청와대를 출입하던 나에게 "변기자, 다른 건 안 부러운데 1호기 타는 건 부러워요"라고 말한 적이 있다. 그러고 보니 대통령과 함께 1호기를 타고 국제 무대에 가보는 건 특별한 경험이다.

2024년 6월 기준으로 해외 순방에 이용하는 전용기의 공식 명칭은 공군 1호기 콜사인은 KAF-001(Korea Airforce 001), 별칭은 '코드 원(Code One)이다(박수찬, 2009: 45). 미국의 에어포스 원(Airforce One)과 같은 방식이다. 대한항공에서 빌린 비행기이지만, 조종은 공군의 '탑 건'(최고 조종사)이 맡는다. 비행기 내부에서 일하는 스튜어디스와 스튜어드는 대한항공과 공군에서 차출되며, 철저한 보안 교육을 받는다. 1호기에 타는 승무원과 부사관들은 순방 기간 내내 해당 국가의 특정 호텔에 거의 감금되다시피 대기한다고 한다. 정부 정보기관 요원들의 통제 속에 개별적인 행동은 불가능하다. 순방 전 사전 교육을 매번 받는 것까지 포함하면 확실한 보안 시스템에 맞춰 행동해야 하는 것이다. 불편하다고 생각할 수도 있겠지만, 공군과 대한항공에서 엄선된 승무원들인 만큼 자부심이 대단하다. 조직 내에서 능력 있는 이들로 평가받고 있음이 느껴졌다.

전용기 내부에는 회의실 및 대통령 전용 공간과 함께 비상 상황이 발생했을 때 용산 대통령실·군에 연결할 수 있는 국가지휘통신망도 갖춰져 있다.

김대중 정부 이전에는 해외 방문 때 대한항공 전세기를 이용했고, 김대중 정부 때는 아시아나항공으로 변경했으며, 노무현 정부에서는 대한항공과 아시아나항공을 교대로 이용했다. 이명박 정부 초반에 대한항공 비행기를 정부가 임차하는 형식으로 바꾼 이후, 현재까지 임차 방식으로 운용되고 있다. 즉, 아직 대통령실이 직접 구매한 1호기는 없다.

현재 사용 중인 1호기는 평소 서울공항 계류장에 대기하며 내부는 아직 공개되지 않았다. 다만 문재인 대통령 시절 청와대가 공식 페이스북 계정[3]을 통해 미국 방문 기간에 대통령이 탑승한 전용기 내부 사진을 공개했다. 그 당시 비행기와 현재 사용하는 비행기에 얼마나 큰 차이가 있는지는 알 수 없으나, 기체가 좀 커지면서 기자단이 탑승하는 공간에 대통령이 연설할 수 있는 단상이 설치되었고 대통령 회의실 벽면과 문에 대통령 휘장이 추가된 것으로 알려져 있다. 문재인 대통령 시절까지 사용한 보잉 747-400 기종 전용기 내부는 복층 구조다. 1층 앞쪽에는 집무실과 침실 등 대통령 전용 공간이 있다. 전용 공간 뒤로 최대 30명이 들어갈 수 있는 회의실이 있다. 해외 순방 일정상 필요한 진료실과 샤워실도 있다.

회의실 뒤쪽으로 비즈니스클래스가 있는데 이곳은 청와대 선임행정관급 또는 비서관급 이상 수행원들의 좌석이다. 그 뒤로 경호원과 기자, 수행원들의 좌석인 이코노미클래스가 있다. 일반 기종보다는 이코노미 좌석도 앞뒤 간격이 넓다. 747-400 기종은 좌석 수가 기본적으로 416석이지만, 전용기에는 200여 석만 배치했다. 2층에는 각 부처 장관, 청와대 수석비서관급의 공식 수행원들의 좌석이 있다. 즉, 장관들은 2층, 대통령과 기자단은 1층을 사용한다. 검색을 통과한 기자들은 비행기에 오르면 각 기자군별로 사전에 배정된 좌석에 앉는다. 3-4-3으로 배치된 좌석 중 기자들은 가운데인 네 개로 된 좌석 구역에 앉는다. 세 개 좌석으로 된 좌우 구역에는 청와대 행정관과 경호 팀 직원들이 앉는다. 외교부

---

3   https://www.facebook.com/TheBlueHouseKR/.

및 정부 실무자들도 중간에 섞여 앉는 것으로 파악된다. 기자들이 자리를 다 잡으면 국무위원들이 뒷문으로 탑승해 앞으로 이동한 후, 비행기 내부 계단을 통해 2층 전용 공간 쪽으로 이동한다. 취재기자들이 대통령 집무실과 가까운 제일 앞부분에, 그다음 좌석에 방송 카메라 기자, 그리고 맨 뒤쪽에 신문 사진기자들이 앉는다.

1호기는 각국의 국력을 과시하는 수단이 되기도 한다. 일부 국가들은 해외 순방 때 2대의 1호기가 이착륙한다. 어느 비행기에 VIP가 탔는지 알 수 없게 하려는 경호상의 목적도 있을 것이고, 순방 인력 규모 때문이기도 할 것이다. 미국 에어포스 원은 "한 대가 대통령을 싣고 가면, 다른 한 대는 보조 인력과 기자단을 싣고 백업 비행기로 따라간다"(박찬수, 2009: 43). 일본과 중국도 2대의 1호기가 뜨는 것으로 파악된다. 우리나라는 해외 순방 때는 1호기를 한 대만 운영하지만, 국내에서 이동할 때 사용하는 헬기는 2대가 동시에 뜨고 내린다.

기자들의 1호기 탑승 비용은 100퍼센트 회사가 부담하는데 일반적인 해외여행에 비해 비용이 비싸다. 항공사와 여행사가 제공하는 할인이나 프로모션 혜택이 없이 액면가 그대로 청구되기 때문이다. 기자들이 묵는 호텔도 대통령 숙소와 멀리 떨어질 수 없는 시내 한가운데여야 하고 보안 문제도 있기 때문에 최상급으로 정해야 된다. 현지 기자실 운영에 필요한 비즈니스홀 임대 비용도 언론사가 1/n으로 부담하기 때문에 대통령 해외 순방을 취재하려면 항공료, 숙박비, 통신료 등을 포함해 때로는 기자 1명당 2000만 원이 넘는 출장비가 발생하기도 한다. 기자들은 출발 하루 이틀 전, 해외 비표와 일정을 정리한 수첩(대외비), 순방 브로치, 로밍 폰을 받는다.[4] 로밍 폰은 각각의 언론사에서 100만 원가량을 미리 책정한 뒤 사용하고 남은 금액은 대통령실 행정 팀이 사후에 각 언론사 행정 팀에게 반납한다.

---

4 해외 비표에는 칩이 내장되어 있으며, 순방 브로치는 태극기와 순방 국가 국기를 모티브로 디자인된다.

대통령 참석 시 좌석 배치

			무대(단상)			

| | | | ↑ | | | |
| | 1 | 2 | 대통령 | 1 | 3 | |

| | | | ↑ | | | |
| 6 | 4 | 2 | 영부인 | 대통령 | 1 | 3 | 5 |

주: 무대를 바라보고 있는 상황에서, 대통령 단독 참석 시 좌석 배치(가운뎃줄)와 영부인 동반 시
　　좌석 배치(아랫줄). 숫자는 각 인사의 주요도에 따른 자리 배치를 의미한다.
자료: 행정안전부(2021.12.20: 75).

공군 1호기 출발 과정도 간단히 살펴보자.

서울공항에서 세관 수속과 경호 팀의 짐 검사를 통과한 기자들은 각자 짐을 끌고 활주로를 횡단해 공군 1호기 앞으로 걸어간다. 활주로를 걷는다는 점에서 일반 공항 탑승 과정과는 다른 방식이다. 비행기에 오르는 계단 아래에서 경호 팀이 다시 비표를 점검한다. 검색과 신분 확인을 마친 기자단이 비행기 뒤쪽에 있는 임시 트랩을 이용해 비행기 1층으로 올라간다. 전속 포함 대통령 부부를 촬영할 풀 기자들만 남은 채 기자단과 수행원들이 먼저 탑승을 완료하면, 경호차를 타고 서울공항에 도착한 대통령이 비행기 앞쪽 트랩을 이용해 전용 공간으로 걸어 올라간다. 이때 집무실을 담당하는 남녀 군인 1명씩이 거수경례하는 모습을 볼 수 있다. 대통령 부부는 트랩 아래 남아 있는 사진기자들을 향해 손을 흔든 뒤 탑승한다. 이 사진기자들은 촬영을 마친 후에야 비행기에 마저 모두 오른다.

여기서 대통령과 영부인이 왼쪽과 오른쪽 어느 쪽에 서야 하는지 논란이 있다. 행정안전부가 발행한 『2021 정부의전편람』(2021)에도 이에 대한 정확한 규정은 없다. 다만 『2021 정부의전편람』의 185쪽에 외국 정상이 청와대를 방문해 공식 환영식에 참석할 경우, 본관 건물에서 정원으로 나올 때 "내려오는 위치는 본관을 바라보아 대통령이 오른쪽, 국빈은 왼쪽"이라는 표현이 나온다. 통상 사진으로 봤을 때 왼쪽이 상석으로 보는 만큼 대통령이 비행기를 배경으로 바라보아 왼쪽에 서고 영부인이 오른쪽에 서는 것이 맞지 않을까 싶다.[5] 대통령이 풀 취재를 하는 취재진과 영접 나온 인사들을 향해 손을 흔들고 나서 문이 닫힌다. 풀 기자들은 빠르게 뒤쪽으로 이동해 비행기에 탑승한다. 비행기가 출발 준비를 하는 동안 대통령이 기자들이 있는 공간으로 와서 간단하게 인사하고 악수를 나눌 때도 있다. 대통령은 비행기 앞쪽으로 타고 기자단은 비행기 뒤쪽으로 타는 데다 대통령 및 참모들의 공간과 기자들의 공간이 다르기 때문에 이때가 기자들이 대통령의 얼굴을 볼 수 있는 유일한 시간이다.

3. 누가 대통령을 '탤런트'로 만드는가?

"각하! 이런 포즈를 잡아주시면 더 좋은 사진을 신문에 실을 수 있겠습니다" 하는 실무자의 부탁에 전두환은 "나를 탤런트로 만들 셈이야!"라며 한마디로 거절했고, 그 공무원은 몸 둘 바를 몰라 했었다. 매일 비슷비슷한 대통령 사진을 배포하는 것이 불만이었던 문공부 사진과 소속 청와대 담당 사진가가 1980년대 중반 어느 날, 전두환 대통령에게 연출 사진을 위한 포즈를 간청했다가 퇴짜를 맞았다는 얘기다(이기룡, 1990). 40여 년이 지난 지금, 대통령 사진은 많이 변했다.

연출 사진은 작가의 의도가 들어간 사진이다. 사진에서 연출이란 넓은 의미로 보면, 작가가 목적에 부합하는 사진을 만들기 위해 행하는 모든

---

5 『2021 정부의전편람』, 72쪽에는 정부행사 좌석 배치에 대한 설명이 있는데, "일반적으로 최상위자가 부인을 동반하였을 때에는 단 위에서 아래를 향하여 보았을 때 중앙을 기준으로 우측에 최상위자를 좌측에 부인을 각각 배치한다"라고 규정했다. 단 아래에서 위로 보는 사진기자 기준으로 보면 사진의 좌측에 최상위자인 대통령이 서는 게 적절한 것으로 해석된다.

사진: 청와대사진기자단.

한국 탤런트 vs 미국 탤런트. 미국에 비해 한국의 정치 이미지 역사는 짧지만, 화면 연출 수준은 이제 비슷하다. 문재인 대통령과 김정숙 여사가 2019년 3월 5일 오후 경남 창원시 진해구 해군사관학교에서 열린 제73기 졸업 및 임관식이 끝난 뒤 충무공 동상 앞에서 신임 소위들과 함께 '사랑의 하트'를 그리며 기념촬영을 하고 있다. 같은 해 12월 14일, 도널드 트럼프 미국 대통령이 필라델피아에서 열린 NCAA 대학 미식축구 경기에서 해군 생도들과 함께 앉아 손을 흔들고 있다. 재클린 마틴(Jacquelyn Martin) 촬영(AP). 사진: 연합뉴스.

사진적 통제술을 가리키는 말이다. 곧 사진을 찍기 위해 알맞은 피사체를 고르는 일부터 앵글이나 거리를 결정하고 노출을 주며, 셔터를 누를 때까지의 모든 조작 행위를 가리킨다. 그러나 좁은 의미로 말할 때는 작가가 어떤 효과를 얻기 위해 피사체를 인위적으로 수정하고 조절하는 행위를 가리키는 말로, 주로 인물을 촬영할 때 작가가 그 인물에 어떤 포즈나 표정, 동작 등을 요구해 만들어내는 경우를 가리킨다. 일반적으로 연출이라고 할 때엔 좁은 의미로 많이 쓰인다(한정식, 1989: 152). 연출된 사진

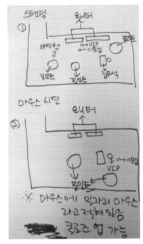

대통령실에서 행사 전 사진기자들에게 알려주는 행사장 개요.
사진: 대통령실사진기자단.

은 진실한 감정을 기록했다기보다는 어떠한 의도를 기록했다고 보는 것이 타당할 것이다. 그 의도는 직접 사진을 찍는 사진가 또는 사진기자의 의도일 수도 있고 사진을 찍히는 사람의 의도일 수도 있다.

대통령 사진을 연출하는 사람은 누구일까? 사진 담당 전속일 수도 있고, 의전담당 공무원일 수도 있고, 대통령 자신일 수도 있다.[6]

사진기자가 촬영 과정에 개입하는 경우도 있을까? 보도사진을 원칙적으로 해석하는 기자라면 사진기자는 촬영 과정에서 의도를 담지 않아야 한다고 믿는다. 그런데 대통령 사진을 찍다 보면 연출에 개입하는 경우가 왕왕 있다. 대표적인 경우가 대통령이 국제 무대에서 외국 정상들과 함께 사진을 찍는 경우다. 가령 G20 정상회담의 경우, 주최국을 포함

---

6   사실 정상들의 사진을 보면 거의 의도된 포즈를 취하고 있다. 예를 들어 둘이 만나서 사진기자를 위한 포즈를 취할 때 각자 반대편 손을 든다. 그것은 물론 상대방의 얼굴이 가려지지 않게 하기 위함이다. 그리고 정면과 왼쪽, 오른쪽의 사진기자를 향해 골고루 똑같은 포즈를 취해준다. 나쁜 각도에서 사진 찍히는 일이 없게 하려는 배려다(김녕만, 2002: 95).

해 전 세계에서 온 대략 25명 정도의 사진기자와 그 숫자만큼의 영상기자가 반대편에 서게 된다. 기념 촬영을 위해 도열한 각국 정상들은 당연히 자국 사진기자 또는 전속을 찾게 된다. 이때 대통령을 향해 손을 들거나 "대통령님 여기입니다" 정도의 말을 하는 사진기자는 존재할 수 있다. 2017년 6월 30일 미국 백악관에서 열린 문재인 대통령과 트럼프 대통령의 한미정상회담 때 일이다. 만찬에 앞서 양국 정상 부부가 기념 촬영을 마치고 비공개 장소인 만찬장으로 들어서려는 순간, 백악관을 출입하는 재미한인 사진기자가 "대통령님 환영합니다"라고 말하자 문 대통령이 다시 돌아서서 손을 흔들어 포즈를 취했다. 김영삼 대통령의 경우에는 해외 정상들과 그룹 사진을 찍을 때 갑자기 손을 들어 '그림을 만들어주는' 경우도 있었다. 한국 사진기자라면 그런 순간을 놓치지 않고 포착하며 십 수 명의 해외 정상이 포함된 사진에서 한국 대통령이 주인공처럼 보이게 사진을 완성한다.

4. 대통령 사진은 검열을 받을까?

사진에 대한 구체적인 검열 사례를, 2006년 4월 광화문의 신문박물관 전시기획실에서 열렸던 신문박물관 제16회 기획전 〈게재불가: 70~80년대 신문과 언론검열〉 전시회에서 볼 수 있었다. 당시 홍보 팸플릿에 따르면, 우리나라에서 근대적 의미의 검열이 시작된 것은 러일전쟁(1904) 이후부터라고 할 수 있다. 강점기 동안 일제는 '삭제', '압수', '발행정지', '발행금지' 등 강압적 사전·사후 검열로 언론을 탄압했다. 박정희 대통령 시절에는 각종 검열 제도가 존재했다. 계엄령에는 언론에 대한 검열이 법조문으로 규정되어 있었다.

1980년 10월 1일 국군의 날 행사장에서 기수단의 행진 대열을 향해 거수경례를 하는 전두환 대통령의 모습을 한 사진기자가 뒤쪽 위에서 찍었

신문박물관 제16회 기획전에 전시되었던 게재 불가 사진.
사진: 포토데스크.

다. 포커스를 전두환 대통령에게 맞추고 기수단의 모습은 망원렌즈 효과로 뿌옇게 처리되었다. 사진 뒤쪽에는 "계엄사령부 검열필" 도장과 함께 '不可(불가)'라는 한자가 쓰여 있다. 전시회 팸플릿에는 "검열단은 전두환의 대머리가 드러나는 뒷모습이라는 이유만으로 사용불가 판정을 내렸다"라고 설명되어 있었다. 대통령의 머리도 고려해 찍어야 했던 당시 사진기자들과 편집기자들의 고충이 상상이 된다.

당시 현장 기자였던 동아일보 황종건 기자(1943년생)는 2006년 4월 4일 필자와의 인터뷰에서 "보도사진에 대한 검열은 전시된 30여 장의 사진 이외에 특별한 것은 없었던 것으로 기억한다"라고 말했다. 사진기자들이 권력의 치부나 권력이 싫어할 사진을 아예 촬영하지 않았거나 보도를 목적으로 마감하지 않았을 가능성이 높다.

지금은 어떨까? 대통령실에서 사진을 통제하는 경우도 있을까? 필자가 사진기자 생활을 시작했던 1990년대 후반은 디지털 카메라가 대중화되기 전이라 필름으로 사진을 찍었기 때문에 신문에서 사진을 쓰려면 먼저 복잡한 인화과정을 거쳐야했다. 인터넷망도 없었던 때라 청와대 행사를 촬영한 사진기자단 소속 기자가 필름을 서울 종로의 지정된 사진관(이름이 '프로토피아'였다)에 맡기면 사진관에서 몇 장을 프린트해 해당 회사 숫자만큼의 봉투를 만들어놓았다. 취재를 마치고 회사로 돌아가는 막내급 기자들이 사진관에 들러 봉투를 받아 사진부장에게 전달하는 방식이었다. 봉투 안에는 청와대출입사진기자단 또는 대통령 전속이 그날 찍은 행사 사진 4~5장이 들어 있었고, 다음 날 신문사에서 선택한 사진이 신문에 실렸다. 필름으로 대통령을 찍던 시절, 청와대에서는 다음 날 신문에 어떤 사진이 실릴지 알 수 있었던 것이다.

지금은 필름 시대 때와는 전혀 다른 속도로 대통령 사진이 만들어진다. 디지털 카메라로 찍는 사진은 이론적으로는 촬영과 동시에 인터넷에 올릴 수 있다. 파일 전송 프로그램(FTP)으로 회사 서버에 등록하고 회사에 있는 데스크들이 출고를 하면 인터넷에 바로 올라간다.

그러다 보니 출입 사진기자가 찍은 사진을 대통령실에서 검열할 수 있는 물리적 시간이 없다. 비서관들이 사전에 몇 가지 부탁을 할 수는 있다. 보안과 관련된 사항은 촬영하지 말라든지, 가능하면 어떤 모습 촬영은 자제해 달라고 하든지 정도는 부탁이 가능하다. 2000년대 집권한 한 정부의 공무원이 대통령 행사장 옆에 설치된 임시 기자실에서 노트북을 이용해 사진을 전송하던 출입 사진기자 사진을 기자 뒤에서 보면서 "이런 거 보내면 안 된다"라고 말했다는 증언도 있지만, 그때도 이미 일상적인 검열로 볼 수는 없었다.

최순실 사태가 터지기 얼마 전인 박근혜 대통령 후반기 청와대 출입 사진기자가 '문고리 3인방' 중 한 명의 사진을 찍어 회원사에 전송했을 때의 일이다. 인터넷에 먼저 올라가고 신문 초판 지면에 게재된 것을 확인한 뒤 청와대에서 "사진기자들이 몰래 찍었다"라며 항의하며 사진기자단과 취재기자단 등을 통해 전방위로 삭제 요구를 했다. 그러나 다음 날 많은 신문에서 사진을 '유지'했다. 검열은 이제 사라졌다고 보는 것이 맞다. 다만, 사진기자들 스스로가 자기검열 차원에서 논쟁이 될 만한 사진을 거르는 경우는 있을 것이다.

내용을 검열하기보다는 보도 시점에 대한 가이드라인을 주는 경우가 많다. 2017년 5월 17일 청와대출입사진기자단과 문재인 정부 춘추관장 권혁기와 합의한 내용이 있다.

청와대 경내 행사 경우 춘추관 복귀 후 마감하고, 외부 일정은 현장에서 VIP 입장과 국민의례정도(행사 내용은 엠바고) 정도를 우선 마감 가능합니다. 나머지 행사 내용은 행사 종료 후 차량 탑승 시 마감 가능합니다.

대통령의 동선은 보안 문제가 있기 때문에 행사 도중에 실시간 마감을 해서 인터넷에 퍼진다면 자칫 테러 등에 노출될 위험도 있다. 그래서 대통령실에서는 현장에 간 기자들이 적절한 시간이 흐른 후 마감해 줄 것을 요청한다. 기자들 역시 이런 취지를 충분히 이해하기 때문에 가이드라인을 따르고 있다.

5. 사진기자에게 드레스 코드가 있을까?

2000년대 초반까지 화면에 자주 비치는 국회에서는 양복을 입자는 데에 공감대가 형성되어 있었다. 그러나 지금의 국회 출입 기자들은 청바지에 운동화 같은 편한 복장으로 일을 한다.

사진기자들이 일하기에 가장 편한 복장은 청바지와 운동화 그리고 티셔츠다. 아무데나 앉기에도 좋고 무릎을 접었다 폈다 해도 구김에 대한 부담이 없기 때문이다. 그렇지만 마냥 편하게만 입으면 현장에서 사진기자의 모습만 '튈' 수 있다. 어떤 행사를 촬영하면서 드레스 코드를 지키는 것은 프로페셔널리즘을 보여주고, 사진기자 본인뿐만 아니라 소속된 언론 기관의 이미지를 유지하는 데 도움이 된다. 또한, 공식적인 행사나 중요한 정치적 순간에서 적절한 복장을 갖추는 것은 해당 이벤트의 중요성을 존중하는 행위로 간주될 수도 있다. 사진기자는 신문에 실릴 사진을 찍는 사람이기도 하지만, 정치나 사건 현장 화면에 등장하는 사람이기도 하기 때문이다. 대통령실을 출입할 경우는 어떨까? 우리나라 대통령실에서는 사진기자들에게 드레스 코드를 명시적으로 규정하지는 않는다. 다만 주인공인 대통령보다 화면에서 주목받지 않으려면 색이나 형식에서 너무 튀지 않는 복장을 하는 것이 적절하다.

필자가 사진기자로 일하며, 우리나라에서 사진기자에게 드레스 코드를 사전 지침으로 전달하는 경우는 없었던 것 같다. 그래도 국회 출입기자들의 복장이 비교적 자유분방하게 변한 데에 비해 대통령 행사에 등장하는 기자들의 복장은 대체로 세미 정장에 구두를 기본으로 한다. 정상회담 등 중요 행사를 취재할 때는 넥타이를 매기도 한다. 가끔 외국 순방과 국제회의 취재 시에는 드레스 코드를 요구받기도 한다.

필자가 2016년 한-몽골 정상회담 취재를 위해 몽골 대통령궁으로 들어갈 때의 일이다. 우리 대통령이 도착하기 한참 전 몽골 대통령실 앞 광장에서 입장을 위해 대기 하고 있었는데, 몽골 대통령실에서 한국 사진기자들의 신발을 문제 삼았다. 스니커즈 형태의 구두를 신고 있었는데 정장용 구두를 신어야 입장을 허가하겠다는 통보였다. 그 기자는 부랴부랴 호텔로 다시 돌아가 검정 구두를 챙겨왔고 그제야 대통령궁에 입장할 수 있었다.

2015년 11월 필리핀 마닐라의 국제 컨벤션센터에서 열린 'APEC 기업자문위원회(ABAC)와의 대화' 당시에도 사진기자들과 조직위원회 간에 약간의 언쟁이 있었다. 조직위원회에서 외국 사진기자들 가운데 청바지나 반바지를 입은 경우에 출입을 허용하지 않겠다고 한 것이다. 그때 한국 사진기자들이 내린 결론은 "넥타이를 맬 필요는 없지만 정장 또는 면바지에 셔츠 정도가 (조직위가 요구하는) 최소한의 드레스 코드 같다"였다. 물론 당시에 한국 사진기자 대통령 해외 순방에 동행하면서 청바지나 반바지를 입는 경우는 없었기 때문에 문제는 없었다.

외국의 대통령
사진 취재 사례

1. 미국에서 시작된 대통령 이미지 정치

미국에서 미디어를 활용한 이미지 정치는 19세기 초부터 시작되었다. 미국 대통령 후보들이 유권자에게 어필하기 위해 이미지 관리 노력을 한 것은 적어도 1828년 앤드루 잭슨(Andrew Jackson)이 존 퀸시 애덤스(John Quincy Adams)를 누른 이후 계속되었다는 것이 중론이다. 잭슨의 선거 캠페인은 이전의 후보자들은 시도하지 않았던, "보통 사람들과 같은 대통령"이라고 강조하는 방식이었다. 우리의 이미지 정치가 1988년 노태우 정부 시절부터 시작된 것으로 본다면 약 160년 정도 차이가 난다.

1차 세계대전이 종료된 후 광고와 홍보는 미국에서 단기간에 중요한 산업으로 발전했고, 정치인들도 큰 관심을 가졌다. 홍보 전문가 에드워드 버네이즈(Edward Bernays)는 1928년 즈음 정치권 인사들에게 기업의 대중 설득 기법을 정치에 도입하라고 조언했다. 버네이즈는 아메리칸 토바코 컴퍼니(American Tobacco Company)의 흡연 문화 캠페인을 기획함으로써 1923년 미국 내 고작 6퍼센트였던 여성 흡연율을 1929년에 12퍼센트까지 올리는 데 큰 역할을 한 것으로 유명하다. 그래서 작가 래리 타이(Larry Tye)는 버네이즈를 스핀(spin)의 아버지라고 불렀다. 그는 정치

흡연을 여성해방의 상징으로 만든 사진. 최초의 인플루언서라고 불리는 에드워드 버네이즈가 1929년 뉴욕에서 기획한 "Torches for Freedom" 행진 행사에서 한 여성이 담배를 피우며 걷고 있다. 사진: "Edith Lee with dog"(LCCNs: 2015647632), Library of Congress.

권과 기업에서 사용하는 설득 기법에 대중 심리학을 결합시켜 PR(Public Relations)이라는 새로운 개념을 만들었다.

지그문트 프로이트(Sigmund Freud)의 조카이며 1917년 공보위원회에서 활동했던 버네이즈는 집단 심리학을 활용해 인류를 조종하는 것이 가능할 것이라고 믿었다. 버네이즈는 대중의 습관과 의견을 의식적으로 그리고 지능적으로 조작하는 것은 민주 사회에서 중요한 요소라고 주장했다. 사회의 보이지 않는 이러한 제어 메커니즘을 조작하는 사람들은 보이지 않는 정부일 것이며, 사회의 진정한 권력은 이 정부의 수중에 놓이게 될 것이라고 본 것이다.

전문적인 광고대행사가 대통령 선거전에 본격적으로 활용되기 시작한 것은 1952년의 일이다. 그해 아이젠하워(Dwight D. Einsenhower)는 비비디오(BBDO)와 영앤루비컴(Young & Rubicam) 두 광고대행사를 선거에 활용했고, 또 다른 광고대행사인 테드베이츠(Ted Bates)의 유명 광고인 로저 리브스(Roser Reeves)로에게 자원 봉사 형식으로 도움을 받았다.

1960년 존 F. 케네디와 리처드 닉슨의 대통령 후보 TV 토론은 미디어 선거가 시작되는 전환점이었다. 그 전에는 소속 정당과 지지자들이 지역별로 운동을 하는 방식이었지만, 이 시기부터는 TV를 통해 보여주는 후보 경쟁력이 중요해졌다. 1968년 미국 대선에서는 '캠페인 핸들러(campaign handlers)'가 후보자들을 상품처럼 홍보하기 시작했다. 이때부터 선거 운동이 대통령 임기 내내 이어지고(constant campaign), 이미지를 기반으로 정책을 홍보할 전략(political spectacles)이 개발되었다(Waterman et al., 1999: 109). 1980년 지미 카터(Jimmy Carter)와 로널드 레이건 사이의 대선 경쟁은 아주 예외적으로 실질적인 정책이나 이념적 가치를 강조했지만, 1960년대부터 미국 대선은 이미지 경쟁이었다. 경쟁에서 이기는 데에만 관심 있는 마케팅 팀들이 선거 운동에서 중요한 역할을 하면서 나타난 현상이다. 1984년 로널드 레이건의 "미국에 아침이 밝아온다(Morning In America)"나 1996년 빌 클린턴의 "21세기를 향한 가교를 세우자(Building a Bridge to the Twenty-First Century)"처럼 현실적인 이슈에 대한 토론을 일부러 피하는 슬로건들이 대표적이다. 특히, 레이건 대통령의 팀은 "부정적인 상황에서도 사진이 매력적이면 대통령에 대해 대중이 긍정적인 인상을 받는다"는 사실을 발견하고 사진 촬영 기회(photo opportunity)라는 개념을 만들어 대통령이 배우의 역할을 하도록 했다(Waterman et al., 1999: 120).

이런 현상에 대해 워터맨(Richard W. Waterman) 교수 등은 1999년 같은 제목의 책을 펴내며 "이미지가 전부인 대통령(The Image-is-everything Presidency)"이 현대 미국 대통령 리더십의 특징이자 경향이라고 하면서 이미지가 정책보다 우선시되는 딜레마에 빠졌다고 우려했다. 본질(substance)이 평가절하되고 상징과 스타일이 그 자리를 차지하며 이미지를 만드는 참모들이 점점 더 현실과 멀어지고 있다고 지적했다.

최근 소셜미디어의 대중화는 미국 정치인들이 유권자와 직접 소통하고, 자신들의 이미지를 관리하며, 정책을 홍보하는 방식 혁명적인 변화를 가져왔다. 오바마 대통령의 선거 캠페인은 소셜미디어를 활용한 성공적인 사례로 평가받으며, 트럼프 대통령은 트위터를 통해 직접적인 메시지 전달과 이미지 관리를 했다.

댄 실(Dan Schill)과 존 핸드릭스(John Allen Hendricks) 교수는 이와 관련하여 소셜미디어가 선거에서 불러일으킨 변화를 다음과 같이 평가했다.

2000년대와 2010년대에는 인터넷과 소셜미디어가 스마트폰의 힘을 빌려 트럼프와 샌더스 같은 정치인을 미국인의 손안으로 안내했다. 인터넷은 도널드 트럼프처럼 오른쪽에 있는 아웃사이더나 테드 크루즈(Ted Cruz) 그리고 버니 샌더스(Bernie Sanders) 같은 왼쪽 아웃사이더들이 지난 몇 번의 선거에서는 존재하지 않았던 전국적인 플랫폼을 가질 수 있게 해주었다. 소셜미디어는 정치인들이 메인스트림의 미디어를 무시할 수 있도록 해주었고 정치 엘리트들이 유권자에게 직접 파고들어 표를 호소하거나 정치자금 기부를 요구할 수 있게 해주었다(Schill and Hendricks, 2018).

수전 손태그는 미국에서 이미지 정치가 발달할 수 있는 토대에 대해 다음과 같이 분석했다.

사진은 현실을 있는 그대로 보여주는 단면이라고 여겨지기에, 현실을 해석하기 마련인 문학보다 훨씬 더 신뢰할 만하게 보이기 마련이다. 사람들은 에이지 같은 작가가 쓴 훌륭한 글보다는 녹음기에 기록된 편집됐거나 편집되지 않은 말, 정리됐거나 정리되지 않은 문서(법정 기록, 편지, 일기, 심리분석 기록), 제 가치를 깎아먹는 감성적이고 편집증적인 일인칭 기록같이 날것 그대로의 기록을 훨씬 더 신뢰한다. 미국에서는 글로 된 것이라면 무엇이든지 증오에 가까울 만큼 의심하는 경향이 있다. 젊은이들은 외화의 자막이나 음반 겉면에 쓰인 광고문조차 읽기 싫어한다. 글이 적고 사진이 많은 책을 선호하는 새로운 경향이 생긴 것도 부분적으로는 이 때문이다.

2. 한국 기자단의 모태가 된 미국 백악관 출입 사진기자 제도

한국의 청와대출입사진기자단의 모태는 미국 백악관의 시스템이다. 미국 백악관 출입 사진기자 제도가 어떻게 운영되는지 살펴보자. 홈페이지에 따르면 백악관출입사진기자단(WHNPA·White House News Photographers Association)은 1921년 6월 13일 정식 출범했다. 로이터통신에서 35년간 사진기자 생활을 한 후 2023년 12월 은퇴한 백악관 출입 경력의 사진기자 짐 버그(Jim Bourg)는 필자와의 이메일 인터뷰(2024년 6월)를 통해 미국 백악관사진기자단에 관해 다음과 같이 설명했다. 현재 미국 백악관 사진기자협회는 약 250명의 회원이 있으며, 여기에는 사진기자 이외에 TV 카메라맨과 편집자, 통신사, 에이전시, 신문의 편집자들도 포함된다.

평균적으로 10명의 사진기자가 백악관에서 대통령을 취재하며, 프레스룸 옆에 사진기자들이 대기하는 공간이 따로 있다. 이곳에는 6개 책상이 한데 배치되어 있으며, 이 지역은 '스틸스 컨트리(Stills Country)'라고 불린다. 외국 지도자가 방문하는 등 백악관에 중요한 행사가 있는 날에는 최대 25~30명의 스틸 사진기자들이 동시에 모여든다.

백악관을 정기적으로 취재하고 백악관 '하드 패스(hard pass)'를 소지한 스틸 사진기자의 총수는 약 50명 정도인데, 하드 패스를 소지하면 언제든지 백악관 경내와 프레스룸 어디든지 출입할 수 있다.

미국 대통령을 취재할 때 중요한 점은 공간이 넓지 않은 집무실인 오벌 오피스(Oval Office)에서 진행되는 행사도 그렇지만 비행기를 타고 가야 하는 대통령의 해외 순방 때는 '타이트 풀(tight pool)'로만 취재할 수 있다는 것이다.

'타이트 풀'의 가장 작은 형태는 대통령과 함께 에어포스 원을 타고 국내 및 해외 순방을 함께할 12명의 취재진으로 구성된다. 한국의 취재진과 비교하면 상당히 적은 숫자이다. 이 풀은 3명의 통신사 취재기자, 1명의 신문 풀 취재기자, 3명의 TV 네트워크 팀(카메라맨 포함), 1명의 라디오 기자, 4명의 스틸 사진기자(AP, 로이터 통신, AFP, 뉴욕타임스 각 1명)로 구성된다. 스틸 사진기자의 경우 이 4개 조직 외에는 에어포스 원을 타고 동행하지 않는다. 이 4개 조직은 자신들의 클라이언트와 구독자 외에는 이미지를 공유하지 않는다. TV 네트워크에서 1명의 카메라맨이 모든 네트워크와 공유하는 것과는 다른 양상이다. 백악관 내부 행사를 취재하는 풀에도 동일한 4명의 스틸 사진기자가 항상 있지만, 게티(Getty)와 워싱턴포스트(The Washington Post) 사진기자가 추가로 포함될 수 있다. 또한, ISP(Independent Stills Pool)라는 작은 조직의 그룹도 매일

바이든에게 '엄지척'을 지시하는 사진기자. 홍보에 도움이 된다면 뭐라도 할 준비가 되어 있는 대통령과 정치인들에게 사진기자의 연출 요구는 부담스러운 일이 아니다. 조 바이든 미국 대통령이 2024년 6월 17일 펜실베이니아주 필라델피아 컨벤션센터에서 열린 미국의 최대 노조인 노동총연맹산업별조합회의(AFL-CIO) 행사장에서 그에 대해 지지를 선언한 노동자들과 함께 사진을 찍고 있다. 조 람베르티(Joe Lamberti) 촬영(AP). 사진: 연합뉴스.

한 명의 사진기자를 풀에 포함시켜 다른 ISP 조직과 이미지를 공유한다.

구체적으로 한 명의 사진기자를 예로 들어보겠다. 뉴욕타임스(The New York Times)의 더그 밀스(Doug Mills) 기자는 1983년부터 백악관을 출입한 데다 한미정상회담과 국제 행사에서 만난 적이 있고, 소셜미디어를 통해 활동을 지켜봐 왔기 때문에 한국 사진기자들 사이에서 꽤 유명했다. 게다가 2024년 7월 트럼프 대통령 후보가 연설 도중 총격을 받는 순간, 총알의 움직임을 포착한 사진으로 우리나라 국민들에게도 유명인이 되었다. 뉴욕타임스 홈페이지에 나온 경력을 살펴보면, 그는 1960년생이며 UPI 통신 사진기자 4년, AP통신 워싱턴 지국 사진기자로

15년간 근무한 후 2002년 뉴욕타임스로 이직해 현재까지 활동하고 있다. 로널드 레이건 대통령 시절부터 백악관을 출입하며 미국 대통령을 촬영한 것이다. 그의 트위터에는 2024년 6월 현재, 바이든 대통령의 국정 운영 모습과 재선에 도전한 트럼프 전 대통령의 유세하는 모습이 올라와 있다. 16번의 올림픽 취재 등 스포츠 사진도 찍었다. 'nytmills'라는 인스타그램 계정과 'Doug Mills'라는 X 계정을 운영 중이다. 그는 대통령 사진을 찍기 위해 리모트 컨트롤러를 사용하기도 하는 등 백악관 참모들 사이에서는 "창의적인 사진기자"라는 평가를 받는다.

3. 미국에서도 목격되는 기자들과 공무원의 갈등

미국에서는 대통령이나 대통령 후보자 곁에 캠페인 컨설턴트(campaign consultant)라고 불리는 전문가들이 붙어 다닌다. 그들은 상품을 잘 팔기 위해 설득적 콘텐츠를 만들 듯이 정치인이라는 상품이 잘 팔리도록 노력한다. 그중에는 카메라 앞에서 무슨 말을 하고 어떤 행동을 해야 하는지 의견을 나누는 사람도 있다. 대통령 사진이 '그림이 되도록' 미장센을 만들고 주인공의 동선을 짜며, 이미지에 메시지가 담기게끔 역할을 하는 사람이다. 이들은 비주얼 프레임을 잘 만듦으로써 주인공인 대통령이 뉴스를 잘 타도록 유도하는 사람이다. 백악관에서는 '어드밴스맨(advance man)'이라는 용어도 사용한다. 우리로 따지면 '선발대' 정도가 될 것 같다. 기자들은 '랭글러(wranglers)'라고 부르기도 한다. 사전 의미는 '말을 돌보는 카우보이'라는 뜻인데, 대통령 또는 대통령 후보와 함께 동행하는 스틸 사진기자들을 관리한다는 의미로 보인다.

백악관에는 기자들 말고도 대통령 사진을 찍는 공무원들이 있다. 우리나라로 치면 '어공' 전속이다. 최초의 백악관 공식 사진작가는 존 F. 케네디 대통령이 임명한 세실 W. 스토턴(Cecil W. Stoughton)이다. 이전에는 군 소속 사진작가들이 돌아가면서 대통령 사진을 찍었다. 백악관 사진작가는 대통령의 고문들이 선정하며, 최종 결정은 대통령이 직접 내린다. 그만큼 대통령이 안심하고 자신의 이미지를 맡길 사람을 골라서 쓰는 것이다.

미국에서도 '어공' 대통령 전속은 대통령이 바뀌면 교체된다. 2014년 12월 31일 백악관은 전속 카메라맨 피트 수자(Pete Souza)가 한 해 동안 촬영한 대통령의 사진을 모아 '2014: 올해의 사진(2014: A year in photos)'이라는 제목으로 공개했다. 오바마 대통령과 가족의 인간적인 면모가 드러나는 일상 사진 모음이었다. 피트 수자는 후임인 트럼프 대통령을 기록하지는 않았다.

미국에서는 백악관과 사진기자 간의 갈등이 없을까? 2022년 조 바이든 대통령의 맏손녀인 나오미 바이든(Naomi Biden)이 백악관에서 젊은 법률가와 결혼식을 했을 때 일이다. 현직 미국 대통령 손녀가 백악관에서 결혼식을 한 것은 처음이라 언론의 관심이 높았다. 백악관 측에서는 "대통령 가족도 사생활은 보장받아야 한다"며 결혼식을 철저히 비공개로 진행하면서 사전에 촬영한 바이든 부부와 손녀 부부의 기념사진만 공개했다. 비용은 바이든 대통령 가족들이 직접 지불한 것으로 알려졌지만, 기자들은 "대통령은 공인이며 국민 알권리가 우선"이라고 항의했다. 조금 더 심각한 상황이 오바마 대통령 시절에 있었다. 2013년 11월 27일 자 ≪LA타임스≫에 보도된 내용을 ≪미주중앙일보≫에서 인용해 보도한 기사다. 앞서 언급했던 달라이 라마와의 면담 장면을 기자들 없이 백악관 전속이 촬영해 한 장을 배포하자 AP, 로이터 통신 등은 '항의' 차원에서 백악관 측이 공개한 사진을 전 세계에 송고하지 않기로 결정했다. 그러나 이 사진은 백악관 트위터 계정을 통해 일반인에게도 공개됐다.

미국의 버락 오바마 행정부가 사진기자들의 독립적인 대통령 사진 촬영을 제한하고 백악관이 자체 촬영한 사진을 제공해 대중에 비치는 이미지를 부적절하게 조작하려 한다고 백악관출입사진기자단과 38개 언론단체가 항의 서한을 대변인에게 전달했다. 이들은 오바마 대통령의 비서진들이 점점 많은 행사를 사적인 모임이라거나 너무 비좁은 장소에서 일어나는 행사로 만들어 사진기자들의 접근을 차단한 다음 나중에 백악관 사진사가 찍은 사진을 공개하는 일이 잦다고 불평했다. 뒤늦게 사진을 공개한다는 사실은 원래부터 사적인 모임이 아니었다는 증명이라고 그들은 말했다. 사실상 독립적인 사진 저널리즘을 시각 보도 자료로 대체하는 행태이며, 백악관의 시선이 아닌 독립적인 기자들의 눈으로 정말 어떤 일이 벌어졌는지 전할 수 있어야 한다고 항의했다.

앞에서 언급한 뉴욕타임스의 백악관 출입 사진기자 더그 밀스 역시 2013년 오바마 행정부가 사진기자들을 배제하고 전속이 촬영한 사진을 언론에 제공하는 방식에 대해 "트위터, 인스타그램, 페이스북 등 백악관이 갖고 있는 채널을 통해 백악관이 촬영한 사진이 국민들에게 공개되며 우리 사진기자들은 중요한 순간을 찍지 못하고 있다"라고 한숨 쉬며 말했다(King, 2016: 277). 35년간 사진기자 생활을 했던 짐 버그는 필자의 이메일 질문에 답하며, 미국 사진기자들은 백악관의 사진 제공 문제가 오바마 대통령 행정부 시절부터 심각해진 것으로 인식한다고 말하면서, 매번 이러한 일이 발생할 때마다 "출입 기자들이 사진을 찍을 수 있었어야 한다"라고 공식적으로 항의하고 있다고 전했다. 이 항의는 각 부문별 기자 풀 조직과 백악관기자협회(WHCA)에서 주도한다.

실제로 오바마 정부는 기존 대통령들과는 달리 아주 많은 백악관 사진을 사진 커뮤니티인 플리커(Flickr)의 오바마 정부 계정에 올렸다. 가령 2009년 러시아와 이탈리아 및 가나 순방 때는 72장, 2010년 의료보험 개혁 관련해서는 91장, 2011년 재정 협상 관련 사진은 20장을 올렸

미국 백악관 플리커 계정(https://www.flickr.com/photos/whitehouse/)에 올린 사진들
(검색일: 2024년 7월 9일).

다고 한다. 월평균 100~200장 정도의 사진을 국민들에게 무료로 공개함으로써 대통령 사진에 관심이 있는 사람들이 국가 아카이브에 들어가서 한 장 한 장 다운받아야 하던 관행에 변화를 주었다는 것이 오바마 정부의 설명이었다.

이 문제는 오바마 정부에서 대통령과 그의 가족에게 유리한 이미지를 소셜미디어에 올리는 일이 잦아지던 시기에 불거졌다는 점에서 우리 사회에 시사하는 바가 있다. 당시 백악관의 설명은 "다른 대통령들의 비서실과 마찬가지로 현 백악관도 대통령의 활동을 대중들에게 알리려고 백악관 사진사가 찍은 사진을 포함해 동원 가능한 모든 수단을 사용한다"였다. 백악관에서 오랫동안 선발대원(advance man) 역할을 해온 조시 킹(Josh King)은 저서 『오프 스크립트(Off Script)』에서 2013년 오바마 행정부 당시 백악관 공무원들의 입장을 전한다.

앞으로도 전속이 찍은 사진을 배포하는 형식을 계속할 것이다. 과거에도 그래 왔고 기술 개발로 시대가 변했기 때문에 인터넷을 통해 무료로 국민들에게 대통령 사진을 보게 하는 것이 가능한 시대가 되었다.

ⓒ 변영욱

2015년 10월 17일, 미국 백악관에서 열린 한미정상회담 후 기자회견을 기다리는 한미 취재진들.

같은 대통령을 찍은 사진이라도 누구의 렌즈를 통과한 대통령 사진인가는 매우 중요하다. 오바마 행정부가 시작된 이후 백악관과 언론사 사이에 관계에서도 제공 사진은 심각한 이슈로 계속 문제가 되었다. 2009년 오바마 정부 출범부터 지난 15년 동안 AP, 로이터, AFP, 뉴욕타임스, 게티는 백악관이 사진을 배포할 경우, 그 사진을 발행하거나 게재하지 않는다는 원칙을 고수하고 있다고 짐 버그 기자는 말했다.

4. 우리보다 앞선 일본의 투명성

오늘날 상당수 국가에서 대통령이나 총리의 공식 일정부터 사사로운 약속까지 하루 일정을 자세히 공개한다. 미국 백악관 홈페이지에 들어가 보면 대통령뿐 아니라 그 부인의 일정까지도 소상히 알 수 있고, 프랑스의 홈페이지도 마찬가지다. 교황의 경우, 일정을 사전에 공지하고 행사 후 사진도 홈페이지 등에 올려 역사적 기록을 만들고 있다.

일본의 경우도 마찬가지다. 청와대와 대통령실에 누가 왔다 갔다 하는지도 모르는 한국에 비해 일본 총리 공관은 기자들에게 공개되어 있다. 북한 미사일 발사 뉴스 등 중요한 일이 발생했을 때 총리 관저로 뛰어 들어가는 일본 공무원들의 모습이 사진으로 찍혀 보도되는 것은 이런 구조 때문이다. 나이 많은 기자들보다는 주로 신입 기자들이 '뻗치며 기다리기'를 한다.

일본은 공식적으로는 총리의 일정을 (홈페이지를 통해) 공표하지 않지만, 일간 신문 지면에는 기자들이 총리실의 협조를 받아 취재한 '총리의 동정'이라는 꼭지가 따로 있어 그날그날 출근부터 퇴근 시간에 이르기까지 총리가 몇 시 몇 분에 어디를 가고 또 누구를 만났는지가 깨알같이 공개된다(문희상, 2017: 161~162).

일본 총리의 행사는 다른 나라와 달리 소규모로 이뤄진다. 외국 정상이 찾아오는 행사에도 별다른 이벤트가 따로 없이 악수하는(grip and grin, 정치인들이 악수하면서 미소를 짓는다는 의미) 사진 정도가 나올 뿐이다. 그래서 일본 총리실 출입 사진기자들은 우리나라 대통령실 출입 사진기자들처럼 이를 '특별한 경험의 시간'으로 여기지 않는다고 한다. 총리 관저가 일본 국회 건너편에 있어 국회 출입기자들이 '총리실의 일정 통보'가 있을 때 직접 가서 취재하는 경우도 많다. 하루에 총리 일정이 3~4개 정도 있으며 각각의 일정마다 교도통신 이외에 신문사 풀단에 속한 4명가량의 사진기자들이 들어간다.

한편 일본 총리실에는 2명의 전속 사진가가 있는데 한번 전속이 되면 꽤 오랫동안 그 직을 유지한다고 한다.

2015년 11월 한중일 정상회의가 서울 청와대에서 열렸다. 3개국의 정

"新 아베 내각 멤버". 일본의 나카타니 겐(中谷元) 방위상이 2016년 1월 6일 수요일, 북한에서 지진이 감지되었다는 보고를 받은 후 도쿄의 총리 관저에 도착했다. 총리 관저 1층 로비에서 기다리던 기자들이 질문을 하며 같이 뛰고 있다. 기미마사 마야마(Kimimasa Mayama) 촬영 (EPA). 사진: 연합뉴스.

상이 악수하는 장면은 연출 상황일 수밖에 없다. 대화에 앞서 잠시 포즈를 취해주는 방식이다. 정상들이 행사장에 도착하기 전 한국 기자들이 먼저 자리를 잡았다. 나중에 일본과 중국 기자들이 들어왔다. 흥미로운 점은 일본 총리실의 전속 사진가는 환갑이 가까워 보이는 여성이었다. 일반적으로, 카메라맨들이 2대의 카메라를 준비하는 것과 달리 니콘 카메라에 렌즈를 하나만 달고 카메라 가방도 별도로 메지 않고, 행사장에 들어와서 자리를 잡았다. 그녀는 가운데 자리를 고집하지 않았다. 오히려, 일본 교도통신 사진기자에게 가운데에 서라며 자리를 양보했다. 그녀는 자민련이 일본 정계를 계속 장악했기 때문에 오랫동안 전속 사진가로 일할 수 있었다. 지금은 은퇴했지만 여전히 고문 역할을 하고 있다. 현재 일본 총리실 전속 2명을 비롯해 공무원들이 현장에서 어려움이 생기면 전화 등으로 의견을 구하는 것으로 파악된다.

5. 중국의 수행 기자 제도와 북한의 1호 사진가

중국에서 시진핑 주석을 촬영하는 사람은 극소수이며, 국가로부터 직접 통제를 받는다. 공식 통신사인 신화사(新华社) 소속 8~10명 정도의 사진기자가 돌아가면서 정치지도자의 사진을 촬영한 후 중앙선전부의 검열을 받고 나서, ≪인민일보(人民日报)≫를 비롯한 신문에 배포하는 방식이다. 수행(隨行) 기자라고 표현한다.

중국 당 기관지 인민일보의 경우 문화혁명 이전에는 인민일보 소속 사진기자가 촬영한 최고지도자 사진을 실었지만 이후부터는 신화사 소속 사진기자들이 촬영한 사진을 게재하고 있다. 인민일보 기자는 시진핑 바로 앞에서 촬영할 수 없고 멀리 떨어진 곳에서 촬영하는 것은 가능하다. 중국에 있는 AP, AFP, 로이터 통신 등 외국 통신사 소속 사진기자 역시 망원렌즈를 활용해 멀리서 촬영하는 것은 가능하다. 다만, 인민대회당에서 열리는 전국인민대표대회 등 큰 행사에만 초청된다.

우리 정부에서는 북한의 김정은 사진을 2008년부터 '1호 사진'이라고 부른다. '1호 사진'은 단순한 기록보다는 주인공을 위대해 보이게 하려는 목적에 충실한 사진이다. 영화광이자 이미지 전문가였던 김정일이 북한 정치에 개입한 1967년부터 틀이 잡혀 현재까지 이어지고 있다. 열린북한방송은 2009년 11월 20일 자 기사를 통해 "1호 사진을 전문적으로 찍는 사람들은 중앙당 역사연구소와 조선기록영화촬영소의 1호 사진 팀이라고 말했다. 이들은 1호 사진을 고정적으로 전담하며 팀의 촬영 작가는 '1호 사진 촬영가'라고 불린다"라고 밝혔다. 이들이 촬영한 사진은 검열을 거쳐 ≪로동신문≫ 등에 게재된다. 기자의 이름은 없고 '본사정치보도반'이라는 이름으로 게재된다. 보안을 위한 조치로 보인다. 중국에 비해서는 인원이 적은 것으로 보이며, 스틸 사진을 기준으로 하면 대략 4명 전후의 1호 사진가가 있는 것으로 파악된다.

6. 인상적인 미국 포토매니저의 섬세함

대통령을 따라 미국 워싱턴 펜타곤에 들어가 본 적이 있다. 세계 최고의 강대국, 게다가 9.11 테러 당시 타깃이 되었던 펜타곤의 경비는 삼엄할 것이고, 규제 또한 강할 것이라고 예단했다. 춘추관에서 이미 취재진 명단을 통보했지만, 여권까지 준비해서 가야 한다는 말에 긴장했다. 그러나 정작 안에 들어가자 여권을 검사하지도 않았고 몸수색도 별도로 하지 않았다. 펜타곤 본관 앞 리버퍼레이드 광장에 태극기와 성조기가 나란히 걸렸고, 우리 대통령이 이곳에서 미 육해공군과 해병대 등 미군을 사열할 준비를 했다.

인상적인 것은 포토매니저였다. "너희들의 대통령은 이쪽에서 나와서 의장대 사열을 이 방향으로 한 후 사열대 위로 올라간다. 너는 여기서 와이드렌즈로 찍다가 이 시점에는 저쪽으로 뛰어가서 기다리면 몇 종류의 사진을 찍을 수 있다. 망원렌즈를 쓰는 게 좋을 것이다. 다만 행사 중 가운데로 들어가면 안 된다. 특히 대통령 전속 사진가인 당신은 나를 꼭 따라 다녀라. 내가 당신을 오늘 케어(care)하겠다"라고 알려줬다. 그들은 사진 촬영과 관련해 분명한 프로토콜이 있었다. 그리고 완벽한 사진을 찍을 수 있게 해주었다. 주인에게도 방문객인 한국 대통령에게도, 그리고 그걸 기록하는 한국 취재진에게도.

김영삼 대통령 시절 전속을 했던 김현종도 현역 시절을 회고하며 비슷한 의견을 주었다. "미국 백악관의 공보 조직에는 기자를 담당하는 할머니 직원이 있더군요. 사진기자를 안내하는 정부 공무원도 따로 있었습니다." 사진을 담당하는 정부 공무원은 일반적인 의전을 담당하는 공무원과는 다른 생각을 할 수 있다. 전례에 따라 전년도와 똑같은 시나리오로 행사를 진행하는 것이 일반적인 의전 방식이라면 사진을 담당하는 포토매니저는 빛의 방향에 따라 사진 촬영 포인트를 옮길 생각도 할 수 있다. 역광 상태에서 대통령의 얼굴이 그늘에 완전히 묻혀버리는 것을

2015년 10월 15일 박근혜 대통령이 펜타곤을 방문했을 당시 모습. 이 현장에는 체크리스트를 들고 언론사 기자들의 동선을 안내하는 포토 매니저들이 있었다. 당시 청와대 전속 제공.

막기 위해서다. 대통령의 동선과 사진기자의 동선을 미리 짜놓으면 좋은 사진을 찍을 가능성이 높아진다. 실제로 미군이 운영하는 한국의 오산 공군기지를 통해 미국의 주요 인사가 한국에 입국할 때 사진기자들이 사진을 찍는 포인트는 시간과 빛의 방향에 따라 바뀐다.

키워드로 본 우리나라
대통령 사진의 특징

1. 가족사진

2005년 1월 21일 자 《동아일보》 A6면에는 조지 W. 부시 미국 대통령의 취임식을 하루 앞두고 백악관에 모인 대통령의 가족과 친척들의 단체 사진이 실렸다. 대통령의 측근을 국민들에게 투명하게 보여준다는 점에서 현대 민주주의 사회에서 오히려 바람직한 보도 태도라고 할 수 있다.

우리나라에서도 대통령의 가족사진이 신문에 실리는 경우가 있어왔다. 우선 권위주의 시대에는 매년 1월 1일 신년이 되면 신문에 대통령의 가족사진이 실렸다. 《동아일보》 1959년 1월 1일 자 2면에는 이승만 대통령의 연두사를 소개하는 기사 옆에 이승만과 프란체스카 여사가 의자에 앉고, 뒤에 양아들이 서서 세 명 모두 카메라를 응시하는 사진이 실렸다. 바로 아래에는 장면 부총리 부부의 사진도 게재되었다. 1960년 1월 1일 다시 한번 등장했던 대통령의 가족사진은 이후로는 사라졌다가, 10여 년이 지난 1972년 1월 1일 자 1면에 다시 등장한다. 양복을 입은 박정희 대통령과 한복 차림의 육영수 여사가 웃으며 어딘가를 바라보는 모습의 사진이다. 대통령 신년사의 내용을 소개하는 기사와 함께 게재되었는데, 이승만 시절의 기념사진이 스튜디오에서 촬영된 형식이 었던 데에 비해 자연스러운 느낌을 준다. 박정희 대통령의 가족사진은 1973, 1974, 1977, 1978, 1979년에도 게재되었다.

전두환 대통령의 가족사진은 1981, 1982, 1983년 3년간 게재되었는데, 모두 의자에 앉거나 선 채로 정면의 카메라를 응시하는 모습이다. 특히 1981년 1월 1일 자 1면에는 대통령 내외와 함께 자녀인 3남 1녀의 자녀 모두 등장한다. 1983년과 1984년 모두 1월 1일 자 1면에 게재되었는데 양복을 입은 전두환 대통령이 화면 왼쪽에 서 있고, 한복을 입은 이순자 여사가 오른쪽 의자에 앉아 카메라를 응시하고 있다. 1984, 1985, 1986, 1987, 1988년에는 가족사진 대신 한복을 입은 채 신년사를 발표하는 대통령의 사진이 게재되었다.

이 이후에는 대통령의 가족사진도 다른 양상을 띠게 되는데, 대통령의 공식 행사를 수행하는 영부인의 모습으로 게재되거나 뉴스 형식으로 게재되었다. 1984년 1월 5일 자 1면에는 전두환 대통령 내외가 3부 요인들에게 신년인사를 받는 사진이 게재되었고, 1986년 1월 4일 자에는 한복 차림으로 자녀들의 세배를 받으며 첫 손자를 안고 있는 전두환 대통령 내외의 웃는 모습이 게재되었다.

대통령의 가족사진은 가화만사성(家和萬事成)을 강조하는 유교 정치의 레토릭이다. 전두환 대통령의 경우 신년사를 발표하면서 한자가 쓰인 병풍을 배경으로 사용했는데, 문민정부가 아닌 군부정부였던 만큼 인문학적 소양을 강조하기 위한 의도로 보인다. 또한 대통령이 국부라는 자기 정체성을 갖고 있었던 것으로 해석할 수 있을 것이다. 따라서 1월 1일 자 신문 지면에 대통령의 가족사진이 등장하는 관행이 사라진다는 것은 대통령과 영부인이 자신들을 국부나 국모로 내세우는 방식이 통하지 않는 시대가 되었다는 것을 의미한다. 그 대신 제도화와 합법적 절차라는 측면이 강조된 사진이 자리를 대신하게 된다.

1980년대 유교적 대통령 사진이 사라진 이유를 설명할 또 하나의 요인은 신문 시장 자체의 변화다. 한양대 이종수 교수에 따르면 1987년 6.29민주화선언 이후 신문 시장 진입 자율화가 이뤄지면서 한국 신문 시장의 경쟁이 심화된다(이종수, 2003). 1987년 6.29민주화선언 이전에 30개였던 일간신문이 창간, 복간 붐을 타고 1년 후인 1988년에는 두 배 이상인 65개로 늘어나고, 노태우 정권이 끝나는 1993년 2월 말에는 112개로 네 배 가까이 늘어난다. 이와 같은 자율 경쟁 체제에서 각 신문사는 치열한 증면 경쟁에 돌입한다. 신문 시장 경쟁이 심화되며 변화하는 독자 취향에 맞추기 위해 한국 신문의 외양도 크게 변모한다. 한국 신문이 현대적 감각의 편집 시도하려는 경향을 보인 것은 1970년대 들어서이지만, 보다 획기적인 변화는 1987년 이후 언론사 간 경쟁이 심화되면서 나타난다. 신문사는 사내에 지면쇄신위원회를 설치하고 지면 개선에 박차를 가하면서 컬러 사진의 대형화, 섹션 편집, 가로쓰기가 확산되기 시작했다. 대통령 사진의 변화도 이처럼 지면의 모습을 바꿔 독자들의 취향에 맞추려는 노력이 경쟁적으로 일어나면서 동반된 변화일 가능성이 높다. 언론사 자체의 논리에 따라 사진이 게재되면서 청와대의 입장에서 보면 언론이 대통령의 이미지와 평판 관리에 도움이 되지 않는다고 판단할 수 있는 상황이 도래했다. 언론을 통한 이미지 관리의 한계를 인식하고 자체적인 홍보 활동 가능성을 타진하기 시작한 시점도 그 시기부터라고 할 수 있다.

2. 영부인 사진에도 논리가 필요하다

박정희 대통령의 배우자인 육영수 여사 이후에 한국의 영부인들은 매스미디어에 별로 등장하지 않았다. 특히 혼자서 일정을 소화하는 모습은 드물었다.

영부인이 적극적으로 이미지를 연출해 등장한 것은 김정숙 여사 때부터라는 평가가 많다. 문재인 대통령이 2012년 처음 대선에 도전할 때부터 팟캐스트 등에 출현해 문 대통령을 알리는 데에 열의를 보였던 김정숙 여사는 청와대에 들어간 이후에도 활발히 활동을 했고, 사진에도 자주 등장했다. 김정숙 여사는 해외 순방 시에 문재인 대통령보다 앞서 걸어 나간다는 비판을 들은 적도 있지만, 대체로 카메라 앞에서 노련한 모습을 보였다. 본인이 직접 외교 현장에서 플레이어로 역할을 하기도 했고, '전통적인 상징'을 잘 활용하면서 카메라 앞에 섰다.

두 번의 노력 끝에 문재인 대통령이 당선된 후, 서울 서대문구 자택에서 청와대로 이사를 하는 날이 되었다. 이미 대부분의 짐이 청와대로 옮겨진 상태였을 것이다. 밖에 시민들과 취재진이 기다리는 가운데 집 앞에 검정색 승용차 한 대가 섰다. 청와대에서 보낸 승용차에 타면 이제 그는 국가의 퍼스트레이디가 된다. 출발 시간이 되자 그는 후일 제2부속실장이 된 여비서와 함께 여행용 가방 2개를 끌고 나와 차에 실었다. 당시 현장 사진기자들은 '자신의 일은 자신이 직접 하는 모습을 연출한 것'으로 이해했다. 주목할 만한 두 번째 장면은 '곶감 말리는 김 여사' 사진이었다. 2017년 11월 7일 트럼프 미국 대통령이 국빈방문 했을 때 청와대에서는 곶감을 대접했다. 그 며칠 전인 11월 2일에 여사가 감을 깎아 청와대 사저에 매달았다는 사진과 글이 11월 4일 인스타그램에 올라왔다. 임종석 비서실장이 직접 찍었다는 사진 속에는 김정숙 여사가 처마에 곶감을 널어놓고 편안한 자세로 신문을 읽는 모습이 담겼다. 농촌 어머니들의 모습과 흡사했다. 트럼프 부부에게 대접한 곶감과 청와대 사저의 곶감은 다르지만, 팩트를 정확히 확인하지 않으면 헷갈릴 수 있는 사진이었다.

청와대는 "국빈을 최고의 예우로 모시기 위해 김 여사가 몇 주 전부터 정성을 들인 것"이라며 "며칠 전 사진에 공개한 감들은 아직 곶감이 되지 않아서 내놓지 못했고, 김 여사가 미리 만들어둔 곶감을 사용했다"라고 설명했다. 인도네시아 국빈방문에서 태권도를 하는 모습도 인상적

청와대로 이사하는 김정숙 여사. 2017년 5월 13일 오후 서울 서대문구 홍은동 사저에서 문재인 대통령의 부인 김정숙 여사가 캐리어를 끌고 승용차로 이동하고 있다. 사진: 청와대사진기자단.

이라는 평가가 많았다. 2018년 평창올림픽 때에는 이방카(Ivanka Trump) 미국 백악관 보좌관과 함께 평창 알펜시아 스키점프센터에서 열린 스노 보드 경기를 보면서 박수를 치고, 싸이의 「강남스타일」에 맞춰 어깨를 들썩이거나 셀카를 찍기도 했다.

　김정숙 여사의 사진을 전속이 촬영한 경우도 꽤 많았다. 인터넷 언론 에서 사진기자를 했던 여성이 청와대에 들어가 전속 활동을 했었다. 하 지만 그 여성 전속이 김정숙 여사만 전담했던 것은 아니고 대통령 행사 가 있으면 촬영을 나가되 영부인의 일정이 겹치면 주로 영부인 쪽을 맡 는 식이었다. 현재 김건희 여사의 경우에도 대학을 갓 졸업한 여성 사진 가가 전속에 포함되어 있긴 했지만, 역시 영부인을 전담하지는 않는 것 으로 알려진다. 국민의 세금으로 운영되는 대통령실이므로 사진을 찍 는 전속 사진가 역시 세금으로 월급을 받는다. 여사의 일정을 한 사람의 전속 사진가가 기록한다는 것은 국민의 눈높이에서 보면 어색한 일이기 때문에 여사 전담 전속이 따로 존재하기 어렵다.

　김건희 여사의 사진은 김정숙 여사 못지않게 언론사와 인터넷에 뿌려 졌다. 2023년 대통령실이 언론사에 제공하는 사진의 숫자를 계산해, 김건희 여사 사진이 대통령 사진보다 많은 날이 꽤 있다고 보도한 언론사도 있었다. 사진의 내용도 공적인 업무와 상관없다는 비판이 많았다. 가장 많이 비판받은 사진은 순천 정원 박람회에서 관람용 카트를 타고 가다가 뒤를 바라보는 독사진이었다. 대통령실이 제공한 이 사진은 구도와 배경 정리, 빛, 표정 등에서 완벽한 사진이었다. 전속이 "여사님 여기 카메라를 보시죠"라고 주문을 한 것인지 자연스럽게 포착한 것인지는 알 수 없지만, 사진 자체로는 인생 숏이라고 할 만큼 훌륭했다. 문제는 개인 소장용으로 충분했을 사진을 왜 공개했느냐는 것이었다. 김건희 여사는 스마트폰으로 촬영한 사진이 아닌, 주로 전속용 카메라가 촬영한 것으로 보이는 사진을 배포했다. 관리를 좀 더 철저하게 했다는 의미다. 하지만 내용의 취사선택에서 국민들의 정서와는 괴리가 있었다는 평가가 많았다. 외교 무대에서 불필요하게 화면 가운데에 등장했다는 지적 역시 대통령실 입장에서는 사후에 뼈아픈 경험으로 남았을 것이다. 사진 자체로 훌륭하다고 해서 좋은 평가를 받는 것은 아니다. 왜 이 사진이 찍혔는지, 왜 이 사진을 공개하는지를 묻는 독자를 납득시킬 만한 논리가 결여된 느낌이다.

3. 사진 촬영 기회 (photo op)
준비되지 않은 표정은 찍히지 않는다

1980, 1990년대 기자들의 카메라는 정부종합청사에서 고발 사진을 찍는 경우가 꽤 있었다. 업무를 태만히 하거나 멀쩡해 보이는 비품을 버리는 모습을 촬영해 국민 혈세의 낭비를 막자는 취지였다. 그런데 요즘에는 그런 사진이 나오지 않는다. 과거에는 기자들이 사전 허락 없이 관공서에 들어갈 수 있었지만 이제 기자들은 함부로 관공서를 출입할 수 없다. 정부의 특정 부처에서 브리핑을 한다면 사진기자들은 정부청사

경비실에 가서 주민등록증이나 운전면허증을 맡기고 1회용 출입증을 발급받아야 한다. 해당 부처에서 직급이 가장 낮은 공무원이 사진기자들을 인솔해 해당 회의실로 안내한다. 허락된 취재가 끝나면 청사를 나와야 한다.

줄리앤 뉴턴(Julianne H. Newton)은 "카메라가 자신을 향한다는 사실을 알고 있을 경우 거의 모든 피사체들은 스스로의 행동을 어느 정도 조절하고 있었다"고 하며 이렇게 조절된 행동을 '사진적 행동'이라고 명명했다(뉴턴, 2006: 62). 대통령의 얼굴 표정은 정치적 리더십과 불가분의 관계라고 할 수 있는데, 자신 있고 위엄에 찬 표정은 강한 리더십을 상징하며, 부드럽고 온화한 표정은 대중적이고 따뜻한 리더십을 보여주는 것이다. 고개를 숙이거나 한숨을 쉬는 모습은 리더십이 흔들리고 있다는 증거가 되기도 한다.

동양의 중년 또는 노년 남성은 미국이나 유럽과 달리 얼굴에서 표정이 잘 드러나지 않는다. 좋을 때나 화가 날 때나 표정이 비슷하다. 역대 대통령 가운데 이승만, 박정희, 전두환 대통령의 사진에서 웃는 모습은 흔하지 않았다. 당시 일반인들의 평균적인 모습이 그러했다.

하지만 최근 우리나라 대통령과 정치인들은 환하게 웃는 표정이 많다. 이게 가능하려면 대통령이 웃을 때 카메라 기자들이 가까이 가도록 시간을 통제하면 된다. 카메라 기자들이 가까이 와 있는 잠깐 동안 웃는 얼굴을 유지하면 되는 것이다. 우리나라의 경우 대통령의 실제 생활을 보여주는 사진은 거의 없다. 대통령의 공식 일정을 기록하는 사진이 대부분이고, 이 사진들은 사전에 계획된 시나리오에 따라 진행되는 행사에 초대받은 사진기자들이 촬영한 것이다. 보수와 진보 성향의 대통령 모두가 이 방식을 취했다. 그러나 이런 방식만으로는 자연스러움을 확보할 수 없다. 게다가 대통령 곁에는 사진을 담당하는 공무원이 있어 시나리오에 맞게 촬영 기회를 준다. 이렇게 연출된 사진이 국민들에게 전달된다.

미국이나 프랑스 등에서는 가끔 휴가를 즐기는 대통령을 망원렌즈로 촬영하기도 하지만, 우리나라에서는 아직 대통령의 사생활을 관찰하는 사진도 없다. 대통령 경호 팀이 삼엄하게 경호하기 때문일 것이다.

4. 어린이 사진
미래세대에 대한 책임감

화동(花童) 사진은 우리에게 매우 익숙하다. 대통령이 해외 순방을 가면, 교포의 초등학생 자녀들이 대통령을 환영하며 공항에서 꽃다발을 준다. 대통령 내외는 어린이들과 포옹한다. 외국 대통령의 방문을 맞아 환영식을 할 때도 가끔 서울 시내 초등학교에서 선발된 어린이들이 화동 역할을 한다. 대통령을 비롯한 정치인 사진에 어린이들이 등장하는 것은 중국과 우리나라를 제외한 외국에서는 흔치 않은 장면이다.

물론 서양에서도 어린이의 모습이 뉴스에 등장하긴 한다. 2016년 시리아 알레포(Aleppo)에서 폭탄을 맞고 피투성이가 된 채 구급차 안에 앉아 있던 소년 옴란 다크니시(Omran Daqneesh)의 모습은 전 세계인들의 동정심을 불러일으켰다. 하지만 이러한 경우를 제외한다면, 세계적으로 볼 때 신문 정치면에 어린이 사진이 실리는 경우는 드물다.

어린이는 눈길을 끄는 사진 요소이기는 하다. 광고계에서는 3B 요소인 'Beauty(미인)', 'Baby(아이)', 'Beast(반려동물)'을 이용하는 것이 만화 캐릭터나 역사적 인물을 이용하는 것보다 상품을 판매할 가능성이 더 높다고 본다(프랫카니스·엘리엇, 2005: 32). 그중 유명인 3B는 더욱 효과적이다. 유명한 젊은 여성 셀럽이나 한 연예인의 세 쌍둥이 아이들, 인기 많은 품종의 반려견 사진 등이 특히 시선을 끈다.

우리나라에서 어린이 사진은 일반 시민들도 가장 많이 찍는 사진이다. 소셜미디어의 프로필에도 자녀들의 사진을 올린다. 우리나라 사람들이 자녀들의 얼굴을 프로필 사진으로 쓰는 빈도가 다른 나라에 비해 아주 높다는 분석 결과도 있다. 이런 이유로 정치면 사진에 어린이가 등장해도 별로 어색하게 느끼지 못한다.

　실망스러운 현실에 대한 반대급부로 미래를 희망하며 하루하루 살아가는 분위기 탓일 수도 있을 것 같다. 어떤 정치인이 '미래세대에 대한 책임' 때문에 뭔가를 하겠다고 하면 그의 주장은 정당화되는 경우가 많다. 비슷한 느낌의 정치인이라도 주변에 아이가 있으면 희망의 이미지를 준다. 당장 나는 굶더라도 자식에게는 최고의 교육 기회를 제공하려는 우리 사회의 교육열과도 관련이 있는 것 같다. 미래세대에 대한 어른의 책임감 때문에 시위에 어린이가 등장하면 심각한 이슈가 되기도 한다.

　하지만 대통령 사진에 등장하는 어린이들에 대해서는 앞으로 다른 의견이 나올 수도 있다고 생각한다. 가령, 시위 현장에 어린이들이 나와서 사진 찍히는 것은 바람직하지 않다는 목소리가 많다. 자기결정권이 없는 아이에게 엄마, 아빠의 입장을 그대로 적용시키는 것 아닌가 하는 비판이다. 내 아이지만 내 마음대로 해서는 안 된다는 의미다. 그들에게도 정치적 입장을 선택할 권리와 초상권이 있다는 목소리도 들린다. 미래세대에 대한 책임, 그래서 어린이가 등장한 사진이 정당화되는 측면이 있고 시위에 어린이가 등장하면 그 이슈는 좀 더 주목받는 효과도 있다. 갓난쟁이를 업고 나온 것, 유모차를 끌고 나온 것은 이해된다. 맡길 곳이 없어서 그렇다고 집에 앉아서 세상이 망가지는 것을 볼 수 없어 나왔다고 하면 이해할 수 있다. 그런데 집회에 나와서 아이들이 구호를 외치는 문제는 또 다른 차원으로 보아야 한다. 구호를 외친다는 것은 세상을 충분히 이해하고 방향이 섰다는 것 아닌가. 과연 그 어린이들은 자신들이 외치는 구호가 갖고 있는 메시지를 이해한 것일까. 초상권 문제에 점점 사회의 관심이 높아지면서 시선을 끌 수는 있지만, 아이들을 이미지에 동원하지 않으려는 어른들의 책임감도 강조되어야 한다는 주장이 앞으로는 더욱 설득력을 얻을 것이다.

5. 독재자를 우러러 보는 사진

우리 문화에서는 대통령을 아래에서 위로 찍지 않는다

바람에 머리카락이 어지럽게 날리는 대통령의 사진이 우리나라 신문에 실릴 수 있을까? 2018년 4월 7일 토요일 ≪서울신문≫ 5면에는 백악관을 출입하는 통신사 기자가 촬영한 트럼프 대통령 사진이 실렸다. 산발한 대통령 사진이 우리나라 신문 지면에 실리면 대통령 본인과 참모들뿐만 아니라 국민들도 그걸 찍은 기자에게 좋은 반응을 보이지는 않을 것 같다.

정치 분위기와 국민의 기대에 따라 시각 커뮤니케이션은 달라진다. 시각 커뮤니케이션은 그 사회에서 공유된 문화적 기반에 따라 형식이 달라진다. 어떤 사회에서는 유효한 사진이 어떤 사회에서는 전혀 수용되지 않을 수 있다. 반호스트(Kevin Barnhurst)는 신문을 '사회 문화적 제도 또는 양식'으로 보았으며(Barnhurst,1994), 레스터(Paul Martin Lester)도 신문의 구성 요소 중 하나인 신문사진 역시 정치, 경제, 사회, 문화적 맥락 속에서 형성되고 변화되어 간다고 보았다(Lester, 1991). 배럿(Terry Barrett)에 의해 "같은 사진이라도 사진이 이용되는 맥락에 따라서 그 의미가 다양하게 나타난다"는 주장도 제기되었다(Barrett, 1985). 사진이 권력 관계를 반영하기도 하지만, 문화를 반영하기도 한다. 사진은 사회적 그리고 문화적 맥락 속에서 발생하는 현상이기 때문에 한국과 미국은 사진에 대해 서로 다른 태도를 지니며, 이는 인물에 대한 표현 방법에서도 마찬가지다. 어느 사회에서는 통하지만 어느 사회와 문화에서는 통하지 않는 이미지가 있다. 거부감마저 주기도 한다. 스티브잡스식 청바지 차림의 PT가 한국 정치인의 출마 선언에 그대로 복제되는 것이 적절한지, 그 방식이 사람들의 시선을 끌고 매력적으로 보일지 가늠하는 것은 문화적으로 그런 방식이 공유되고 있는지 점검하면 답이 나온다.

첫째, 우리 사회에서 수용되는 대통령 사진의 미장센이 있다. 아르헨

문화적 차이가 반영된 트럼프의 산발 사진. 한국의 경우 이런 사진이 발행되는 경우가 많지 않다. 2019년 12월 18일 트럼프 미국 대통령이 전용기에 오르고 있다. 에번 부치(Evan Vucci) 촬영(AP). 사진: 연합뉴스.

티나를 국빈 방문한 버락 오바마 미국 대통령이 현지 일자로 2016년 3월 23일 부에노스아이레스 국빈 만찬장에서 여성 댄서와 아르헨티나 전통 춤인 탱고를 추었다. 여성 댄서가 먼저 탱고를 신청했고 오바마 대통령은 몇 차례 거절하다 댄서의 손을 잡고 플로어로 나갔다. 미셸 여사도 남성 탱고 파트너의 안내로 탱고를 췄다고 AP통신은 전했다. 아직 한국 정치인의 사진에 등장하기에 탱고는 어색할 수 있다. 한국의 정치인들은 정치 일정의 시작으로 행하는 의례가 있다. 총선이나 대선 예비 후보로 등록한 뒤 첫 번째 일정으로 선조들의 묘소를 찾는다. 선거가 끝난 다음 날 새벽의 첫 일정 역시 비슷하다. 어떤 세력은 국립현충원을 찾고, 어떤 세력은 광주 망월동 묘역을 찾는다.

둘째, 우리나라 대통령 사진에서는 대통령만을 부각하는 경우가 많지 않다. 얼굴만 클로즈업한 사진보다는 허리나 무릎까지 보이는 사진이 주로 사용된다. 대통령 혼자 있는 사진보다는 주변 환경이 잘 보이는 사진이 선택된다. 대통령에게만 조명이 집중된 사진, 즉 스포트라이트(spotlight)를 이용한 사진도 거의 발견되지 않는다.

대통령 주변에 이른바 병풍이라고 하는 많은 사람들이 함께 사진으로 찍히는 것이 어수선한 분위기를 만든다는 주장이 있을 수 있는데, 우리 문화의 맥락에서는 오히려 독불장군처럼 혼자 있는 대통령보다 여러 사람과 같이 있는 것이 자연스러울 수도 있다. 대통령 개인을 우상화하거나 특별한 존재로 부각시키는 과도한 시도가 수용자에게는 낯설게 느껴질 수도 있다. 우리나라에서 대통령 혼자 있는 사진의 경우 아주 작은 크기로 사용될 뿐 지면에서 두드러지지 않는다. 이것은 대통령 개인보다는 대통령이 처한 환경이나 맥락을 중시한다는 것이다. 동양인들은 상호의존적인 사회에서 살기 때문에 자기(self)를 전체의 일부분으로 생각하지만, 서양인들은 독립적인 사회에서 살기 때문에 자기를 전체로부터 독립된 존재로 여긴다는 주장이나(니스벳, 2004: 80), "동양인들이 서양보다 훨씬 더 넓은 각도의 렌즈로 세상을 본다"는 마스다(増田貴彦)의 가설(니스벳, 2004: 90)은 한국 사진을 이해하는 데 도움을 준다.

셋째, 우리나라 대통령 사진은 눈높이에서 촬영되거나 카메라가 높은 곳에 위치한 상태에서 촬영된 경우가 많다. 연단 아래에서 위에 있는 정치 지도자를 촬영하면 그의 힘이 강하게 느껴지는 사진이 된다. 위에서 아래에 있는 독자를 내려다보는 관계가 설정되기 때문이다. 2024년 7월 유세 중 총탄에 맞은 트럼프 미국 대통령 후보가 포효하는 사진이 강한 인상을 준 것은 화면의 완벽한 구성과 뒤에 있는 성조기라는 상징 요소가 포함되어 있기도 했지만 기본적으로 우리보다 위에 있는 위치 때문이었다. 흔히 독재자의 경우 카메라가 피사체를 올려다보며 촬영하는 경우가 많다고 알려져 있지만 우리나라 역대 대통령 사진은 군사독재 시절을 포함해 대체적으로 로우 앵글은 거의 발견되지 않는다. 이것은

위에서 아래로 찍은 '하이 앵글'사진이다. 이명박 대통령이 2012년 1월 4일 서울 중구 남대문로 5가 안중근의사기념관에서 박승춘 국가보훈처장에게 2012년 업무 보고를 받고 있다.
사진: 청와대사진기자단.

로 앵글(low angle)로 촬영할 경우 자칫 인물이 왜곡되어 보일 수 있기 때문이기도 하고, 전체적인 상황을 설명하는 데 적절하지 않기 때문이라고 추론할 수 있다. 우리에게 익숙한 대통령 사진들은 로 앵글보다는 아이 레벨(eye level) 또는 하이 레벨(high level)에서 찍은 사진이다.

6. 대통령의 머리색
대중을 향한 예의

회사에 출근한 직장인이 구두가 아닌 슬리퍼를 신고 일하는 모습을 우리는 어색하게 여기지 않지만, 외국인 중에는 의아해하는 경우도 있다. 대중교통으로 출근할 때는 운동화를 신지만 사무실에서는 구두를 신는 것을 정상으로 보는 문화가 있는 것이다. 일본 기자들과 얘기를 나눈 적이 있는데 사무실에서 여직원이 헤어 롤러를 감고 업무를 보는 우리 문화가 어색하다고 했다. 사무실을 공적 공간으로 보느냐 생활공간으로 보느냐의 인식 차이가 반영된 것이다.

필자는 우리 사회가 외모에 대해 지닌 독특한 기준 중 하나가 '진짜'보다는 '그럴듯함'을 선호하는 것이라고 본다. 신문 칼럼의 인물 사진을 예로 들어보자. 칼럼리스트 중 많은 사람들은 현재의 자신과 누가 보더라도 차이가 나는 10년 전 증명사진을 현재 모습이라고 주장하며 자신의 글 위에 붙여놓는다. 엄밀하게 따지면 가짜 사진이다. 그런데 독자들은 이런 선택 과정을 당연하게 받아들인다. 언제 적 사진을 신문에 써줬느냐고 항의하는 독자는 없다.

우리 사회의 보여주기 문화는 정치인들의 머리카락 색에서도 드러난다. 대부분의 정치인들이 흑발을 선택하는 것은 다른 문화에서는 보기 드문 현상이다. 60세 이상의 대통령과 국회의원들의 머리카락 색은 거의 검정색이다. 일부 국가에서는 정치인이 머리를 염색하는 것을 금기시한다. 특히 프랑스는 정치인의 머리 염색이 유권자와 국민을 속이는 행위로 간주되어 발각되면 여론의 뭇매를 맞는다.[1] 하지만 한국에서는 오히려 백발로 카메라 앞에 서는 정치인을 이상하게 생각한다.

강경화 외교통상부 장관은 염색을 하지 않고 활동해 그의 회색 머리

---

1 그렇다고 프랑스의 정부가 언론에서 정치인 사진을 있는 그대로 국민들에게 보여주는 대표 국가라고 볼 수는 없다. 2008년 프랑스 일간지 ≪르피가로(Le Figaro)≫에서 당시 라시다 다티(Rachida Dati) 법무장관의 인터뷰 기사를 보도하면서 유명 보석 브랜드인 쇼메(Chaumet)의 약 2800만 원짜리 반지를 지워 보도한 사실이 뒤늦게 밝혀졌다. 2007년에는 프랑스 시사주간지 ≪파리 마치(Paris Match)≫에서 여름휴가를 즐기는 사르코지(Nicolas Sarkozy) 프랑스 대통령의 사진을 뱃살을 없애고 날씬한 허리를 만들었다가 경쟁지가 폭로하는 바람에 이슈가 된 적도 있었다. 당시 프랑스 사진기자들은 "사진 수정은 엄격히 금지되어야 한다"고 반발했으나, 엘리제궁 측은 "전자 사진의 등장으로 사진 수정 작업은 당연하다"고 변호했다.

카락이 트레이드마크가 되기도 했다. 미국 정계에서는 흔히 있는 노년층의 머리카락 색이 한국에서는 독특함으로 인식되는 것이다.

대통령을 포함한 한국 정치인의 머리카락 색은 왜 온통 검정색일까? 그리고 염색을 하는 것이 국민을 속이는 일일까?

토요일 오전 KBS 방송에서 〈황금물고기〉라는 프로그램을 한다. 세상을 먼저 살았던 노인들이 자신들의 삶을 회고하고 시청자들에게 교훈을 주는 프로그램이다. 여기에 나오는 여성 아나운서의 나이는 30대이고, 어려웠던 시절을 증언하는 사람들은 모두 70, 80대다. 그런데 그들의 머리색은 모두 검정색으로 똑같다. 중년의 아나운서는 젊은이처럼 노란색으로 부분 염색을 했다. 비단 정치인뿐만 아니라 시민들도 대중앞에 나설 때는 머리카락을 염색한다.

우리나라 사람들은 염색을 누군가를 속이는 것으로 보지 않는 것 같다. 오히려 자기 자신을 관리할 능력과 시간이 있고, 상대방의 기대에 부응하는 하나의 예의로 받아들이는 듯하다. 염색은 우리의 문화 중 하나인 것이다.

정치인의 염색 현상은 중국에서도 비슷하다. ≪뉴욕타임스≫는 2019년 3월 7일 자에서 "시진핑 주석이 중국 지도부의 '흑발정치' 전통을 깨고 염색을 포기했다"라고 보도했다. 그러면서 종신 집권 기반을 닦아놓은 만큼 이제는 독자적인 스타일로 통치하겠다는 자신감의 표현이라고 해석했다. 그 전의 장쩌민(江澤民), 후진타오(胡錦涛) 주석이 항상 검은 머리로 대중 앞에 나섰던 것과는 차이가 난다는 것이었다. 후진타오는 열흘에 한 번 염색한다는 말이 돌 정도였고, 마오쩌둥(毛泽东)과 덩샤오핑(邓小平) 역시 만년까지 주로 흑발에 가까웠다.

미국 하버드대학교 정치학자 줄리언 게위츠(Julian Gewirtz)는 "과거 중국 지도부의 검은 머리는 내부 순응과 규율을 나타낸다면서 중국 고위층의 갑작스러운 흰머리는 은퇴나 낙마를 의미하기도 한다"라고 해석했다. 우리의 경우도 마찬가지다. 현직에서 은퇴하면 갑자기 노인으로 보이는 이유 중 하나가 헤어 염색이다. 권력과 명예에 대한 관심이 사라지면서 헤어와 피부 관리는 더 이상 하지 않기 때문이다. 김영삼 전 대통령이 정권 말기에 아들 김현철의 국정 개입 문제 불거졌을 때 대국민 사과를 하러 카메라 앞에 섰다. 개인적으로 흰머리의 대통령은 그야말로 충격이었다. 그 전까지 김 전 대통령은 항상 검은 머리였다.

머리 염색은 옛날부터 행해져 고대 이집트에서는 헤나(henna: 염료로 쓰이는 관목)를 사용해 염색했다는 기록이 있으며, 로마 시대에는 머리털을 표백하는 것이 귀부인들 사이에 유행했다고 한다. 오늘날 머리 염색을 할 때 일반적으로 사용하는 산화염료는 1883년 프랑스의 한 살롱에서 처음 사용되었다고 한다. 20세기에 들어와 영화 산업이 발달하면서 미국 등지의 배우들 사이에 널리 유행했다. 우리나라 정치에서 염색이 언제부터 시작되었는지는 불분명하지만, 컬러TV와 인터넷의 영향 속에 대통령을 포함한 정치인들의 염색은 앞으로도 계속될 것이 분명해 보인다.

7. 아직 함부로 얼굴을 자르진 않는다
인격과 동일시되는 사진

미국이나 유럽 사진을 보면 가끔 "이렇게 성의 없이 찍어도 되나?"라는 생각이 들 때가 있다. 등장인물의 몸이 어중간하게 잘리거나 뒷머리가 카메라를 크게 가로 막는 사진도 있다. 우리의 경우 이런 사진은 지면에 실리기 어렵다. 특히 권력자의 사진은 깔끔해야 한다는 불문율이 있다고 해도 과언이 아니다. 왜 우리는 깔끔하고 정리된 앵글을 선호하는 것일까? 사진에 대한 우리의 태도가 반영되어 있다는 것이 필자의 주장이다. 사진을 찍는다는 것이 있는 것을 그대로 보여주는 것이 아니라, 일종의 의식(ritual) 과정으로 인식하기 때문이다.

게다가 우리나라에서는 정중하지 않은 사진은 사용하기 어렵다. 사진을 인격과 동일시하기 때문에 늘 반듯하고 흐트러짐 없는 모습만 실어야 한다는 강박이 있는 것이 사실이다. 과감하게 얼굴의 일부분만 잘라서 보여주는 크로핑도 제한적이다.

사진은 똑같은 기계로 찍지만, 내용은 문화 공동체별로 다를 수 있다. 어떤 포즈는 사회적으로 용납되지 않기도 한다. 수전 손태그는 이러한 사진의 특징을 중국 사진에서도 발견했다.

> 중국에서는 아무리 사진 촬영에 서투른 사람도 찍을 수 있는 바닥을 기어 다니는 어린아이의 사진이나 조금 흐트러진 자세를 자연스럽게 찍은 사진 같은 것은 어느 곳에서도 찾아볼 수 없다. 스포츠 사진도 대부분 단체 사진이거나 천편일률적으로 발레같이 우아한 자태를 찍은 사진밖에 없었다. 사진을 찍을 때면 한결같이 카메라 앞에 한데 모여 한 줄 또는 두 줄로 나란히 정렬해 포즈를 취한다. 움직이고 있는 대상에게는 전혀 흥미를 느끼지 못하는 듯하다. 그들의 이런 태도는 어느 정도 타인을 지나치게 의식하는 행동과 격식을 중요하게 생각하는 오랜 관습에서 비롯된 것일지 모른다(Sontag, 1977).

몇 년 전 당시 미국의 영부인인 미셸 오바마가 백악관의 텃밭에서 어린이들과 함께 야채를 수확하는 모습의 사진이 외신과 인터넷을 통해 전 세계로 배포된 적이 있다. 단단히 땅에 묻힌 채소를 수확하기 위해 미셸 오바마는 양다리를 어깨만큼 벌린 채 한껏 힘을 주고 있다. 카메라맨은 그녀의 정면에서 이 장면을 포착했다. 농촌에서 농부들이 야채를 수확할 때 흔히 볼 수 있는 모습이며 자연스러운 장면이다. 하지만 그 장면이 이미지로 포착되어 대중에게 전달되는 것은 또 다른 문제다. 미셸 오바마의 다리 벌린 모습과 같은 사진이 우리 사회에서 공표될 수 있을까? 이른바 유명인(celebrity)의 솔직하고 적나라한 모습이 매스미디어를 통해 대중에게 보일 수 있을까?

　이런 점에서 한국 사진 특히 신문에 실리는 사진의 또 하나의 특징은 대상의 이상적인 모습이 표현된다는 점이다. 흐트러진 자세보다는 반듯한 모습, 날카로운 표정보다는 부드러운 표정으로 대상이 표현된다. 이러한 특징은 회화의 영향이라고 할 수 있다. 동양에서 인물을 그리는 것은 그의 인격을 표현하는 것으로 인식되었다. 주인공을 기괴하게 표현하고 희화화하는 전통은 많지 않다. 인물화에서 절묘함보다 이상적인 모습이 강조되었다. 조선 시대의 대표적 인물화인 초상화를 살펴보자. 조선조 초상화는 대부분 개인적인 추모나 감상용이 아니라 공적 계기로 제작되었으며, 제작된 초상화는 일정한 장소에 봉안되어 1년에 몇 차례 제례 의식 때 공개되는 대상물이었다.

　이런 초상화의 사회적 기능은 결국 보는 사람들이 초상화에서 무엇을 원하는가와 직결되었다. 조선 시대 초상화는 왜곡이나 변형을 통한 실제 인물 이상의 회화적 효과도, 특징의 강조를 통한 의도적 과장도 추구하지 않았다. 오로지 실제 인물에 근접하기 위한 사실적 노력만이 극진했다고 볼 수 있으며, 이른바 사실성이라는 개념은 조선 시대 초상화를 이해하는 데 아주 중요한 핵심 개념이라고 말할 수 있다(조선미, 2007: 220).

　사진 도입 초기 한국에서는 인간의 정신 표현, 즉 사의(寫意)를 강조하는 초상화 정신(조선미, 1994)이 초상 사진의 근간을 이루었다. 이러한 관념하에 함부로 얼굴만을 클로즈업하거나 신체 일부만을 그리는 것은 거의 허용되지 않았다. 사진 또한 회화와의 동일 선상에서 얼굴을 위주로 하되 반드시 전신을 재현하는 것을 원칙으로 했으며, 반신상이나 얼굴 클로즈업 사진 등은 금기시되었다. 이러한 이유로 초상 사진은 전통적인 초상화와 같은 구도를 유지하되, 소품을 사용해 개성을 나타내고 이미지를 풍성하게 하는 경향을 띤다. 1920~1930년대의 초상 사진조차도 얼굴만을 클로즈업하거나 신체의 경직된 자세를 요구하는 사진은 보기 어렵다(최인진, 1992: 172~176). 사진에서 신체가 잘려나가는 것을 일반인들은 기피했다. 클로즈업된 얼굴, 반신 사진 등은 당시 사람들에게 또 하나의 상징적인 처형이었을 것이다.

얼굴의 일부분을 잘라 대통령을 표현하는 것이 우리 문화에서 허용될까? 부분으로써 전체를 설명할 수 있다고 보는 클로즈업이나 자연스러운 동작의 포착은 우리에게는 그리 흔한 촬영 방법인가 아닌가? 클로즈업은 부분을 보여주고 상상력을 동원할 수 있게 하는 사진이며, 암시적인 사진이다. 하지만 한국의 대통령 사진에서는 거의 찾아보기 어렵다. 왜일까?

보는 사람들이 회화 속에 그려진 인물에게서 현실적으로 존재하는 어떤 순간 혹은 어떤 장소에서의 적나라한 모습보다는, 오히려 오랫동안 숭배하고 기억하고 싶은, 바람직한 성정이 드러나는 회화 속 모습을 원했다. 자연히 한국의 초상화들은 대체로 정중한 주인공의 모습을 담고 있고, 이와 같은 형식적 특징이 사진을 비롯한 영상 이미지에도 이어지는 것이다.

8. 사진에는 국적이 있다
거구의 시진핑을 만난 문재인 대통령이 왜소하게 보이지 않게 하려면

사진 그 자체는 가치중립적이다. 하지만 신문에 보도되는 '신문사진'과 그것을 찍는 사진기자들은 가치중립적이지 않을 수 있다. 신문사진은 누군가의 편을 든다. 드러내느냐 감추느냐 정도의 차이가 있을 뿐이다.

대통령 사진은 사진기자의 선입견이나 당파성이 개입될 여지가 있다. 사진기자는 직업적 정체성과 함께 한국인이라는 정체성을 동시에 지닌다. 원칙적으로 언론이 할 일은 지켜보는 것이지 참견하는 것은 아니라고 생각하지만, 대통령 사진을 찍고 골랐던 경험을 떠올려 보면 조금 달랐던 것 같다. 이왕이면 우리 대통령이 제대로 사진에 등장하고, 좋은

방향으로 표현되는 것을 당연하게 받아들이고 있었다. 결과적으로 대통령 입장에서 봤을 때 유리한 사진이 선택되어 세상에 전송된다. 대통령실이 요청한다고 해서 기자들이 저널리즘의 객관성을 포기하는 경우는 많지 않다. 다만, 사진에서 발생할 수 있는 "아 다르고 어 다른" 뉘앙스 중에서 어떤 컷과 어떤 장면을 고를지는 사진기자의 몫이다.

가령 한미정상회담이 열린다고 치자. 두 정상이 악수를 한 채로 카메라를 정면으로 바라봐 준다면 두 정상의 얼굴이 모두 잘 보이는 사진을 선택해 신문에 게재한다. 만약 악수만 하고 곧바로 자리에 앉는다면 둘 중 한 대통령의 얼굴은 상대적으로 잘 안 보일 수 있다. 어느 대통령의 얼굴이 덜 보이는지에 대해 독자들은 사실 잘 파악하지 못할 수도 있다. 하지만 사진기자들은 자국 대통령 얼굴이 조금 더 잘 보이는 자리에서 악수 순간을 기다린다.

남북한 관계에서는 양측 사진기자들이 접근하는 방식이 조금 다르다. 2000년 6월 13일 역사적인 남북정상회담을 위해 평양 순안공항에 내린 김대중 대통령과 김정일 국방위원장이 악수를 했다. 남한의 신문사진공동취재단의 풀 기자였던 당시 국민일보 강민석 기자는 두 정상의 거의 한가운데서 찍은 사진을 선택해 한국으로 전송했다. 그러나 6월 14일 자 북한 ≪로동신문≫ 1면에 실린 남북 정상이 악수하는 사진은 김정일 국방위원장의 얼굴이 더 잘 보인다. 2007년 2차 남북정상회담 때도 북한은 마찬가지로 김정은 위원장이 잘 보이는 앵글을 촬영해 보도했다.

시진핑 중국 주석과 미국의 바이든 대통령이 2023년 11월 샌프란시스코 인근 우드사이드에서 만났다. APEC 정상회담의 일환으로 개별적으로 세계 지도자를 만나는 일정 가운데 하나였다. 통역을 배제한 채 정원을 산책하며 대화를 나누는 모습은 미국과 중국 양국 관계가 안정적이라는 메시지를 주기 위해 연출되었을 것이다. 이날 두 사람이 악수하는 모습을 정면에서 촬영한 사진을 보면 두 정상의 키 차이는 크지 않다. 시진핑은 중국 지도자들 중에서도 몸집이 크다. 하지만 산책하는 모

"우리 대통령이 커보이게 하려면 ……." 2019년 12월 23일 문재인 대통령과 시진핑 중국 국가주석이 중국 베이징 인민대회당에서 한중 정상회담을 하기 전 악수하고 있다.
사진: 청와대사진기자단.

습에서는 바이든의 몸이 시진핑보다 크게 보인다. 카메라에서 가까운 쪽에 바이든이 서 있기 때문이다.

한국인의 체격은 서양인에 비해 작다. 당연하게도 한국의 대통령은 미국 대통령에 비해 왜소해 보일 수 있다. 한국의 독자들은 이왕이면 자국 대통령이 외국 정상을 만났을 때 좀 더 당당하고 대등한 모습으로 보이길 기대한다. 청와대 참모 역시 비슷한 고민을 할 것이고, 현장의 사진기자들도 마찬가지다.

2019년 12월 24일 중국 청두에서 열린 한·중·일 정상회의 참석차 중국을 방문한 문재인 대통령이 시진핑 중국 국가주석과 별도의 정상회담에 앞서 카메라 앞에서 악수를 나누는 포즈를 취했다.

조금이라도 외모상 조금이라도 뒤처지지 않게 보이려 주인공인 우리 대통령이 할 수 있는 일이 있다면 키높이 구두를 신거나 어깨를 조금 더 펴는 방법이 있을 것이다.

사진기자들이라면 어떤 노력을 할 수 있을까? 카메라 렌즈의 특징은 렌즈에 가까울수록 그 부분이 크게 표현될 수 있다. 와이드렌즈의 경우는 이런 특징이 더 강조된다. 우리가 스마트폰으로 셀카를 찍을 때 얼굴 왼쪽이나 오른쪽 위로 최대한 렌즈를 멀리 보내는 이유도 서양인에 비해 갸름하지 않은 턱을 최대한 작게 표현하기 위해서다. 렌즈 가까이 있는 이마가 강조되고 턱은 작게 표현됨으로써 나름의 이상적인 모습(실제로는 서양의 기준에 맞는 얼굴)으로 자기를 표현할 수 있게 된다.

양국 정상회담에 앞선 포토 세션에 어울리는 렌즈는 와이드렌즈보다는 망원렌즈라고 생각한다. 가까이 접근해서 찍는 상황은 아니기 때문이다. 그렇지만 만약 정면에서 악수하는 양국 정상과 평행한 곳이 아니라 우리 대통령 쪽으로 조금 치우친 곳에서 찍는다면 우리 대통령의 체격이 조금은 크게 표현된다. 여기까지는 현장에 있는 사진기자의 몫이다. 중요한 것은 우리 대통령이 정면만 보는 게 아니라 악수를 하면서 좌우로 천천히 시선을 돌려줘야 한다는 점이다. 금상첨화가 되려면 악수를 하기 직전 또는 직후에 손동작으로 상황을 주도하는 느낌의 표현을 하는 것이다. 주도적으로 안내하는 듯한 동작을 놓치는 사진기자들은 별로 없다.

그걸 포착할 확률은 외신기자보다는 한국 대통령실 사진기자단일 가능성이 높다. 사진에 국경은 없지만 국적은 분명히 있는 셈이다.

9. 가운데 자리에 대한 집착
청와대 사진기자들이 난동을 부렸다고?

문재인 대통령과 트럼프 대통령이 2016년 6월 30일 미국 백악관에서 만났을 때, 한국 사진기자들과 미국 사진기자들이 두 정상 앞에서 몸싸움을 하고 그 장면에 대해 트럼프가 한마디 했던 적이 있다. 미국 현지의 보수 신문인 ≪워싱턴타임스(The Washington Times)≫에서 이 상황을 기사화했고, 이 기사를 인용하며 한국의 언론 비평가들과 시민들은 한국 사진기자들을 비난했다. 백악관에서 한미정상회담을 하면, 한국 기자들과 미국 사진기자들의 몸싸움은 비일비재하다. 미리 마음의 준비를 하기도 한다.

전 세계인들의 이목이 집중되는 뉴스 현장이자 세계 최강대국 미국 대통령의 집무실은 생각보다 좁다. 그 좁은 공간에서 양국의 정상이 이야기를 나누다가 문이 열리면 취재단이 들어가 2~3분간 촬영한다. 밀려든 취재진 앞에서 양국 정상은 '우아하게' 악수를 나누고 가벼운 환담을 하는 상황을 연출하지만, 그 짧은 순간 양국 정상의 맞은편 풍경은 그야말로 아수라장이다. 이날 취재기자, 사진기자, 방송 카메라 기자, 오디오맨을 포함해 총 11명의 한국 국적 기자단이 현장에 들어갔다. 현장 기자들의 어림치로는 미국 백악관 풀 기자들의 총 인원수는 22명이 넘었다고 한다.

미국 사진기자들은 유독 한국 기자들의 자리 경쟁이 심하다는 얘기를 한다. 그러나 한국 사진기자들의 어려움도 있다. 한국 기자들 입장에서는 반드시 찍어야 하는 사진이 있는데, 그게 대체로 두 정상을 정면에 두고 가운데 위치해야 가능하다. 외국 사진기자들은 꼭 자국 대통령이 사진의 한가운데 위치하지 않은 사진을 찍어도 별로 긴장하지 않는 분위기다. 그런데 한국 사진기자들은 꼭 정가운데서 찍으려고 한다. 그게 한국과 미국이 동등하다는 것을 시각적으로 표현하는 길이라고 생각하기 때문인 것 같다.

청와대를 찾는 외국 기자단 대표들에게 만약 한국 기자들이 먼저 자리를 잡고 사이드 쪽에 알아서 자리 잡도록 한다면 그건 동업자 정신이 없는 것이라고 할 수밖에 없다. 통상적으로는 미국, 한국, 미국 한 명, 한국 …… 이렇게 회담장으로 들어가서 자리를 잡는 방식이 공정하다고 생각한다. 하지만 미국 백악관 현장 인솔자 MLO(Media Leading Officer)[2]

의 "자, 가시죠"라는 사인에 경쟁적으로 회의장에 뛰어 들어가다 보면 몸싸움이 벌어질 수밖에 없다. 아무래도 길을 잘 모르는 외국 기자들은 우왕좌왕한다. 2000년대에 열렸던 한미정상회담에서는 한국 방송 카메라 기자의 머리에 피를 흘린 적도 있었다. 운 좋게 정가운데 자리를 잡았지만 위쪽에서 미국 기자가 카메라가 누르면서 일어난 일이다. 실내에서 열리는 양국 정상회담에서, 가운데 자리를 두고 일어난 해프닝이었기 때문에 당시 한국 취재진은 조용히 상황을 마무리하고 귀국했다. 취재진 간의 문제로 인해 아무리 사소하다고 해도 외교적 분쟁이 일어나는 것을 원하지 않기 때문이다.

백악관 기자가 찍는 한국 대통령 사진과 한국 기자가 찍는 한국 대통령 사진은 같을 수 없다는 것이 사진기자들의 생각이다. 그래서 기를 쓰며 사진을 찍다 보면 불과 2~3분 남짓의 짧은 촬영이 끝나면 셔츠가 땀으로 흠뻑 젖는 일이 다반사다. 취재의 어려움을 알기에, 그때 기사에서 '난동'이라는 표현은 과하다고 생각했다.

---

2 주로 다자회의에서 기자단을 인솔하는 주최 측 인솔자로서, 행사별로 각국 기자들 수십 명을 데리고 다닌다.

변화된 환경,
대통령 사진의 미래

📷

1. 캄보디아 아동의 사진에는 조명을 쓴 것일까?

'그림이 된다'고 해서 다 좋은 것은 아니다. 현장을 기록했다고는 하는데 사진이 너무 완벽하면 의심받기도 한다. 그래서 사진기자들은 보도사진을 "2퍼센트 부족한 사진"이라고 말하기도 한다. 윤석열 대통령의 부인 김건희 여사가 2022년 11월 12일 캄보디아 프놈펜에서 선천성 심장질환을 앓고 있는 14세 아동의 집을 찾아가 아이를 안았다. 그리고 대통령실에서 그 장면을 촬영해 언론과 인터넷에 공개했다. 색깔과 구도가 완벽한 이 사진은 정치권에서 논쟁거리로 비화했다. 핵심은 조명을 썼느냐 쓰지 않았느냐는 점이었고, 사진기자인 필자에게도 질문이 쇄도했다. 나도 너무 궁금했다. 그리고 그게 왜 그렇게 어려운 질문인지, 왜 그런 일이 벌어지는지 안타까웠다. 현장에 있던 기자의 증언만 있으면 되는 간단한 문제였다. 현직 출입기자와 전속에게는 부담을 주고 싶지 않아 확인하려 하지 않았다. 전직 출입기자들과 전직 전속들에게 의견을 물었더니 입장이 갈렸다. 조명을 썼다는 사람도 있었고, 아니라고 분석하는 사람도 있었다. 의견이 분분한 가운데 개인적으로는 사진관에서 사용하는 조명은 사용하지 않았다고 보았다. 출장을 가면서, 게다가 좁은 현지인들의 집에서 가로세로 1미터에 육박하는 스튜디오 조명을 가져가 설치하는 것은 것이 어렵다고 판단했기 때문이다. 다만, 방송 카메라의 보조 라이트를 사용했을 가능성은 있다고 보았다. 현직 출입기자가 이에 대한 해석을 내놨는데, 경향신문 소속으로 대통령실을 출입하는 김창길 차장은 한국사진기자협회에서 발행하는 계간지 ≪사진기자≫ 148호(2023)에서 다음과 같이 썼다.

> 김 여사가 심장병 소년 로타(당시 14살)를 무릎 위에 앉혔는데, 이를 두고 사진에 대한 갑론을박이 쏟아졌다. 조명을 썼다거나, 소말리아에서 봉사활동을 했던 오드리 헵번의 사진을 모방했다는 주장도 나왔다. 사진기자로서 필자가 보기엔 조명에 대한 의혹은 억측에 가깝다는 판단이다. 사실 해외 순방에 동행하는 전속 사진사가 조명을 들고 다닐 여력이 없다. 헵번의 이미지를 차용했다는 비판은 정당할까? 아픈 자를 품에 안는 동작은 그 구도가 유사할 수밖에 없다. 유럽의 옛 조각상에서 흔히 볼 수 있는 반복적 구도다.

사진 한 장으로 인해 국민들은 소음공해에 가까운 정쟁을 들어야 했다. 중요한 논쟁거리도 아닌데 공방이 이뤄지는 것을 보며 사회적 낭비라는 생각이 들었다.

김창길 차장의 말처럼 "김 여사가 프놈펜의 심장질환을 앓고 있는 아동의 집을 방문한 사진을 사진기자가 취재했다면 어땠을까? 그렇게 했다면 소모적인 논쟁이 발생했을 가능성은 거의 없었을 것이다. 유독 김건희 여사의 행사에 사진기자를 배제하는 대통령실의 취재 방침이 불러온 참사"나 다름없다.

캄보디아 가정집에 조명이 설치되었느냐 아니냐 하는 논쟁은, 현장에 언론사 기자들이 있었다면 불필요한 논쟁이었다. 사진을 제공한 대통령실 관계자들만 있었기 때문에, "조명을 썼다는 외신 보도도 있다"라는 근

거가 빈약한 주장이 널리 퍼질
수 있었다. 이 주장에서 근거한
외신은 실상 레딧(Reddit)이라고
하는 커뮤니티 사이트였다. 이곳
에서는 회원들이 이미지, 동영상,
링크 등을 올리면 다른 회원들
이 좋아요, 싫어요로 투표한다.
조명을 썼다는 주장은 '큰 거짓말
(big lie)'은 아니더라도 일종의 의
사 사실(factoid)이다. 근거가 없
지만 누군가에게는 사실로 받아
들여지는 것이다. "저명인사에게
흠집을 내는 의사 사실을 사실로

미국의 커뮤니티 레딧에 올라온 이미지. 원
출처에서 해당 이미지는 삭제된 것으로 보
인다.

받아들이면서, 사람들은 아무리 위대한 사람도 허점이 있다는 것을 생각
하고 스스로 기분이 좋아진다"는 연구 결과가 있다. 선입관을 가진 사람
들의 판단이나 신념에 특히 영향을 끼치는 것으로 알려져 있다(프랫카니
스·엘리엇, 2005: 111~115). 결국 경찰 조사와 검찰 조사 결과, 조명을 쓰지
않았다는 팩트에 도달했지만 너무 많은 사회적 에너지가 낭비되었다.

2. 대통령 사진을 방해하는 노이즈 요소

대통령의 얼굴에 초점이 맞지 않는 사진은 대통령 말고 다른 사람이
뉴스가 된다는 의미다. 카메라라는 기계의 특성상 발생하는 아웃 포커스
상황도 있을 수 있다. 대통령 사진은 일반적으로 거리를 두고 촬영하기
때문에 사진기자들은 망원렌즈를 많이 사용한다. 대통령 주변에 있는
뉴스에 오른 인물에 포커스를 맞추면 대통령의 얼굴이 아웃포커스 되는

경우가 있다. 미국의 경우 대통령 옆에 있는 화제의 인물에 포커스가 가는 경우가 꽤 있다. 대통령에 대한 모욕이 아니라 그날 행사에서 뉴스 대상으로 받아들이는 것이다. 그러나 우리나라는 대통령 행사에서 대통령이 아닌 다른 인물에 초점을 맞춘다면 논란이 될 가능성이 높다.

사진기자의 뉴스 판단 때문에 대통령이 아닌 다른 인물에게 포커스가 맞춰지는 경우와 달리 누군가 행사의 주인공이 되기 위해 노력해 언론의 주목을 받는 상황도 있다. 대통령 행사를 준비하는 사람들의 입장에서는 아주 당혹스러울 것이다. 예를 들어, 대통령이 행사장에 입장하는데 시위대의 피켓 시위가 갑자기 벌어져 화면에 잡히는 것이다. 그러한 '노이즈(noise)'는 박수치는 군중 이미지가 주는 '승인(applause)'의 이미지와는 완전히 다른 느낌을 주기 때문이다.

노이즈를 모두 제거하는 것은 권위주의 사회에서나 가능한 일로, 민주화가 진행된 체제일수록 노이즈를 완벽하게 제거할 수는 없다. 오히려 약간의 노이즈가 민주주의 발전 정도를 보여주는 요소가 아닐까 싶다.

미국에서도 노이즈 상황은 가끔 발생한다. 검색을 마치고 들어간 그린 존(green zone)에서 노이즈 상황을 어떻게 대처하는 것이 민주주의에 합당할까?

미국 W. 부시 대통령에게 기자회견 도중 신발을 던진 이라크 기자의 사례를 보자. 2008년 12월 14일, 미-이라크안보협정 체결을 축하하기 위해 이라크를 전격 방문한 부시 대통령이 이라크 총리와 회담 후 기자회견을 열었다. 부시 대통령이 "이 전쟁은 아직 끝나지 않았다"고 말하는 순간, 기자석에서 "전쟁은 끝났다! 이건 이라크 국민들의 작별 키스다. 이 개자식아!"라는 욕설과 함께 부시 대통령을 향해 신발이 날아들었다. 이라크의 알자이디(Muntadhar al-Zaidi) 기자가 던진 신발을 부시 대통령은 머리를 숙여 피했고, 경호원이 기자를 끌고 나갔다. 당시 전 세계 신문은 신발을 피하는 부시 대통령의 모습을 게재했다.

국내에서도 비슷한 상황은 있었다. 2018년 7월 6일 문재인 대통령이 참석한 신혼부부와 청년 주거 대책 발표 현장에서 광명-서울 민자 고속도로 사업에 반대하는 지역주민 수십 명이 항의하는 상황이 벌어졌다. 이들은 행사 도중 이동하는 문 대통령에게 안전이 확보되지 않은 민자 고속도로 건설에 반대한다며 해결을 호소했다. 문 대통령은 주민 대표를 만나, 사업 내용을 정확히 모르는 만큼 나중에 별도로 내용을 설명해 달라고 요청하면서 문제없이 상황이 끝났다.

2015년 세월호 1주기를 맞아 팽목항을 찾은 박근혜 대통령이 일부 추모객들에게서 강한 항의를 받았다. 그리고 그런 모습은 언론을 통해 그대로 국민들에게 전달됐다.

2024년 1월 18일 윤석열 대통령이 참석한 전북특별자치도 출범식에서 진보당 강성희 의원이 대통령 경호원들에 의해 행사장 밖으로 끌려나가는 상황이 발생했다. 2월에는 KAIST 졸업식에서 정의당 대전시당 대변인 자격으로 참석한 졸업생이 또 끌려 나가는 사진이 보도되었다. 당시 영상을 보면 출범식에 입장하는 윤 대통령이 참석자들과 악수를 하던 중, 전주시의 을 지역구 의원인 강성희 의원이 윤 대통령에게 무언가를 길게 말하려 하면서 윤 대통령이 이동하는 방향으로 향하자 경호원들이 강 의원을 제지한다. 이에 강 의원이 멀리 떨어져 가는 윤 대통령을 향해 "대통령님 국정 기조를 바꾸셔야 합니다. 그렇지 않으면 국민이 위험해집니다"라고 발언하자, 경호원들이 강 의원의 입을 막고 사지를 든 채 행사장 밖으로 내보냈다.

대통령실의 입장에서는 강 의원의 태도가 선을 넘었다는 거였다. 대통령이 입장해서 참석자들과 일일이 악수를 나누는 상황이었고 강 의원이 악수했을 때 소리를 지르며 대통령 손을 놓아주지 않았으며 강 의원이 윤 대통령을 자기 쪽으로 당기기도 했다고 설명했다. 경호원이 손을 놓으라고 경고했지만, 윤 대통령이 지나간 뒤에도 계속 고성을 지르며 행사를 방해하는 상황이었다고 덧붙였다. 당시 관계자는 "당연히 경호상 위해 행위라고 판단할 만한 상황이었다. 그래서 강 의원을 퇴장 조치했다"라고 말했다. 진중권은 강성희 의원의 사례를 "사건 만들려는 운동권 버릇"이라고 일갈 했다. 실제로 ≪경향신문≫ 1면 사진이 "21세기 국회 의원의 현실"이라는 제목으로 경호원들에 끌려 나가는 강성희 의원 모습이었다. '대통령이 아닌 누군가가 한 건 해서 언론을 도배하는 상황'은 민주사회에서는 어쩌면 불가피한 측면이다. 강 의원의 의도에 말려 들어간 것일 수도 있지만, 정작 '그림을 만들어 준 것'은 다른 사람이었다. 대통령이 그날 무슨 얘기를 했는지는 전혀 기억나지 않지만, 경호원의 큰 손은 기억에 남게 되었다. 선거를 앞두고 여당을 지지하지 않는 사람들은 '입틀막'이라는 조어로 상황을 단순화했다. 결과적으로 윤 대통령이 소통을 하지 않는다는 증거로 활용되었고 여론에도 영향을 미쳤다.

3. 카메라에 보이지 않는 사람이 범인이었다

대통령이 공식 행사를 하면 청와대 참모들이 함께 출현한다. 총리, 여당 대표, 대통령비서실장, 수석비서관, 대통령의 배우자 등이 대통령과 함께 자주 사진에 찍힌다. 대통령 행사에 자주 등장하고 대통령과 커뮤니케이션하는 빈도가 높을수록 그 사람이 맡은 역할이 중요하다고 시청자들은 인식한다. 이 사람들은 보임으로써(visibility) 존재를 증명하지만, 때로는 드러내지 않으면서 정치를 하는 사람들이 있다. 대통령의 참모 중 실무를 담당하는 사람들이 대표적이다. 참모는 대통령실의 공식 편제표를 통해 존재를 확인할 수 있다. 문제는 실제 권력을 쥐고 있으면서 사진에도 편제표에도 보이지 않는, 비가시성(invisibility)의 영역에 머무르며 국정에 개입하는 사람들이다. 바로 대통령의 '자녀'와 '비선'들이다. 이들은 대통령의 권력이 강한 시기에는 그럭저럭 정치를 하고 권력을 향유하지만, 시간이 흐르면 발각되어 비판받고 권력을 추락시킨다.

1987년 이후 우리나라 전직 대통령의 운명은 쳇바퀴를 돌고 있다. 대통령실 출입기자들의 카메라에 기록되지 않는 실세는 나중에 국정 농단의 주인공이 될 가능성이 높다. 외부의 시선이 차단된 상황에서 모든 불법이 이뤄졌다.

대통령실 사진기자들은 예전 청와대 시절에도 그러했지만 지금도 대통령실 건물을 자유롭게 돌아다닐 수 없다. 대통령의 일상에는 최소한의 접촉도 허용되지 않는다. 대통령실이 사진 취재를 허락한 행사에 한해 대통령 옆으로 가서 촬영하며, 행사를 5분 전후 촬영한 후 다시 사진기자실로 돌아온다. 보여주는 것만 볼 수 있다. 취재기자들의 상황도 별반 다르지 않다.

사진으로 표현되지 않는 권력 주변의 권력자 문제는 역대 정권에서 꾸준히 대두되어 왔다. 그들은 절대 카메라 앞에 자발적으로 서지 않으며, 카메라에 노출되지 않도록 참모들이 알아서 조치하기도 한다. 그러나 지나고 보면 만약 그들이 처음부터 카메라에 노출되고, 그것이 의미하는 사회적 시선과 검증에 노출되었었다면 임기제 대통령들이 평화롭게 대통령직을 마치고 퇴임할 수 있었을 것이라고 생각한다.

세월호 사고 당시 야당과 국민들이 문제 제기했던, 대통령의 7시간 동안 청와대에는 수십 명의 취재기자와 영상기자, 사진기자들이 있었다. 그러나 누구도 대통령을 찾으러 다닐 수 없었다. 춘추관에서 대통령 집무실이 있는 본관까지 가는 길은 경호원에 의해 막혀 있고 관저는 평소에도 기자들에게 공개된 적이 없기 때문이다. 대통령 선거 기간에는 언론에 일정을 공개해 투명한 정부를 만들겠다고 하지만, 정작 권력을 획득한 후에는 기존 방식에 충실해진다.

어쩌면 촬영금지라는 말에 우리 사회가 너무 익숙하고 순종적인 것은 아닐까 생각해 본다.

독창적인 물건으로 가득 찬 플래그숍에 가면 '촬영금지'라는 푯말이 붙어 있는 경우가 있다. 아이디어를 모방해 유사품을 만들지도 모른다는 우려 때문에 붙여놓았을 것이다. 군부대 근처에 가도 촬영금지라는 풋말을 쉽게 볼 수 있다. 보여준다는 것은 정보를 준다는 것이기 때문에 적에게 유리할 수 있는 사진의 생산 자체를 막아보겠다는 의지가 드러난다. 분단 사회에 살고 있는 우리는 누군가 보안을 이유로 촬영을 막는 것에 익숙하다. 그게 확대되어 어느 순간 자기가 허락하지 않은 카메라는 자기의 영역에 들어와서는 안 된다는 불문율도 사회 곳곳에 만연한다. 하지만 사적인 영역과 공적인 영역은 구분되어야 한다. 남북한이 아직 정전 상태이고 대통령에 대한 정보가 적에게 세어나가는 것이 위험할 수도 있다. 그러나 더 위험한 것은 대통령 곁에서 권력을 휘두르지만 감시를 받지 않는 사람들일지도 모른다. 최소한 한국 사회에서 카메라가 감시자(watchdog)로서의 역할을 해야 한다는 건 아직까지는 진리에 가깝다. 목격자를 자임하는 포토저널리즘과 사진기자들이 사라진 세상은 위험하다.

4. 디지털의 습격

필름 시대의 대통령 사진의 유통은 단선적이었다. 하루에 대여섯 장의 사진만이 만들어져 회원 언론사에 전해졌고 그중 한 장만이 지면을 통해 국민들에게 전해졌다. 2002년부터 본격적으로 시작된 디지털 카메라 시대가 인터넷 환경과 결합하면서 사진의 유통 방식에 변화가 생겼다. 디지털 시대의 특성상 필름 시대보다 훨씬 많은 개수의 사진이 유통되고 신문 독자뿐만 아니라 무료로 뉴스를 보는 인터넷 독자들에게도 빠른 속도로 전해진다.

권위주의 시대처럼 통제되지도 않고, 원하는 사진을 실어주지도 않는 것 같은 매스미디어 환경된 것이다. 디지털 기술혁명은 대통령실의 홍보 방식을 변화시켰다. 참모들은 직접 채널을 만들어 홍보를 하기 시작했다. 그러면서 전속이 혼자 찍은 사진을 SNS에도 올리고 언론에도 제공하는 방식을 사용하는 경우도 생겼다. 이렇다 보니 출입기자들과의 갈등이 생기기도 한다.

필자가 청와대를 출입하던 2015년과 2016년에 청와대 사진기자들의 불만은 청와대가 SNS 홍보를 너무 열심히 하느라 사진기자들의 권익을 무시한다는 것이었다. 신문이 나오기도 전에 똑같은 내용의 사진이 청와대의 페이스북 계정을 통해 국민들에게 알려지고 그걸 다운로드받아 신문과 방송에서 사용할 수 있는 시스템을 그대로 방치했기 때문이다. 페이스북의 경우 사진 크기도 960픽셀로 되어 있어 인터넷이나 웬만한 인쇄 매체에 사용하는 데에 전혀 무리가 없다.

디지털 기술의 발달은 권력의 입장에서 좋은 것만은 아니다. 대통령을 찍을 수 있는 카메라의 숫자가 무한대로 늘어났다. 출입기자와 전속뿐만 아니라 온 국민의 스마트폰이 대통령을 찍을 수 있는 비공식 카메라다.

인터넷을 통해 실시간으로 무한대의 홍보성 이미지가 유통될 수 있게 되었지만, 한편으로는 정치인의 행위에 대한 비판도 쉽게 확산된다.

2017년 5월 김무성 전 새누리당 대표가 공항에서 '노룩패스'를 한 사진이 GIF 파일로 만들어져 인터넷을 달구었다. 보좌관을 향해 여행용 가방을 맡기는 장면은 권위주의의 상징으로 비쳤다. 원하지 않았겠지만 김무성 대표를 상징하는 아이콘이 되어버린 것 같았다.

홍보용 사진이나 자신을 자랑하는 사진이 독이 되어 돌아오는 경우도 있다. 2018년 평창동계올림픽 남자 스켈레톤에서 윤성빈 선수가 금메달을 땄을 때, 박영선 더불어민주당 의원이 윤 선수와 기념사진을 찍었다. 그런데 한 보수 변호사 모임에서 "경기를 마친 선수 및 코치진을 제외하고는 경기장 결승선 구역의 썰매 픽업 존에 들어갈 수 없다"라며 박 의원을 검찰에 고발했다. 박 의원이 왜 선수에게만 지급되는 패딩 점퍼를 입고 있느냐는 논란도 사진에서 시작되었다.

대통령 사진도 마찬가지다. 예전에는 대통령 사진에 대해 비평을 하

청와대 춘추관 홈페이지(http://press.cwd.go.kr/) 포털(검색일: 2017년 7월 8일). 현재 해당 도메인은 내려갔다.

거나 하지 않았지만 이제는 이미지에 대해 토론하기도 한다. 전문가와 비평가들의 부정적 의견은 방송과 인터넷을 통해 대중들에게도 곧바로 전달된다. 중요한 것은 반대 해석이 존재한다는 점과 그것을 전파할 능력(ability)과 동기(motivation)가 대통령을 반대하는 세력 안에 존재한다는 점이다. 2012년 설날 직전 이명박 대통령이 청와대 인근 재래시장을 방문해 명절에 필요한 물건을 사고 손녀들에게 과자를 사 주는 사진이 청와대에서 운영하는 블로그에 올라왔다. 청와대 전속 사진기사가 촬영한 이 사진은 인간적인 대통령이라는 평가를 받기보다는 손녀가 입고 있는 고급 패딩 점퍼의 가격 문제로 점화되었다. 누군가 대통령 이미지를 적극적으로 해석하거나 당파성에 입각해 비판하면, 시민들은 그런 프레임을 옆으로 옆으로 '퍼 나르기도' 한다. 더 이상 정부나 대통령실이라는 권위적인 기관에서 일방적으로 던진 이미지를 시민들이 곧이곧대로 수용하지 않는다.

대통령의 사진이 국민들의 마음에 와닿지 않는 것은 기존 관행에 의지하는 대통령실의 공보 시스템 탓일 수도 있고, 공보 시스템 쪽에서는 대통령 탓이라고 마음속으로 생각하고 있을 수도 있다. 중요한 것은, 잘못된 사진 사용은 오히려 대통령과 대중을 '멀어지게 할 수도 있다'는 점이다.

5. 대통령 사진의 저작권은 누구에게 있는가?

앞서 언급했듯 대한민국에서 카메라 앞에 선다는 것은 부담스러운 일이다. 원하는 데로 찍히는 것도 아니고 어떤 상황이라도 욕하는 사람은 무슨 욕이든 한다. 그렇다고 카메라를 피할 수도 없는 것이 대통령이다.

그러나 대통령이라는 직위는 많은 자원을 동원할 수 있다. 북한처럼 대규모 군중을 동원해 병풍처럼 사용할 권한은 없지만, 공간과 동선, 그리고 참모들을 잘 활용해 국민들과 소통할 수 있는 사진을 만들어낼 수 있다. 그런 권한은 대통령 개인을 위해서가 아니라 국민을 위한 때만 발휘하는 것이 마땅하다.

대통령의 사진은 공공재라는 관점에서 이해되어야 한다. 민주주의는 투명한 사회라는 의미다. 우리가 민주주의를 다른 체제와 구별할 때 개방성, 책임성, 대표성을 떠올린다. 투명성은 이런 요소들에 필수적인 항목이다. 시민들은 그들의 대표들이 하는 일을 '볼 수 있어야' 한다. 민주주의는 느리게 관찰해야(slow observation) 보이는 것과 보이지 않는 것을 모두 다 볼 수 있다(Bleiker, 2018: 90). 대통령 선거라는 민주적 절차를 통해 선출된 국가의 최고지도자가 수행하는 공식적인 활동은 국민에게 공개되어야 한다.

대통령 사진은 국가의 역사적 순간들을 기록하며, 후대에 이르러 중요한 역사 자료로서의 역할을 한다. 대통령의 공식 행사, 국제적 외교 활동, 국가적 중대 사건에 대한 대응 등은 모두 국민이 알권리를 가지는 사항들이며, 이러한 사항들을 담은 사진은 국가의 역사적 기록물로서 중요한 가치를 지닌다.

대통령의 공식 활동과 대통령이 참석하기 때문에 만들어지는 퍼포먼스 비용은 국민 세금에서 충당되므로, 그 결과물인 사진도 국민의 것이다. 국민의 세금으로 이뤄졌던 각종 행사의 사진을 국민들이 공익적 목적으로 사용하려고 해도 사진을 쉽게 구할 수 없는 것이 현재 상황이다. 우리나라 저작권법은 국가 기관의 홈페이지에 게시되어 있거나 발간한 자료를 '보호받지 못하는 저작물'로 규정함으로써 일반 국민 누구나 별도의 이용 허락 없이 사용할 수 있도록 한다. 그런데 정부가 바뀌면 홈페이지도 바뀌고 내용도 사라진다. 국가기록원으로 이관된 사진 자료들이 정리되어 국민들에게 보이기까지 걸리는 시간은 너무 길다. 문재인 정부의 경우 자체적으로 인스타그램과 페이스북 계정을 지금까지 유지하면서 사진과 영상 일부를 올려놓고 있지만 이전 정부들의 활동은 네이버 등 포털 사이트에서 다운받거나 언론사의 데이터베이스에서 유료로 사야 한다.

　공공기록물을 좋은 의도로 사용하건 비방의 의도로 사용하건 그것도 국민의 몫이다. 다만 사실관계를 왜곡한다면 책임을 지도록 하는 문화는 필요하다. 국민의 세금으로 이뤄지는 대통령의 공식 일정 행사는 언론에 현장을 개방함으로써 투명성을 갖출 필요가 있다.

　이른바 전속의 문제도 공공성의 관점에서 재검토가 필요하다는 의견이 많다. 앞서 설명한 '어공' 전속은 5년간 일하다가 대통령의 퇴임과 함께 퇴직해 전혀 다른 일을 하게 된다. 국가적으로는 낭비다. 대통령 사진 기록의 연속성을 위해, 정권 교체와 상관없이 기록하고 보존하는 '늘공' 전속의 필요성에 대해 생각해 볼 필요가 있다. 이승만 대통령부터 박근혜 대통령 초기까지 유지되던 문화체육관광부 소속의 전속 팀을 부활시켜야 하는지, 아니면 새로운 구성이 필요한지는 모르겠지만 객관적이고 일관된 방식의 역사 기록은 필요하다는 의견이 있다.

6. 우리 편만 사진을 찍을 수 있다는 생각은 버려라

박정희 대통령 시절부터 전두환 대통령 시절 초반까지 대통령 사진은 무소불위의 권력을 누렸다. 정부에 소속된 공무원이 촬영해 언론사에 배포하거나 제한된 권한을 가진 기자들이 찍은 사진이 신문에 어렵지 않게 실렸다. 당시 대통령의 사진은 주로 지면의 오른쪽 위에 위치했었다. 세로쓰기 지면에서 오른쪽 상단 부분은 가장 중요한 위치라고 할 수 있다. 그래서 신문의 제호도 1면 오른쪽 상단에 위치한다. 하지만 1989년 부터는 지면의 하단 부분에 대통령 사진이 실리는 사례가 생기기 시작한다. 이전에는 사례를 찾기 어려운 지면 배치다. 이것은 대통령의 권력이 줄어들기 시작했다는 것을 의미하며 민주화의 한 척도로 이해할 수 있을 것이다. 사진과 별도로 주목할 만한 점은 2005년을 전후로 해서 대통령의 얼굴이 그래픽 속에 등장한다는 것이다. 이것은 대통령도 분석 대상으로 인식되기 시작했음을 의미하며, 언론의 힘이 이전에 비해 강해지고 훨씬 자유로워졌다는 것을 보여준다. 대통령의 이미지 관리를 청와대나 대통령실이 직접 할 수 있었던 시대는 우리 사회의 민주화와 함께 끝나가는 것이다.

40퍼센트를 겨우 넘기던 윤석열 대통령의 지지율이 30퍼센트 중반으로 떨어진[1] 2023년 7월 15일, 나토 회의 참석차 해외 순방 중이던 윤 대통령이 우크라이나로 가서 젤렌스키(Volodymyr Zelenskyy) 대통령과 정상회담을 했다. 이날 한국은 폭우로 인한 사망과 실종이 50명에 육박하는 대형 재난에 휩싸였다. 문제는 전날 리투아니아 현지 언론에 보도된 화면이었다. 윤 대통령과 함께 순방에 동행한 김건희 여사가 경호원과 수

---

[1] 일본의 핵발전소 오염수 방출 문제와 서울 양평 고속도로 예정지 주변에 김건희 여사 가족들의 땅이 있다는 사실이 보도되면서 지지율이 폭락했다는 분석이 많았다. 개혁을 방해하는 세력의 반대 때문이라기보다는 권력의 자기 관리가 부실했다고 보는 게 타당한 시점이었다.

행원 16명을 대동하고 리투아니아의 명품 매장에 들어갔다 나오는 모습이었다. 대통령의 일정과 마찬가지로 여사의 일정은 비밀로 취급된다. 이유는 여러 가지가 있겠지만, 관행이다. 방문 국가의 호텔 기자실에서 대기하는 기자들은 대통령과 여사가 어디로 가는지 대통령실에서 알려 주기 전에는 절대로 알 수가 없는 것이다. 이전 정부에서도 해외에 나간 대통령과 여사가 사적인 일정을 소화할 경우 순방에 동행한 기자들이 카메라로 몰래 촬영한 적은 없었다. 하지만 그렇다고 해서 보는 눈이 없는 것은 아닌 시대가 되었다. 현지 언론 보도가 인터넷과 국내 방송을 타고 한국 국민에게 전해졌고, 수해로 가슴 아파하던 국민들을 더욱 힘들게 했다.

대통령과 측근의 모습을 찍을 수 있는 카메라는 이제 무한대에 가깝다고 할 수 있다. 카메라를 통제하는 식으로 이미지를 관리하기는 어려운 시대가 된 것이다. 주인공들의 역할이 더 중요해졌다.

7. 비판과 조롱을 견뎌야 하는 영상 시대

사진과 영상이 강조되는 시대는 당분간 끝이 날 것 같지 않다. 점점 더 많은 사람들이 텍스트 대신 이미지로 세상을 읽으려고 하기 때문이다. 유튜브에 이어 숏폼과 인스타그램이 대세가 되고 있다.

영상 소비가 늘어났지만 국민들이 대통령 사진이나 기사에 할애하는 시간은 점점 줄어들고 있다. 사람의 시간은 유한하고 모든 채널에 접근할 수 있는 것이 아니다. 세상의 모든 일에 세상의 모든 사람들이 주목하지 않는 것은 당연한 일이다. 어떤 영화는 흥행에 성공하고 어떤 영화는 그냥 사라지는 것처럼 정보를 소비할 때도 선택과 집중을 하게 된다. 재밌는 드라마와 쇼 프로그램은 넘쳐나고, 자신의 삶과 직접적으로 연결되는 정보, 많은 사람들의 이해관계에 영향을 주는 정보를 선택한다.

대통령이 점점 시민들의 관심에서 멀어지는 상황 속에 대통령 사진과 영상이 과거의 그것과 같아도 될까? 언론 환경과 사회 환경의 변화는 대국민 커뮤니케이션을 해야 하는 대통령과 참모들에게 새로운 숙제를 안겨주었다. 대통령 사진이 시민들에게 전달되고 그것이 대통령의 정책 추진에 대한 이해와 지지로 이어지려면 끝없는 혁신과 차별화가 필요하다.

대통령과 대통령실이 무엇을 어떻게 보여줄지 결정하는 일은 쉽지 않다. 지난 대통령 선거의 여야 후보 지지율은 51.6퍼센트 대 48.0퍼센트였다. 이념의 박빙 승부가 이어지는 한국 정치에서 대통령의 사진도 결국 절반의 승리를 넘어서기 어렵다. 이미지를 이용한 조롱과 비난은 정치적 힘을 갖는다. 부정적 상징을 만들어 지지자들을 부끄럽게 만들고 반대 세력을 통합할 수도 있다. 그렇다고 해서 40년 전의 대통령들처럼 자신의 이미지를 완전히 통제해 국민들에게 보여줄 수는 없다. 어렵다 해서 새로운 사진에 대한 욕심을 갖지 않는다면 대통령 사진은 더 어색해질 뿐이다. 세상은 변하고 사진을 보는 독자들의 감수성도 변했다. 다음은 누가 변해야 할지 자명하다.

대통령의 영상 이미지를 통해 국민의 호응을 얻고 대통령에 대한 평판(reputation)을 높이기 위해서는 고려될 몇 가지 사항이 있다.

첫째, 카메라를 견딜 힘이 있어야 한다. 대통령 사진이 통제(controlled)되던 시대는 지났다. 과거의 대통령은 기자들의 접근(access)을 제약하거나 선별적 허용을 통해 이미지를 관리해 왔다. 대통령의 모습은 대통령실이 원하는 모습 또는 평범한 모습 정도로만 노출되어 왔다. 또한, 대통령의 영상 이미지는 그대로 수용될 뿐 논쟁과 토론의 대상도 아니었지만 지금은 달라지고 있다. 대통령의 영상 이미지는 사진기자들의 적극적 해석 과정을 통해 생산되기 시작했으며, 그 과정에서 대통령의 행위에 대한 비판 또는 대항 담론으로서 존재하기도 한다. 미국 정치 분야에서도 '빈정거림의 기술'은 건국 초기부터 발달되어 왔다(프랫카니스·엘리엇, 2005: 109). 사진을 둘러싼 비판과 조롱도 이제는 상수로 받아들일 필요가 있다.

대통령실 전속이 찍건, 기자들이 찍건 간에 이미 세상으로 던져진 영상과 사진이 재가공되어 비아냥거림과 비틀기의 방식으로 사용되는 것도 견뎌야 한다. 악의적으로 편집되어 진실을 호도하는 콘텐츠도 얼마든지 나올 수 있다. 무한대의 콘텐츠가 생산될 수 있는 디지털 시대에서 불가피한 현상이기 때문에 그걸 일일이 막는다는 것은 불가능하다. 성숙한 시민들이 그런 콘텐츠를 걸러낼 수 있는 미디어 리터러시(literacy) 능력을 갖추길 기대해야 한다.

둘째, 시대 변화에 따라 대중이 원하는 이미지가 '맞춤형'으로 준비되어야 한다는 것도 숙제가 된다. 국가 차원의 대형 재난이나 북한의 위협 앞에 단순히 안보 회의를 하는 대통령의 모습만으로는 충분하지 않을 수 있다. 정치에 대한 대중의 혐오가 강하고 매스미디어 이외에 소셜미디어 등으로 정치에 대한 조롱이 만연한 상황에서, 대통령이 화려하고 이상적인 모습의 사진만 제공하는 것은 어쩌면 위험한 방식일 수도 있다. 대통령 사진은 전략적 계산과 섬세한 연출로써 기획되어야 한다. 그 자체가 사람들에게 메시지를 줄 수 있고, 국가 이익에 연결되기 때문이다. 하지만 너무 당연하고 뻔한 방식으로는 국민들에게 감동을 주기 어렵다. 여기서 필요한 것이 진정성이다. 멋진 미장센을 연출하고 주인공의 얼굴 메이크업이나 동작을 활발하게 하는 것으로 충분하지 않다. 팩트를 공개하고 과정을 적절한 수준에서 보여주는 것이 오히려 신선한 사진이 나올 수 있는 환경이 되지 않을까 싶다. 사람들은 이제 점점 날것(raw material)을 찾는다. 텔레비전의 예능 프로그램도 리얼리티를 강조한다. 배우들이 펼치는 생존의 노력들이 실제 리얼리티일 가능성은 낮지만, 시청자들은 잘 알아채지 못한다. 연출 같지 않은 연출을 하는 것이다.

셋째, 전문가들의 준비가 필요하다. 대통령의 이미지는 연출(staged)

2016년 6월 1일 프랑스 공항에 내리는 박근혜 대통령을 순방에 동행한 기자단과 전속이 촬영하고 있다. 프랑스 측에서 준비한 촬영용 트럭이 인상적이었다. 사진: 청와대사진기자단.

되고, 준비(prepared)·관리(handled)된다. 그리고 모든 사람이 촬영할 수는 없도록 제한하면서, 사전에 조율된 기자단에게만 촬영 기회(photo op)를 준다. 촬영 장면을 연출한다는 것은 촬영 기회를 주는 쪽에 유리하도록 촬영 장면을 조정한다는 의미다 촬영 기회를 얻은 사진기자들이 주최 측의 입장을 홍보하는 사진을 벗어나려 노력할 수는 있으나 한계가 있다. 대통령실은 행사를 잘 준비하기만 하면 대통령의 이미지를 관리하기에 유리한 위치에 있다. 대통령은 어디에 서야 하는지, 조명은 어디에 설치되어야 하는지, 마이크는 어떻게 할 것인지에 대해 누군가는 답을 할 수 있어야 한다. 행사 전체로 보아서는 사소한 문제지만 최종 결과물인 사진과 영상에서는 관건이 되는 사항이다.

플래시와 관련해 반드시 점검할 사안이 하나 있다. 미국 백악관에서는 'No flash' 촬영이 기본 요청 사항이다. 방송 카메라가 돌아가는 상황에서 번쩍 플래시는 시청자의 시선을 분산시킨다고 보기 때문이다. 피사체인 대통령도 눈이 부셔 집중력이 떨어질 수 있다. 이런 이유로 국내 대통령 행사에서도 플래시를 사용하지 말아달라고 요청하는 참모들이 있었다. 중요한 것은 대통령 행사장의 조명 상태다. 전문가인 사진기자들이 허용할 수 있을 정도로 충분히 밝고 적절한 빛깔의 조명이 조성되어야 플래시를 사용하지 않을 수 있다. 대통령의 얼굴이 빨갛게 나오거나 검게 나와 우울하게 비칠 수 있는 상황에서 노 플래시의 원칙만을 고수한다면 그 참모야 말로 '대통령의 안티'일 수도 있다.

이렇듯 디테일까지 챙기는 담당자를 포토매니저 또는 이미지 담당관이라고 부를 수 있을 것이다. 포토매니저는 훌륭한 사진을 제공할 수 있는 환경을 마련하는 한편 상대국이나 현장 관계자들과 조율해 안전 문제를 사전에 막는 역할을 한다.

2017년 중국을 국빈방문 한 문재인 대통령과 함께 출장을 갔던 청와대 사진기자 2명이 중국 보안요원들에게 폭행을 당한 적이 있다. 전시회장을 둘러본 우리 대통령이 다음 일정인 '기업인과의 간담회'를 위해 이동했는데, 간담회장으로 사진기자들이 가는 길을 중국 보안요원들이 막았다. 자칫 외교 문제로 비화될 수도 있는 심각한 상황이었다. 한편에서는 중요하지도 않은 장면을 왜 찍으려고 무리하게 이동하다가 그랬느냐는 비판도 있었다. 그런데 현실적으로 눈앞에 보이는 우리 대통령을 따라가지 않을 사진기자는 많지 않다. 현재까지는 그렇다. 사전에 포토매니저 역할을 누군가 하면서 동선에 대한 프로토콜을 중국 측에 확인했다면 참사는 피할 수 있었다는 것이 현장 기자들의 증언이었다.

2013년 박근혜 대통령이 중국 시안에서 진시황릉 병마용을 방문할 때에도 비슷한 일이 있었다. 현지 지방 공안들이 동원되어 청와대 사진기자들을 막자 충돌이 발생했다. 당시 경호처장이 강력하게 항의함으로써 사진기자들이 대통령 곁으로 갈 수 있었다. 이제 해외에서의 우리 의전도 현장에서 알아서 하기보다는 사전에 도상 훈련과 프로토콜을 상대방 국가와 정교하게 논의할 수준까지는 높여야 할 것 같다.

넷째, 대통령의 정체성에 맞는 이미지가 사랑을 받는다. 대통령 사진은 해당 정부의 정체성(identity)을 표현하며 철학을 담기 때문에 대통령이라는 상품을 브랜딩하는 역할을 한다. 대중은 일종의 상징인 사진을 통해 대통령을 해석하고 평가한다. 따라서 국민과 권력을 연결해 주는 대통령 사진은 거시적이고 통합적인 전략으로 관리되어야지, 만약 미시적이고 근시안적인 전략을 구사한다면 신뢰의 추락으로 이어질 수도 있다. 포장으로 본질을 가리는 것은 이제 불가능한 시대가 되었다. 이미지 관리가 아니라 평판(reputation) 관리 개념으로 접근해야 한다는 연구도 있다(폼브런·반리엘, 2004).

자칫 독자와 시청자가 보기에 유치하다고 느껴지는 이미지는 목적했던 바를 못 이루고 오히려 반감을 일으킬 수도 있다. 설명이 충분하지 않고 의도가 순수하지 않은 이미지만으로는 공감을 얻을 수 없다. 너무 거창하고 화려한 것을 보여줘서 국민의 기대를 지나치게 높이는 것도 정치인이 국민에게 버림받는 중요한 이유가 된다. 중요한 것은 대통령 사진이 대통령의 정체성과 일치해야 국민들이 좋아한다는 점이다. 정치를 하는 이유가 무엇인지, 대통령으로서 무슨 일을 추진하고 있는지 등 본질에 충실한 이미지를 보여주는 것이 중요하다. 그렇게 만들어진 이미지는 역사로 기록될 것이다. 사진 자체를 위해 기획되는 의사 사건을 역사로 기억할 국민들은 많지 않을 것 같다. 이미지 관리는 점점 중요해지는 동시에 점점 더 어려워지고 있다.

8. 사진의 출처와 독자의 신뢰

신문사는 왜 사진기자를 고용할까? 그들을 운용하는 것은 큰돈이 든다. 연봉과 복지 제공을 위한 돈뿐만 아니라 최신 카메라를 지급하고, 이동에 필요한 차량도 제공해야 한다. 누구나 영상을 찍을 수 있는 것 같지만 신문사 입장에서는 이런 시대일수록 소속 사진기자가 필요하다. 이유는 그들이 찍어오는 사진이 가장 믿을 만하기 때문이다.

포토샵으로 원하는 부분을 얼마든지 넣고 뺄 수 있는 시대다. AI 프로그램은 월 몇만 원의 구독료만 내면 제시한 문장에 맞춰 이미지를 만들어준다. 대통령이 자신의 과오를 기자회견에서 말하는 페이크 영상도 나오는 시대다.

사진과 영상의 출처는 그래서 아주 중요하다. 신문의 최종 배포를 결정하는 편집인과 회사 대표 입장에서 볼 때 기사와 사진이 객관적이고 사후 검증해도 문제 없는 내용인지가 아주 중요하다. 그런데 하루에 수십 장, 인터넷 버전으로 하면 수백 장의 사진이 게재되는 상황에서 매번 사진의 정확성을 검증하는 것은 불가능에 가깝다.

사진에 대한 신뢰도는 누가 찍느냐에 따라 달라진다. 사진 밑에 붙어 있는 기자 이름인 바이라인은 신문사진이 신뢰성을 갖게 하는 요건 중 하나다.

사진의 신빙성을 궁극적으로 결정하는 것은 사진이 사용되는 컨텍스트이다. 사진이 아무리 진실된 것으로 보이더라도, 이 사진을 증거로서 사용하는 사람을 믿지 못한다면, 이 사진이 연출되었거나, 대표성이 없다고 보거나 혹은 잘못 명명했다고 처리할 수 있는 가능성은 늘 상존한다. 반대로 조작의 가능성을 충분히 인식하고 있는 경우에도 이 사진을 사용하는 사람이 그런 조작을 할 만한 사람이 아니라고 믿는 한 이 사진을 증거로서 믿는 경향이 강하다. 따라서 사실상 사람들이 디지털 이미지 작업에 대한 반작용으로 사진에 대해 점점 회의적이 되어감에도 불구하고, 궁극적으로 사진 미디어에 대한 신뢰성은 지금까지 그래왔던 것처럼 앞으로도 이미지 생산자의 윤리성에 의해 좌우될 것이다(메사리스, 2004: 246).

ⓒ 변영욱

"오른손이 아파서" 왼손으로 악수. 2012년 2월 29일 육영수 여사 생가를 방문한 박근혜 새누리
당 비상대책위원장이 환하게 웃으며 지지자의 손을 잡고 있다. 이날 많은 지지자와 악수를 하느
라 오른손에 통증을 느낀 박 위원장이 왼손으로 악수를 하는 모습이다.
사진은 설명과 함께 전달되어야 오해가 없다. 오른손을 숨기는 모습에 대한 설명이 제대로 안되
면 유권자에 대한 예의가 없는 후보라는 인상을 줄 수 있다. 실제로 당시 이런 종류의 상황에 대
해 '손 숨기는 박근혜 후보'라고 표시하는 경우도 있었다.

　누가 찍었는가는 독자들에게 신뢰성을 주는 중요한 요소다. 가령 여
러분이 스마트폰으로 직접 촬영한 사진에 대해 스스로 신뢰하는 이유는
촬영 주체가 본인이기 때문이다. 사진기자들은 독자들을 대신해 현장
을 관찰한다. 사진에 출처를 표시하는 것은, 기명 기사에서와 마찬가지
로 사진기자가 저널리스트로서 책임진다는 의미다. 신문사 입장에서는
독자들에게 '게재된 사진의 진실성에 대해 보증'을 한다는 의사 표시이
기도 하다. 그래서 일정한 규모를 갖춘 언론에서는 이미지 출처를 확실
히 명기한다.

　사회 전체로 봤을 때 사진기자가 현장을 가지 않는 것이 좋은 상황도
있다. 구제역이 발생했을 때 사진기자가 현장을 간다고 가정해 보자. 바

이러스를 옮기는 숙주가 될 수 있고 방역에 방해가 될 수도 있다. 사진기자는 공무원들이 차단한 도로까지만 갈 수 있다. 그런데 지방자치단체의 방역기관이 전염병 발생 농가 내부까지 들어가 살처분 모습이나 백신을 처방하는 사진을 찍어 언론사에 제공한다면 신문에서는 제공받은 사진을 써야 한다. 방역 목적이라면 기자들이 취재를 안 하는 것이 맞는다.

그러나 대통령 행사는 차이가 있다. 기자들을 차단하는 목적이 노이즈에 대한 불안감, 좋지 않은 사진이 나올 것이라는 불안감 때문이라면 정당하다고 보기 어렵다. 회의 시작 후 5분 정도의 시간만 공개하더라도 공개하는 것과 비공개 행사로 치르는 것은 하늘과 땅만큼 차이가 있다. 뉴스성이 강한 일정은 대통령실을 출입하는 기자들에게 우선권을 주는 것이 국제 관례에도 부합하는 방법이다. 대통령의 실수나 해프닝이 보도되는 것에 대해서도 지나치게 반응할 필요가 있는지 생각해 볼 필요가 있다. 참모들 입장에서는 그럴 수 있겠지만, 국민들은 의외로 심각하게 보지 않는 사안도 꽤 많을 수 있다. '심기 경호'가 오히려 권력을 국민들에게서 멀어지게 하는 상황과 비슷하다. 가령 대통령이 차에서 내리다가 옷을 밟아 뒤뚱거렸다고 해보자. 그렇다고 해서 그의 정치적 능력이 부족하다고 얘기하는 사람이 있다면, 그건 그 얘기를 하는 사람이 문제다. 자연스러운 모습까지 포기할 필요는 없다. 필요할 때만 공개하는 것이 아니라 원칙을 갖고 투명성 정도를 정해놓는 것이야말로 사진의 신뢰도를 높일 수 있는 방법이다. 평소에는 감추고 숨기만 하다가 갑자기 멋진 표정으로 나온다면 받아들이는 국민 입장에서는 홍보 목적이라는 의심을 품을 수밖에 없다.

중요한 것은 사진기자들의 접근(approach) 정도의 변화다. 결과물로서의 대통령 사진도 시대에 따라 변한다. 대통령에 대한 새로운 경험을 할 수 있도록 사진기자들에게 자율성과 접근권을 부여해 줘야 한다.

한국에서 대통령 사진은 역사의 기록물이자 사회변화의 증거로 중요한 역할을 해왔다. 하지만 이미지 정치의 기법이 발달하고 디지털 시대에 접어들면서 대통령 사진의 의미와 기능이 급변하고 있다. 정치인들은 자신에게 유리한 이미지나 연출된 장면을 통해 대중의 감정을 자극하고, 유권자들은 시각적 메시지에 의해 정치적 판단을 내릴 수 있다. 2016년 미국 대선에서 맞붙었던 힐러리 클린턴과 도널드 트럼프 후보는 소셜미디어를 통해 선거를 치렀다. 양쪽 캠프 모두 각각 100여 명 정도의 인원을 소셜미디어 관리에 투입한 것으로 알려졌다. 8년이 지난 2024년 대통령 선거에서는 더 많은 인원이 투입되고 있을 것이다. 우리 눈앞에 보이는 이미지가 현상을 있는 그대로 재현하지 않았거나 독립적인 개인이 우연히 재밌는 내용을 발견해 공유하는 것이 아니라, 정치적 목적이 분명한 플레이어들이 만든 콘텐츠일 가능성도 있는 것이다.

한국의 정치권이 미국 대선 사례를 벤치마킹한다고 가정한다면 우리가 자연스럽게 소비하는 영상 콘텐츠 중 일부는 정치적 편향성과 의도를 갖고 만들어질 가능성이 있다. 옥석을 어떻게 가릴 것인지 고민하는 현명한 시민만이 우리 사회를 건강하게 유지시킬 수 있다고 생각한다. 누군가에 의해 과장된 현장은 아닌지, 누군가에 의해 조작되고 왜곡된 이미지는 아닌지 따지고 물을 수 있어야 한다. 시청자이자 유권자이기도 한 국민들이 정치 사진에 대한 독해 능력이 높아지면, 선전이나 비방 목적의 콘텐츠인지 사실에 근접한 콘텐츠인지를 구별할 수 있는 사회 분위기가 형성될 것이다. 정치 영역에서 사진과 영상을 활용한 혐오 콘텐츠가 돈벌이 수단이 되는 것도 시간이 흐르면서 시민들에 의해 걸러질 것으로 기대한다. 대통령 사진이 국가의 재산인 동시에 국민과 대통령을 끈끈하게 이어주는 매개체 역할을 잘 해낼 수 있기를 진심으로 희망한다. 또한 앞으로도 민주주의를 지키고 발전시키는 데 앞으로도 사진이 일조할 수 있길 바란다.

에필로그

　필자가 사진기자라고 해서, 혹은 지금이 비주얼 시대라고 해서 사진이 펜보다 강하다는 명제가 절대 진리일 필요는 없다. 누군가에게 이미지는 텍스트를 증명하는 보완의 역할에 불과할 수도 있다. 그렇지만 이미지는 현대 정치에서 점점 중요성이 커지고 있다. 사진은 찍히는 사람과 찍는 사람 그리고 그걸 보는 사람의 3박자가 잘 맞아야 좋은 기록이 된다. 특히 이 책이 독자들이 정치 이미지의 맥락을 제대로 읽는 데 도움이 되었으면 좋겠다. 『프로파간다 시대의 설득전략』에서 안토니 프랫카니스와 엘리엇 애런슨은 "프로파간다 시대에, 민주주의 생존에 가장 중요한 것은 메시지를 공정하게 전달할 줄 아는 커뮤니케이터와 공정한 메시지와 사기성 메시지의 차이를 구분할 줄 아는 현명한 유권자의 존재가 함께 어우러지는 것"이라고 했다.

　지나고 보니 대학 시절을 포함해 30년 남짓 사진기자 생활을 하면서 필자는 카메라의 기계적 메커니즘과 사진적 미학보다는 사진의 활용과 변천 과정에 관심이 많았던 것 같다. 처음 관심을 쏟은 사진은 '북한 1호 사진'이었다. 북한에서 1호는 최고지도자를 말한다. 우리 사회로 물밀듯이 쏟아져 들어오는 북한의 선전 사진은 대체 어떻게 만들어져 왔으며 우리는 그것을 어떻게 읽을 것인지가 내 궁금증이었다. 스펙터클한 1호 사진은 사실을 보여주기보다는 권력을 과시하거나 정당화하기 위한 장치였다.

북한 사진에 대해 가졌던 관심을 우리 정치와 우리 사회로 돌리니 또 다른 주제인 대통령 사진이 다가왔다. 석사논문 제출 후 8년 동안 다시 박사논문을 준비했다. 이미지와 권력이 연관된 것은 북한만이 아니라 현대 정치의 보편적인 특징이었고, 한국도 예외는 아니었다. 권위주의 시대부터 민주주의가 성숙되어 가는 지금까지 우리가 보아온 대통령 사진에 대해 살펴보기로 했다.

대통령 사진이라는 주제로 책을 집필할 구상을 한 것은 2015년 박사 학위를 마치면서였다. 하지만 박근혜 대통령 정권 후반과 문재인 대통령 정권 초기 청와대를 출입하게 되고, 이어서 현장을 떠나 부서의 책임자 역할을 하게 되니 절대 권력인 대통령의 사진에 코멘트를 단다는 것이 부담스러웠다. 이런저런 핑계에 기대어 약 8년간 미뤘던 숙제를 이제는 마무리하게 되었다.

우리의 이미지 정치는 40년에 불과한 젊은 역사다. 한국 현대사가 압축성장을 했듯이 이미지 정치도 압축적으로 발전했다. 태동기와 성숙기가 동시에 이뤄지는 느낌이다. 걸음마를 떼자마자 뛰어가고 있다. 이제 한국의 퍼포먼스는 미국 대통령 사진과 비교해도 손색이 없을 때가 있다. 대통령 사진은 정부와 국민을 이어주는 현재의 역할뿐 아니라 역사를 이루는 벽돌 한 장 한 장의 의미도 있다. 정치를 위해 포토저널리즘이 희생되는 것은 공동체의 발전에 도움되지 않는다고 믿는다. 대통령 사진의 현재 모습은 지난 몇 년 사이에 완성된 틀이 아니라 권위주의 정권 이전부터 민주화 이후에도 계속된 언론과 권력의 갈등과 협력이 축적되어 나온 결과물이다. 민주를 말하면서 결과적으로 퇴행을 야기한 정부도 있고, 권위주의를 특징으로 하지만 적절한 취재 환경을 마련했던 정부도 있었다. 미국을 비롯한 선진국의 이미지 정치를 벤치마킹한 부분도 있고 우리 문화에 뿌리를 둔 독특함도 존재한다. 대통령 사진의 이면(裏面)을 들춰 보는 것이 누군가에게는 불편한 일일 수도 있다. 특히 책을 쓰면서 대통령 사진의 생산과 기획, 보도 과정에서 인연을 맺

1918년 백악관 잔디밭에서 기념 촬영하는 당시 백악관 사진기자들. 백악관사진기자단이라는 단체가 정식 결성된 것은 1921년 6월 13일이다. 이 단체를 모티브로 우리나라에서는 청와대사진기자단(현재 대통령실사진기자단)이 1982년 2월 22일 결성되었다.
사진: "Press Correspondents. Photographer On White House Lawn"(LCCNs: 2016869130), Library of Congress.

었던 많은 분들이 떠올랐다. 그들의 진심과 열정을 잘 알고 있기 때문에 글 한 줄 한 줄이 혹시 누군가에게 상처가 되지 않도록 신경 썼지만, 뜻대로 되지 않았을 수도 있다. 미리 사과드린다.

한 사람의 사진기자에 불과한 필자가 대통령 사진의 모든 것을 안다고 얘기하는 것도 아니다. 우리나라의 정치 사진이나 대통령 사진이 촬영되고 보도되는 과정을 그래도 가장 많이 경험해 본 사람들이 일간지 사진기자들이다. 필자와 동료 사진기자들이 보고 겪었던 대통령 사진의 역사와 특징에 대해 단편적인 사실들만이라도 정리하고 싶었다. 그리고 이 책을 계기로, 태동기와 동시에 전성기로 들어선 우리 대통령 사진에 대해 성찰할 기회가 마련되었으면 좋겠다.

한국의 신문사진 역사는 1990년대 이후 제대로 정리가 되지 않고 있다. 인터넷 시대에 변화는 너무도 빨랐고 사진기자들은 시대에 적응하느라 너무 바빴다. 정리할 엄두를 내지 못했던 한국 신문사진 역사의 한 챕터를 대통령 사진이라는 키워드로 정리했다고 인정받는다면 사진기자에게는 최고의 찬사가 될 것 같다. 그리고 여기저기 부족한 부분이 누군가에 의해 채워지기를 기대한다.

▌참고문헌

국내 문헌

강준식. 2011. 『대통령 이야기』. 서울: 예스위캔.

강형구·탁진영. 2006. 「시사만화에 나타난 대통령 후보자의 시각적 이미지에 관한 연구」. ≪한국언론학보≫, 50권 3호.

김규회·이재근. 2009. 『신문과 저작권』. 서울: 문화체육관광부.

김녕만. 2002. 『대통령이 뭐길래』. 서울: 사진예술사.

김성민. 2005. 「이라크 전쟁보도사진의 사회적 현실구성에 관한 연구 - 미국, 프랑스, 한국의 시사 주간지의 전쟁 보도사진을 중심으로」. 경희대학교 박사학위논문.

김성배. 1993. 『역사와 함께 발육하는 보도사진』. 서울: 새소년.

김영수. 2004. 『기록자와 해설자: 조선일보와 뉴욕타임스의 사진비교』. 서울: 미디어연구소.

남재일. 2005. 『대통령 보도와 청와대 출입기자』. 서울: 한국언론재단.

뉴턴, 줄리앤(Julian Newton). 2006. 『영상 저널리즘의 이해』. 허현주 옮김. 서울: 눈빛.

니스벳, 리처드(Richard E. Nisbett). 2004. 『생각의 지도』. 최인철 옮김. 서울: 김영사.

맥퀘일, 데니스(Denis McQuail). 2003. 『매스커뮤니케이션 이론』. 양승찬·이강형 옮김. 서울: 나남출판.

메사리스, 폴(Paul Messaris). 2004. 『설득이미지』. 강태완 옮김. 서울: 커뮤니케이션북스.

메사리스, 폴·라이너스 아브라함(Abraham Linus). 2007. 「뉴스 보도 프레이밍에서 이미지의 기능(The role of images in framing news stories)」. 스티븐 리스(Stephen D. Reese)·오스카 갠디 주니어(Oscar H. Gandy, Jr.)·오거스트 그랜트(August E. Grant) 엮음. 『프레이밍과 공공생활: 미디어와 사회현실에 대한 이해』. 반현·노보경 옮김. 파주: 한울엠플러스.

문희상. 2017. 『대통령: 우리가 알아야할 대통령의 모든 것』. 서울: 경계.

미르조에프, 니콜라스(Nicholas Mirzoeff). 2009. 『비주얼 컬처의 모든 것』. 임산 옮김. 서울: 홍시커뮤니케이션.

박경모. 1991. 「보도사진 책임론」. ≪사진기자≫, 30호.

박상수. 2001. 『포토저널리즘의 이해』. 서울: 나남출판.

박정혜·윤진영·황정연·강민기. 2011. 『조선시대 궁중회화: 왕과 국가의 회화』. 서울: 돌베개.

박종렬. 1992. 『노태우·전두환』. 서울: 시간과공간사.

박종민. 2008. 「우리나라 역대 대통령들의 리더십: 1953년에서 1994년까지 '대한뉴스' 내 대통령의 PI 연구」. ≪한국언론학보≫, 52권 3호.

박주석. 2021. 『한국사진사』. 파주: 문학동네.

박찬수. 2009. 『청와대 vs 백악관』. 서울: 개마고원.

백선기. 2003. 『텔레비전 영상기호학』. 서울: 미디어24.

변영욱. 2007. 「북한 '1호 사진'의 변화」. 북한대학원대학교 석사학위논문.

_____. 2014. 「남북한 최고통치자의 보도사진 프레이밍 비교」. 성균관대학교 박사학위논문.

서도식. 2008. 「비주얼 커뮤니케이션과 정치: 이미지 권력에 대한 비판을 중심으로」. ≪철
　　학≫, 95집.

송국건. 2007. 『도대체 청와대에선 무슨 일이?』. 서울: 네모북스.

신호창·김찬아. 1999. 「대통령 PI(President Identity) 전략 정립을 위한 미국과 영국 국가 최고
　　지도자의 PI 전략 비교」. ≪한국커뮤니케이션학≫, 7호.

심인. 2012. 「대통령의 평판요인에 관한 연구 이해관계자의 일체감과 충성도를 중심으로」. 성
　　균관대학교 박사학위논문.

양승목. 1995. 「한국의 민주화와 언론의 성격변화: ‘자율언론’의 딜레마」. 유재천 외 지음. 『한
　　국사회변동과 언론』. 서울: 소화.

양종훈. 1999. 「포토저널리스트 이명동에 관한 연구」. 이명동 엮음. 『사진은 사진이어야 한다』.
　　서울: 사진예술사.

오윤정. 2000. 「한국 신문 1면의 사진보도양식 변천에 관한 연구」. 이화여자대학교 석사학
　　위논문.

오창룡. 2012. 「프랑스 사르코지 대통령의 이미지 정치와 위기 리더십」. ≪한국정치연구≫,
　　21집 2호.

유창하. 1994. 「보도사진」. 한국언론학회 엮음. 『언론학원론』. 서울: 범우사.

윤영철. 1995. 「사회변동과 언론통제」. 유재천 엮음. 『한국사회변동과 언론』. 서울: 소화.

이경민. 2010. 『제국의 렌즈』. 서울: 웅진싱크빅.

이기룡. 1990. 「나를 탤런트로 만들 셈이야?!」. ≪사진기자≫, 25호.

이명동. 1970. 「대통령과 사진」. ≪신동아≫, 66호.

＿＿＿. 1999. 『사진은 사진이어야 한다』. 서울: 사진예술사.

이명박. 2015. 『대통령의 시간』. 서울: 알에이치코리아.

이병훈. 2004. 「국내 일간지 정치면 사진에 관한 소고」. ≪신문과 방송≫, 397호.

＿＿＿. 2009. 『포토저널리즘』. 서울: 나남출판.

이영준. 1999. 『사진, 이상한 예술』. 서울: 눈빛.

＿＿＿. 2008. 『비평의 눈초리』. 서울: 눈빛.

이완수. 2006. 「뉴스·여론·현실 그리고 대통령 리더십의 역동적 의제설정 과정: 한국 경제 이
　　슈에 대한 시계열 분석, 1998~2005」. 고려대학교 박사학위논문.

이재경. 2006. 「한·미 신문의 대통령 취재관행 비교」. ≪언론과 사회≫, 14권 4호.

이정용. 1997. 「‘매일신보’가 한국 포토저널리즘에 미친 영향」. 서강대학교 석사학위논문.

이종수. 2003. 「신문 1면 사진에 나타난 한국 포토저널리즘의 변화 경향」. ≪한국언론학보≫,
　　47권 2호.

임양준. 2009. 「대선후보 보도사진에 대한 공정보도 비교연구: 제 17대 대통령선거를 중심으
　　로」. ≪커뮤니케이션학 연구≫, 17권 2호.

장철영. 2017. 『대통령님, 촬영하겠습니다』. 서울: 이상.

전민조. 2007. 『사진이야기: 사진이 우리에게 남긴 것들』. 서울: 눈빛.

전수정. 1996. 「청와대 보도의 정치학: 한국 신문의 대통령 보도 형식과 언어분석」. 이화여자대

학교 석사학위논문.

정현규. 2006. 『글로벌 시대의 의전 행사 성공 전략』. 서울: 창보.

조선미. 1981. 「한국초상화(韓國肖像畵)에 대한 화론적(畵論的) 접근」. ≪미학≫, 7호.

_____. 1994. 『한국초상화연구』. 서울: 열화당.

_____. 2007. 『초상화연구』. 서울: 문예출판사.

주창윤. 2003. 『영상이미지의 구조』. 서울: 나남출판.

주형일. 2020. 『영상미디어와 사회』. 파주: 한울엠플러스.

최경덕. 1977.3.21. "나의 사진기자 시절". ≪기자협회보≫.

최영재. 2011. 「대통령 커뮤니케이션과 대통령 보도: 1948년~2008년 대통령과 언론관계 분석」. ≪언론과학연구≫, 11권 3호.

최인진. 1992. 『한국신문사진사』. 서울: 열화당.

크뢰버릴, 베르너(Werner Kroeber-Riel). 2005. 『영상 커뮤니케이션: 광고의 이미지 전략』. 조창연 옮김. 서울: 커뮤니케이션북스.

탁현민. 2023. 『미스터 프레지던트』. 서울: 메디치미디어.

폼브런, 찰스(Charles J. Fombrun)·시스 반리엘(Cees B. M. Van Riel). 2004. 『명성을 얻어야 부가 따른다』. 한은경 옮김. 서울: 서울출판미디어.

프랫카니스, 안토니 R.(Anthony R. Pratkanis)·엘리엇 애런슨(Elliot Aronson). 2005. 『프로파간다 시대의 설득 전략』. 윤선실·정기현·최환진·문철수 옮김. 서울: 커뮤니케이션북스.

프로인트, 지젤(Gisèle Freund). 2006. 『사진과 사회』. 성완경 옮김. 서울: 눈빛.

한국사진기자회. 1994. 『한국사진기자회 30년사』. 서울: 韓國寫眞記者會.

한국언론진흥재단. 1989. 『1989 한국신문방송연감』. 서울: 한국언론연구원.

한금현. 2007. 「동시대 한국사진의 패러다임 전환에 대한 연구」. 이화여자대학교 박사학위논문.

한정식. 1989. 『사진예술개론』. 서울: 열화당.

행정안전부. 2021.12.20. 「2021 정부의전편람」. 행정간행물 발간등록번호 11-1311000-000049-13.

후지 다케시(藤井たけし). 2008. 「'이승만'이라는 표상: 이승만 이미지를 통해 본 1950년대 지배 권력의 상징 정치」. ≪역사문제연구≫, 19호.

해외 문헌

Barnhurst, Kevin G. 1994. *Seeing the Newspaper*. NY: St. Martin's Press.

Barrett, Terry. 1985. "Photographs and Context." *The Journal of Aesthetic Education*, Vol. 19, No. 3.

Barthes, Roland. 1993. *Mythologies*. LON: Vintage.

Bell, Philip. 2001. "Content analysis of visual images." in Theo Van Leeuwen and Carey Jewitt(eds.). *Handbook of visual analysis*. CA: Sage publications.

Berger, John. 1995. *Ways of Seeing*. LON: Penguin Books.

Berkman, Ronald and Laura W. Kitch. 1986. *Politics in the Media Age*. NY: McGraw-Hill.

Blackwood, Roy E. 1983. "The content of news photos: Roles portrayed by men and women." *Journalism Quarterly*, Vol.60, No.4.

Bleiker, Roland. 2018. *Visual Global Politics*. NY: Routledge.

Brosius, Hans-Bernd and Susanne Kayser. 1991. "Der Einfluβ von emotionalen Darstellungen im Fernsehen auf Informationsaufnahme und Urteilsbildung." Medienpsychologie, Vol.3.

Coleman, Renita. 2010. "Framing the pictures in our heads: Exploring the framing and agenda-setting effects of visual images." in Paul D'Angelo and Jim A. Kuypers (eds.). *Doing News Framing Analysis*. NY: Routledge.

Dustin Stout. 2019.7.8. "Social Media Statistics 2024: Top Networks By the Numbers" https://dustinstout.com/social-media-statistics/.

Entman, Robert. M. 1993. "Framing: Toward clarification of a fractured paradigm." *Journal of Communication*, Vol.43, No.4.

Fahmy, Shahira S., Cho Sooyoung, Wayne Wanta and Song Yonghoi. 2006. "Visual agenda-setting after 9/11: Individuals' emotions, image recall, and concern with terrorism." *Visual Communication Quarterly*, Vol.13, No.1.

Glassman, Carl and Keith Kenney. 1994. "Myth and Presidential campaign photographs." *Visual Communication Quarterly*, Vol.49, No.10.

Goffman, Erving. 1974. *Frame analysis: An essay on the organization of experience*. MA: Harvard University Press.

Grabe, Maria E. and Erik P. Bucy. 2009. *Image Bite Politics: News and the visual framing of elections*. NY: Oxford University Press.

Graber, Doris A. 1993. *Media power in politics*, 3rd ed. WA: CQ press

Greenwood, Keith. 2005. "Picturing Presidents: A content analysis of photographs of Presidents from the pictures of the year." The Political Communication Division at the annual conference of the International Communication Association, New York.

Hall, Stuart. 2010. *The Determinations of News Photographs: 1973*. NY: Routledge.

Hariman, Robert and John L. Lucatites. 2007. *No Caption Needed: Iconic photographs, public culture, and liberal democracy*. CHI: The university of Chicago press.

Howell, William G., Ethan Porter and Thomas Wood. 2017.12.27. "Making a President: Performance, Public Opinion, and the (Temporary) Transmutation of Donald J. Trump." Fall Political Science Speaker Series.

Iyengar, Shanto & Donald R. Kinder. 1987. *News That Matters: Television and American opinion*. CHI: University of Chicago Press.

Kim Yung-soo and James D. Kelly. 2008. "A Matter of Culture: A Comparative Study of

Photojournalism in American and Korean Newspapers." *The International Communication Gazette*, Vol.70, No.2.

King, Josh. 2016. *Off Script: An advance man's guide to White House stagecraft, campaign spectacles, and political suicide*. NY: St.Martin's Press.

Kobre, Kenneth. 2008. *Photojournalism: The professionals' approach*, 6th ed. MA: Focal Press.

Lee Tien-tsung, William E. Ryan, Wayne Wanta and Chang Kuang-kuo. 2004. "Looking Presidential: A comparison of newspaper photographs of candidates in the United States and Taiwan." *Asian Journal of Communication*, Vol.14, No.2.

Lester, P. Martin. 1991. *Photojournalism: An ethical approach*. NY: Routledge.

_____. 2002. *Visual Communication: Images with messages*. CA: Wadsworth Publishing.

Lippmann, Walter. 1922. "The World outside and the pictures in our heads." in Wilbur Schram and Donald Robertes(eds.). *The Process and Effect of Mass Communication*, 2nd ed. IL: University of Illinois Press.

Masters, Roger D. and Denis G. Sullivan. 1993. "Nonverbal behavior and leadership: Emotion and cognition in political information processing." in Shanto Iyengar and William J. McGuire(ed.). *Explorations in Political Psychology*. DH: Duke University Press.

McCombs, Maxwell E. and Donald L. Shaw. 1972. "The agenda setting function of mass media." *Public Opinion Quarterly*, Vol.36, No.2.

McQuail, Denis. 2000. *Mass Communication theory: An introduction*, 4th ed. CA: Sage Publications.

Miller, Andrea and Shearon Roberts. 2010. "Visual agenda-setting & proximity after Hurricane Katrina: A study of those closest to the event." *Visual Communication Quarterly*, Vol.17, No.1.

Mitchell, William J. Thomas. 1994. *Picture Theory: Essays on verbal and visual representation*. CHI: The University of Chicago Press.

Molotch, Harvey and Marilyn Lester. 1974. "News as Purposive Behavior: On the Strategic Use of Routine Events, Accidents and Scandals." *American Sociological Review*, Vol.39, No.1.

Moriarty, Sandra E. and Gina M. Garramone. 1986. "A study of newsmagazine photographs of the 1984 presidential campaign." *Journalism and Mass Communication Quarterly*, Vol.63, No.4.

Moriarty, Sandra E. and Mark N. Popovich. 1991. "Newsmagazine visuals and the 1988 presidential election." *Journalism Quarterly*, Vol.68, Iss.3.

Mullen, Lawrence J. 1997. "The president's image from 1945 to 1974: An analysis of spatial configuration in news magazine photographs." *Presidential Studies Quarterly*,

Vol.27, No.4.

Nisbett, Richard E. 2003. *The geography of thought: How Asians and Westerners Think Differently ⋯ and Why.* NY: Free Press.

Perlmutter, David D. 1998. *Photojournalism and foreign policy: Framing icons of outrage in international crisis.* CT: Greenwood.

_____. 2005. "Photojournalism and foreign affairs." *Orbis*, Vol.49, No.1.

Reagan, Ronald. 2007. *The Reagan diaries: recorded book*, NY: HarperCollins.

Schill, Dan. 2012. "The Visual Image and the Political Image: A Review of Visual Communication Research in the Field of Political Communication." *Review of Communication*, Vol.12, No.2.

Schill, Dan and John Allen Hendricks. 2018. *The Presidency and Social Media - Discourse, Disruption, and Digital Democracy in the 2016 Presidential Election.* NY: Routledge.

Schwalbe, Carol B., Bill Silcock and Susan Keith. 2008. "Visual framing of the early weeks of the U.S. ⁻led invasion of Iraq: applying the master war narrative to electronic and print image." *Journal of Broadcasting and Electronic Media*, Vol.52, No.3.

Sontag, Susan. 1977. *On Photography.* NY: Farrar, Straus and Giroux.

Stone, Gerald L. 1987. *Examing newspapers: What research reveals about American newspapers.* CA: Sage.

Swanson, David and Paolo Mancini. 2007. "Politics, Media and Modern Democracy: An international study of innovations in electoral campaigning and their consequences." in Ralph Negrine and James Stanyer ed. *The Political Communication Reader.* NY: Routledge.

Verser, Rebecca and Robert H. Wicks. 2006. "Managing Voter Impressions: The Use of images on presidential candidate web sites during the 2000 campaign." *Journal of Communication*, Vol.56, Iss.1.

Wanta, Wayne. 1988. "The effects of dominant photographs: An agenda setting experiment." *Journalism Quarterly*, Vol.65, Iss.1.

Waterman, Richard W., Gilbert K St. Clair and Robert Wright. 1999. *The Image is Everyting Presidency.* CO: Westview Press.

Wollacott, Janet. 1982. "Messages and meanings". in *Culture, Society and the media.* NY: Routledge.

Zajonc, Robert B. 1980. "Feeling and Thinking: Preferences need no inferences." *American Psychologist*, Vol.35, No.2.

Zillmann, Dolf, Gibson Rhonda and Stephanie L. Sargent. 1999. "Effects of photographs in news-magazine reports on issue perception." *Media Psychology*, Vol.1, No.3.

언론 자료

≪경향신문≫. 1994.11.29. "새로 배포된 대통령 사진".

_____. 1998.1.15. "대통령사진 재외 공관에만".

_____. 1998.5.27. "DJ 사진 군부대에 다시 걸린다".

≪동아일보≫. 1980.8.29. "전대통령 천연색 사진 6만장 제작".

_____. 1981.1.1. "신유 새해를 맞는 전대통령 일가".

_____. 1991.4.7. "전씨, 대통령 기념우표 최다기록·역대대통령 등장횟수 분석".

_____. 1994.11.19. "관공서 대통령 사진 '웃는 얼굴'로 바뀐다".

_____. 2011.7.11. "그루지야 대통령 전담 사진가는 러시아 간첩".

_____. 2013.4.27. "청와대 사람들 476명 정밀 분석".

_____. 2017.12.18. "72년 전처럼… 임정청사 앞 기념촬영".

≪매일경제≫. 1998.5.27. "군부대에 DJ 사진 붙는다".

≪미디어오늘≫. 2022.7.9. "용산 대통령 출입기자, 문재인 청와대보다 100명 이상 줄어".

≪조선일보≫. 2008.12.22. "[기자수첩] 청와대가 준 사진만 보라고?"

_____. 2022.8.27. "오바마 대통령실 홍보라인은 어떻게 국민들을 감동시켰나: 뭇매 맞은 尹 대통령 홍보라인 오바마 사진가에 답이 있다".

_____. 2023.9.18. "[김윤덕이 만난 사람] 박민식 초대 국가보훈부 장관".

≪중앙일보≫. 2009.12.2. "'뉴스 속 대통령 사진·영상 어수선' 광고회사에 컨설팅 맡겼더니 결론은…".

≪한겨레≫. 2024.1.8. "76개국 슈퍼 선거의 해… '딥페이크' 민주주의에 치명상 입힐라".

≪한국일보≫. 2010.11.8. "정범태의 사진으로 본 한국 현대사(1) '쫓겨난 관광' 필화사건".

지은이

변영욱

1971년에 태어나 성균관대학교 중어중문학과에 입학, 대학 생활 대부분을 학생기자로 보냈다. 1996년부터 현재까지 동아일보 사진기자로 일하고 있다. 중국과 북한에 취재 출장을 다니며 권력과 이미지의 관계에 관심을 갖기 시작했다. 북한대학원대학교에서 북한학 석사학위를, 성균관대학교 대학원에서 언론학 박사학위를 취득했다. 동아일보사 부설 화정평화재단·21세기평화연구소 연구위원을 겸하고 있으며, 한국사진기자협회 부회장을 지냈다. 저서로『김정일.jpg: 이미지의 독점』(2008),『김정은.jpg: 북한 이미지 정치 엿보기』(2015),『시진핑.jpg: 이미지 굴기』(2018),『브랜드 평판 혁신 설계』(공저, 2020)가 있다.『김정일.jpg: 이미지의 독점』은 발행한 해에 일본에서『'偉大なる将軍様'のつくり方』(2008)으로 번역 출간되어 주목받았다.

사진 속 권력

디지털 시대, 대통령의 이미지 정치

ⓒ 변영욱, 2024

지은이 ┃ 변영욱
펴낸이 ┃ 김종수
펴낸곳 ┃ 한울엠플러스(주)
편집책임 ┃ 최진희
편집 ┃ 이동규

초판 1쇄 인쇄 ┃ 2024년 11월 5일
초판 1쇄 발행 ┃ 2024년 11월 29일

주소 ┃ 10881 경기도 파주시 광인사길 153 한울시소빌딩 3층
전화 ┃ 031-955-0655
팩스 ┃ 031-955-0656
홈페이지 ┃ www.hanulmplus.kr
등록 ┃ 제406-2015-000143호

Printed in Korea.
ISBN 978-89-460-8347-9 03070 (양장)
        978-89-460-8338-7 03070 (무선)

* 책값은 겉표지에 있습니다.
* 이 책은 관훈클럽신영연구기금의 도움을 받아 저술·출판되었습니다.